KB187051

석세스 시크릿

The Success Secrets of Persuasion and Negotiation

유순근

박문사

서 문

視其所以 觀其所由 察其所安(論語)
상대방의 행동을 보고 동기를 분석하고 만족 수준을 판단한다.

인간은 사회적 동물이기 때문에 이해관계가 서로 충돌하는 경우가 많다. 이러한 이해관계의 충돌은 갈등관계가 된다. 갈등관계는 설득과 협상으로 해결해야 한다. 설득(說得)은 상대방의 공감을 얻는 활동이다. 배려와 득심이 공감을 얻을 수 있다. 배려(配慮)와 득심(得心)을 얻는 공감(共感)이 바로 설득과 협상 과정이다. 설득과 협상 과정은 설득자의 진실성과 전문성을 갖춘 에토스, 특정한 사안에 대한 논리인 로고스와 상대방의 감정을 움직일 수 있는 파토스가 필요하다. 따라서 설득과 협상은 대화 예술이자 언어 기술이다.

그렇다고 모든 설득과 협상이 예술과 언어로만 해결되는 것이 아니다. 예술과 언어에도 일정한 원리가 있듯이 설득과 협상에도 상대방을 행복하게 하는 논리와 감정의 원리가 있다. 바로 설득의 기본 원리는 상대방에 대한 이해 기술이고 협상의 기본 원리는 타협이다. 타협과 공생으로 가는 협상가가 있는가 하면 파국과 공멸로 가는 협상가도 있다. 저자는 합리적인 설득과 효과적인 타협을 이루기 위한 원리를 본 설득과 협상을 위한 『석세스 시크릿』에서 제시한다.

설득과 협상은 사회에서 구성원들이 갖추어야 할 대화 예술이다. 설득과 협상이 없다면 인간 사회는 끊임없는 갈등과 분쟁으로 고통을 받을 것이다. 효과적인 설득은 동료들과의 문제나 주제를 공유된 해결안으로 이끌 수 있다. 따라서 설득은 특정한 생각이나 문제에 대한 상대방의 태도, 신념이나 행동을 변화시키는 것이다. 상대방의 태도를 변경시키는 원리는 개인의 경쟁력을 강화시키고 성공적인 삶으로 인도하고 사회를 조화롭게 한다.

설득과 협상은 사회적 상호작용을 주고받는 대인활동이며 기술이다. 이 기술은 다름 아닌 상대방의 행동을 보고 그 이유를 파악하고 만족하는지를 살피는 것이다. 이러한 설득과 협상 원리는 영리, 비영리 단체, 정부, 국가와 같은 조직이나 거래, 결혼, 육아 및 일상생활과 같은 개인적인 상황에서 필요한 사회기술이다. 특히 상담가, 노조 협상가, 사업가, 판매원, 거래 협상가, 평화 협상가, 인질 협상가, 외교관 또는 입법 기관 등에게 더욱 필요한 기술이다.

자연법칙에도 일정한 원리가 있듯이 설득과 협상에도 일정한 원리가 있다. 설득과 협상의 원리는 아리스토텔레스가 제시한 설득의 수사학인 에토스, 파토스와 로고스에 근거한다. 따라서 본서는 총 9장으로 내용을 구성한다. 제1장은 설득의 원리, 제2장은 협상의 원리, 제3장은 청취 기술, 제4장은 논증의 원리, 제5장은 관련성의 호소, 제6장은 기대 호소, 제7장은 불완전한 귀납, 제8장은 추정의 오류 및 제9장은 모호성 호소 등으로 구성된다.

인간관계가 조화롭고 조직의 성과나 실적이 향상될 수 있는 성공적인 협상과 타협의 원리를 제시한 본서를 읽는 독자 제현들은 파국과 공멸로 가는 것이 아니라 타협과 공생으로 가는 지도자가 될 것이라고 기대한다. 따라서 저자는 본 설득과 협상을 위한 『석세스 시크릿』이 유능하고 성공적인 삶을 위한 안내서가 되기를 바란다. 아무쪼록 본서에 제시된 이론과 기법들이 인간과 성공에 대한 탐구에 도움이 되었으면 한다. 끝으로 본서를 출판해주신 박문사의 모든 선생님께 깊은 감사를 드린다.

2020년 7월

유순근

목 차

제1장

설득의 원리

석세스
시크릿

1. 설득의 개념

설득(說得)은 상대방의 공감을 얻는 활동이다. 배려와 득심이 공감을 얻을 수 있다. 득심(得心)은 상대방의 마음과 의도를 얻는 방법이다. 상대방의 공감을 얻을 때 비로소 이해관계는 해결될 수 있다. 설득과 협상은 사회에서 구성원들이 갖추어야 할 대화 예술이다. 설득과 협상이 없다면 인간 사회는 끊임없는 갈등과 분쟁으로 고통을 받을 것이다. 효과적인 설득은 동료들과의 문제나 주제를 공유된 해결안으로 이끌 수 있다. 따라서 설득은 특정한 생각이나 문제에 대한 상대방의 태도, 신념이나 행동을 변화시키는 것이다.

1) 설득의 정의

설득(persuasion)은 상대방의 자발적인 판단과 행동에 영향을 주기 위해 계획된 인간 커뮤니케이션이다. 즉, 설득은 상대방의 신념, 가치나 태도를 수정함으로써 상대방에게 영향을 주는 계획된 인간 커뮤니케이션이다. 따라서 설득은 상대방의 태도나 신념을 변화하려는 의도적인 시도이다. 태도는 호의적이거나 바람직하지 않게 반응하는 비교적 지속적인 성향이다. 설득은 메시지의 교환을 통해서 새로운 인지적 상태의 내면화, 자발적인 수용이나 명백한 행동 양식에 영향을 주는 것을 목적으로 하는 상징적 행동이다.

주민 설득하러 간 차관…물벼락 맞고 철수

보신 것처럼 주민들의 반발이 거센 가운데, 밤사이 정부 관계자들이 설득에 나서봤지만 별다른 소용은 없었습니다. "인구가 밀집한 신도시를 외딴곳 취급하며 여론을 호도한다"며 물벼락만 맞았습니다.

출처: MBC 2020-01-30

설득에는 몇 가지 특징이 있다. 첫째, 설득은 목표를 달성하려는 의도와 관련이 있다. 둘째, 설득은 목표를 달성하는 수단이다. 셋째, 메시지 수신자에게는 자유 의지가 있어야 한다. 그러나 수신자가 준수하지 않을 경우 물리적 피해를 위협하는 것은 설득이 아닌 힘으로 간주된다. 설득은 강압적이거나 비의도적인 의사소통이 아니다. 끝으로 설득은 자유스런 선택의 환경에서 메시지의 교환을 통해 특정한 태도나 행동을 변화하도록 노력하는 상징적 과정이다.

☑ 설득은 목표를 달성하려는 의도이다.

설득은 저절로 또는 필연적으로 성공하지 않는다. 개점한 후 곧 폐업하는 회사처럼 설득적인 커뮤니케이션은 종종 표적에게 도달하거나 영향을 미칠 수 없다. 그러나 설득은 상대방에게 영향을 미치려는 신중한 시도이다. 설득자는 상대방의 태도나 행동을 변경하려고 하고, 목적을 달성하기 위해 노력한다. 설득은 상대방에게 영향을 주려는 의식적인 시도이다. 이것은 사회적 영향의 한 유형이다. 사회적 영향은 한 사람의 행동이 다른 사람의 생각이나 행동을 변경하는 과정이다. 설득은 상대방에게 영향을 주려는 희망으로 전달자에 의해서 주도되는 의도적인 메시지의 맥락 안에서 발생한다.

☑ 설득은 목표를 달성하려는 수단이다.

설득은 설득자가 원하는 것을 다른 사람들이 하도록 하는 것이다. 설득자는 많은 주장이나 언어 정보로 상대방을 압도하고, 또한 상대방이 그의 태도나 행동을 포기하도록 한다. 즉, 태도나 행동을 변하도록 상대방을 설득한다. 이를 위해서 설득자는 주장을 제공한다. 설득은 변화를 목표로 한다. 이것은 태도 형성에 집중하는 것이 아니라 상대방이 이미 갖고 있는 태도를 변경하도록 유인하고, 또한 태도를 형성하고, 강한 영향을 주거나 강화한다.

윤리적 설득자는 건강한 자기 영향을 위한 토대를 놓지만 비윤리적 설득자는 미끼를 놓는다. 부정하고, 사악한 설득자는 개인적으로 사회적으로 파괴적인 방식으로 마음을 변화하도록 상대방을 확신시킨다. 기업의 설득자들은 즐거운 환경을 제품, 사람이나 아이디어와 관련 지움으로써 소비자들의 구매 태도를 형성한다. 변화는 가장 중요한 설득적인 결과이고 커뮤니케이션은 태도를 변경하는 수단이다.

☑ 설득은 자유 선택을 필요로 한다.

개인은 자신의 행동을 변경하거나 커뮤니케이션 상황에서 원하는 것을 할 자유가 있다. 자유는 무엇을 의미하는가? 다르게 행동할 수 있는 능력을 갖고 있을 때 사람들에게 자유가 있다. 설득은 강압과 어떻게 다른가? 설득은 근거와 언어적 호소를 다루지만, 강압은 힘을 사용한다. 강압은 강압자가 다른 사람들이 그들의 선호와 다르게 행동하도록 하는 기법이다. 강압자가 요구하는 것을 행동하지 않는다면 강압은 대단히 심각한 위협을 사용한다.

☑ 설득은 메시지를 전달하는 상징적 과정이다.

설득은 태도를 변경하거나 영향을 주는 메시지로 포장되어 있다. 메시지는 언어나 비언어이며, 경로를 통해서 사람과 사람 사이에서 전달된다. 메시지는 합리적, 사실적이거나 감성적이다. 메시지는 마음에 즐거운 기억을 전달하는 광고에 있는 음악처럼 주장이나 단순한 단서로 구성될 수 있다. 따라서 설득은 메시지의 전달 활동이며 설득을 위한 메시지는 언어나 비언어를 사용하는 상징적 과정이다.

설득은 많은 단계로 구성되고 메시지의 수신인을 포함한다. 설득은 주로 풍부하고 문화적인 의미가 있는 언어를 통해 전달된 메시지와 함께 상징을 사용하는 것이다. 상징(symbol)은 자유, 정의와 평등과 같은 언어, 기, 십자가나 이미지와 같은 비언어 신호를 포함한다. 상징은 상대방의 태도를 변화시키고 바람직한 의견을 형성하는데 이용되는 설득자의 도구이다.

◯ "3자 연합 설득력 부족" 국민연금 자문사, 조원태 손 들어줘

한진칼 정기주주총회가 조원태 회장에 유리한 쪽으로 흐르는 모습이다. 국민연금의 대표적 의결권 자문사인 한국기업지배구조원과 세계 최대 의결권 자문사 ISS(Institutional Shareholder Service)가 조 회장 연임에 찬성을 권고했다. 특이한 점은 3자 연합이 추천한 김신배 사내이사 선임에도 찬성을 권했다.

출처: 주간한국 2020.03.16

2) 설득의 목표

설득은 상대방의 태도를 변경시키는 의사소통 과정이다. 설득적 의사소통은 다른 사람들의 반응을 형성, 강화 또는 변경하기 위한 메시지의 전달 과정이다. 상대방의 반응은 때때로 상징적 메시지에 의해 수정되지만, 강제력과는 연결되어 있지 않고 대상의 논리적 이유와 감정에 호소한다. 일반적으로 설득은 중재되는 의사소통 활동을 말한다. 커뮤니케이션은 인지, 태도와 행동을 목표로 한다. 따라서 설득의 목표는 상대방의 인지, 태도와 행동을 변화시키는 것이다.

[그림 1-1] 그림 설득의 목표

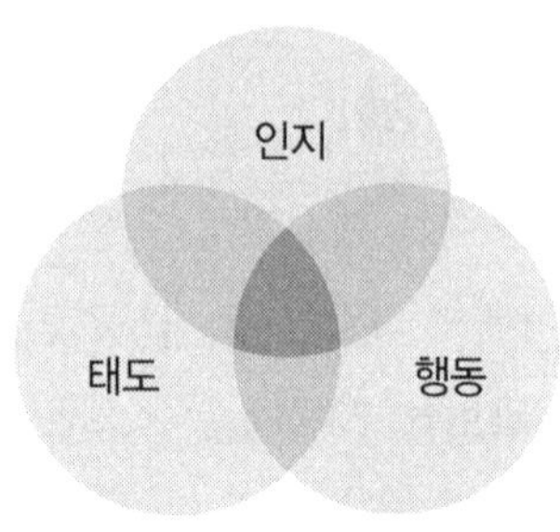

3) 출처의 신뢰성

출처의 신뢰성(source credibility)은 수신자가 메시지를 받아들이는 데 영향을 미치는 의사소통자의 긍정적인 특성이다. 설득에 대한 출처의 신뢰성에 대한 영향은 고대 그리스 에토스(ethos)로 거슬러 올라간다. 연구에 따르면 출처의 신뢰성에는 두 가지 주요 차원, 즉 전문성과 진실성이가 있다. 물론 역동성, 취향, 유사성 및 신체적 매력도가 출처의 신뢰성에 영향을 미칠 수 있다. 전문성은 개인이 보유한 지식, 경험 또는 기술을 말한다. 전문성을 향상시키는 수단은 배경, 정규 훈련, 교육, 개인 경험 및 지식 등이다. 진실성은 개인의 정직성과 신뢰성이다. 개인의 신뢰성을 높이는 비언어적 의사소통은 유창성, 얼굴 쾌감, 웃음이나 표현력 등이 있다.

[그림 1-2] 출처의 신뢰성

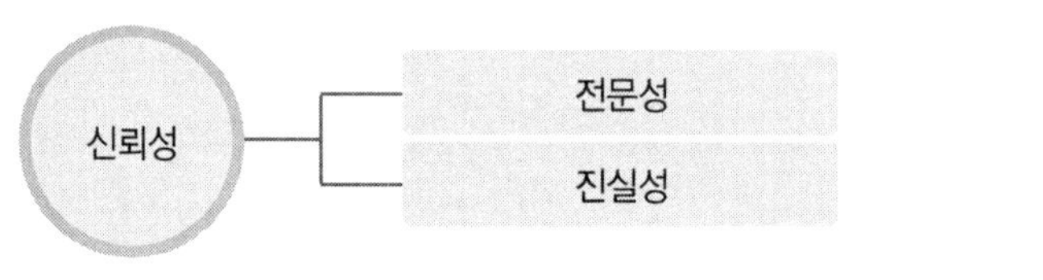

태도는 인지, 정서 및 행동의 정보에 근거하거나 그로부터 야기된다. 설득의 수단은 이성적 호소와 정서적 호소이다. 이성적 호소는 논리적 주장과 사실적 증거를 사용하여 지지가 실현 가능하고 목표를 달성할 수 있다. 설득의 인지적 반응은 메시지의 설득적 효과이다. 이성적 호소의 성공은 수신자가 메시지 처리 능력과 동기가 있는 경우 메시지의 주장의 강도와 품질에 달려 있다. 사실적 증거는 통계 또는 증언의 형태이다. 메시지 처리 능력이나 동기가 낮으면 수신자는 메시지를 면밀히 조사할 가능성이 적지만 메시지 양식, 채널, 출처의 신뢰성 등 메시지의 비속성 기능에 영향을 받는다.

정서적 호소는 수신자 사이에 감정을 불러일으킨다. 설득에서 적용되는 정서적 호소 중에는 공포 호소가 있다. 공포 호소 메시지에는 위협 요소와 권고 요소가 있다. 위협 요소는 위험 정보, 위험의 심각성 및 특정 위험에 대한 개인적 불안을 제시한다. 권고 요소는 위험에 대처하기 위한 권장 행동, 즉 위협을 제거할 때 권장 행과 반응 효과이다. 죄의식 호소 메시지에는 두 가지 요소가 있다. 하나는 수신자의 기준과 행동 사이의 불일치에 주의를 기울임으로써 죄의식 자료를 제시하고, 다른 하나는 권장되는 행동을 설명한다.

설득하는 기술 PERSUAD

독자를 설득하는 데 사용할 수 있는 여러 가지 기술이 있으며 실무에서 이러한 기술을 선택할 수 있다. 좋은 시작점은 "설득하다(PERSUAD)"라는 단어를 기억하는 것이다. 이 단어의 각 문자는 예를 들어 동물 실험에 대한 논쟁에 대해 쓸 때 설득하기 위해 사용할 수 있는 글쓰기 기술을 나타낸다.

P: 개인적인 어조(personal tone)이다.
독자를 포함하는 언어를 사용하고 그들을 참여시킨다. 여러분과 같은 많은 동물 애호가들은 이 사실들로 인해 충격을 받을 것입니다.

E: 감동적인 언어(emotive language)이다.
독자에게 감정적으로 영향을 주는 단어를 사용한다. "동물을 살해했다"는 "동물을 도살했다"로 바꿀 수 있다. '도살'이라는 단어는 '살해'라는 단어보다 끔찍하게 감동적이다.

R: 수사적 질문(rhetorical questions)이다.
독자가 자신의 관점에 대해 생각하게 하려면 질문한다. 여러분은 정말로 지구가 생존하기를 원합니까?

S: 반복 말한다(say again).
가장 중요한 아이디어를 강화하기 위해 핵심 포인트를 반복한다. 이러한 동물들을 구할 시간이 얼마 남지 않았습니다. 시간이 얼마 남지 않아 조치를 취해야 합니다.

U: 반대 주장을 훼손한다(undermine opposing arguments).
반대 주장을 인식하고 그 주장을 훼손한다는 것을 보여준다. 많은 의사들은 이 검사가 감염병 진단에 필수적이라고 주장합니다. 그러나 다른 진단 방법도 효과적이라는 증거가 있습니다.

A: 일화(anecdotes)를 제시한다.

실제 생활에서 짧고 흥미로운 이야기를 사용한다. 조국을 문 개는 포악했지만 치료하면서 암전한 성격을 회복했습니다.

D: 직접적 호칭(direct address)을 사용한다.

'귀하', '여러분'과 같은 호칭 대명사를 사용하여 독자를 참여시킨다. 여러분은 이것이 비극적인 이미지라는 데 동의해야 합니다.

E: 과장(exaggeration)이다.

과장을 사용하여 요점을 강하게 만든다. 이것은 우리 세대가 직면한 가장 큰 비극입니다.

참고: https://www.bbc.co.uk/bitesize/topics/zv7fqp3/articles/zr8cmfr

4) 본서의 구성

협상과 설득은 상대방과의 심리적인 행동 과정이다. 상대방에 대한 행동의 관찰을 통하여 행동의 동기를 분석하고 협상 수준을 판단하는 것이 필요하다. 즉, 視觀察이다. 論語에 視其所以觀其所由 察其所安(시기소이 관기소유 찰기소안)이라는 구절이 있다. 이것은 상대방의 행동을 관찰하고 그 동기를 분석하고 만족 수준을 판단한다는 의미이다. 상대방의 행동을 관찰하고 행동 동기를 분석하지 않고서 어떻게 상대방을 설득하고 협상할 수 있겠는가? 손자 병법에도 知彼知己百戰不殆(지피지기백전불태)라는 구절이 있다. 즉, 상대를 알고 나를 알면 백 번 싸워도 위태롭지 않다는 뜻이 있다. 이처럼 상대방을 알고 이해하고 배려할 때 즉, 득심(得心)할 때 공감이 이루어지고 설득이 되고 협상이 타결된다.

인간은 사회적 동물이기 때문에 이해관계가 서로 충돌하는 경우가 많다. 이러한 이해관계의 충돌은 갈등관계가 된다. 갈등관계는 설득과 협상으로 해결해야 한다. 설득(說得)은 상대방의 공감을 얻는 활동이다. 배려와 득심이 공감을 얻을 수 있다. 배려(配慮)와 득심(得心)을 얻는 공감(共感)이 바로 설득과 협상 과정이다. 예술과 언어에도 일정한 원리가 있듯이 설득과 협상에도 상대방을 행복하게 하는 논리와 감정의 원리가 있다. 바로 설득의 기본 원리는 상대방에 대한 이해 기술이고 협상의 기본 원리는 타협이다. 공생과 타협으로 가는 협상가가 있는가 하면 파국과 공멸로 가는 협상가도 있다.

설득과 협상 과정은 설득자의 진실성과 전문성을 갖춘 에토스, 특정한 사안에 대한 논리인 로고스와 상대방의 감정을 움직일 수 있는 파토스가 필요하다. 따라서 설득과 협상은 대화 예술이

자 언어 기술이다. 에토스의 원리에는 청취기술과 인간 호소의 원리가 있다. 로고스의 원리에는 설득의 원리, 협상의 원리, 논증의 원리, 불완전 귀납과 추정의 오류가 있다. 마지막으로 협상과 설득에서 가장 중요한 파토스는 관련성의 호소, 기대 호소와 모호성 원리가 있다. 본서는 상대방의 마음을 얻는 협상과 설득의 원리를 다음 그림처럼 구성된다.

[그림 1-3] **설득과 협상의 원리**

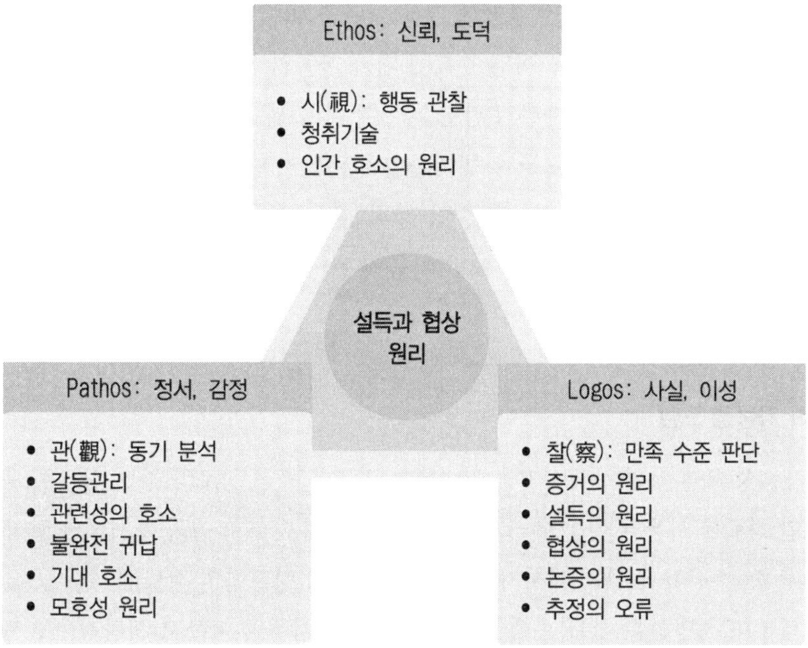

Ethos: 신뢰, 도덕
- 시(視): 행동 관찰
- 청취기술
- 인간 호소의 원리

설득과 협상 원리

Pathos: 정서, 감정
- 관(觀): 동기 분석
- 갈등관리
- 관련성의 호소
- 불완전 귀납
- 기대 호소
- 모호성 원리

Logos: 사실, 이성
- 찰(察): 만족 수준 판단
- 증거의 원리
- 설득의 원리
- 협상의 원리
- 논증의 원리
- 추정의 오류

2. 설득 이론

설득의 목표는 상대방의 신념, 가치 또는 태도를 수정하여 상대방의 행동을 변화시키는 것이다. 설득 이론은 이러한 설득적 의사소통 측면을 탐구하는 이론이다. 설득의 주요 이론에는 사회적 판단 이론, 정교화 가능성 모델, 인지 부조화, 내러티브 패러다임, 프레임 이론과 점화효과 등이 있다. 사회적 판단 이론과 정교화 가능성 모델은 설득자들이 메시지를 전달하기 전에 청중을 신중하게 고려해야 한다고 주장한다. 내레이티브 관점에서 설득은 스토리텔링에 근거한 감정적인 과정이기 때문에 합리적 과정이 아니다. 전달되는 이야기가 일관성과 영향력 있는 타당한 논리를 가져야 한다는 것이 중요하다.

☑ 사회적 판단 이론

사회적 판단 이론은 개인은 어떤 주제에 대해 판단을 내릴 때 자신이 갖고 있는 기존의 태도와 비교해서 판단한다는 이론이다. 어떤 주제에 대한 기존의 태도는 새로운 설득 메시지를 비교하고 판단하는 기준이 된다. 즉, 자신의 판단 기준에 따라 태도가 형성되거나 변화된다. 제공된 메시지를 자신의 기존 태도와 비교한 후 받아들일 수준인지 판단한다. 개인은 외부적 자극에 대하여 자신이 취하는 입장을 수용, 거부와 중립 영역으로 구분한다. 설득 메시지가 수용자의 수용 영역 내에 있거나 중립 영역 내에 있을 때만 설득이 된다. 따라서 사회적 판단 이론에서는 개인의 기존 태도가 매우 중요하다.

☑ 정교화 가능성 모델

정교화 가능성 모델은 설득 메시지를 처리하는 경로를 중심 경로와 주변 경로로 구분하며, 두 경로 중 어떤 경로를 사용해 설득 메시지를 처리하느냐에 따라서 설득 메시지가 달라질 수 있다고 가정한다. 즉, 수신자가 설득 메시지를 처리할 때 인지 정교화의 정도에 따라 중심 경로와 주변 경로로 나누어 설명하는 설득 모델이다. 수신자는 동기를 부여하고 객관적이고 정교한 메시지를 처리할 수 있어야 한다. 수신자가 동기가 없거나 그러한 메시지를 처리할 수 없는 경우 주변 단서를 사용해야 한다.

☑ 인지 부조화 이론

인지 부조화 이론은 자신의 태도와 행동이 서로 모순되어 불균형 상태가 되었을 때, 이를 해소하기 위해서 자신의 인지를 변화시켜 조화 상태를 유지하려 한다는 이론이다. 설득을 신념과 행동의 불일치에 대한 사후 반응으로 설명한다. 개인은 신념과 행동 사이의 일관성을 유지하는 것을 선호한다. 설득자는 신념과 행동 사이의 불일치를 막으려고 시도하는 해결안, 제품 또는 행동을 제안함으로써 수신자의 부조화를 활용할 수 있다.

☑ 내러티브 패러다임

내러티브 패러다임은 Walter Fisher가 개념화한 커뮤니케이션 이론이다. 이 이론은 모든 의미 있는 의사소통은 스토리텔링 또는 사건의 보고를 통해 이루어진다고 설명한다. 개인은 이야기 꾼이거나 이야기의 관찰자로 참여한다. 내러티브는 의미를 생성하기 위해 논리적으로 배열된 모든 구두 및 비언어적 해석이다. 의사소통 과정은 과거의 경험과 다른 요인에 의해 영향을 받는다. 설득은 스토리텔링에 근거한 감정적인 과정으로 합리적 과정은 아니다. 중요한 것은 내러티브가 일관성과 타당한 논리를 가져야 한다.

☑ 프레임 이론

프레임(frame)이란 사람이 어떤 대상이나 사건을 해석하는 방식이다. 프레임 이론은 청중에게 무언가가 제시되는 방식이 사람들이 정보를 처리하는 방법에 대한 선택에 영향을 준다고 제안한다. 프레임은 메시지 의미를 구성하거나 구조화하는 추상이다. 프레임의 가장 일반적인 사용은 뉴스나 미디어가 전달하는 정보에 대한 프레임이다. 이론은 Goffman에 의해 프레임 분석이라는 제목으로 처음 시작되었다. 그는 사람들이 그들의 기본 틀을 통해 그들의 세계에서 일어나고 있는 일을 해석한다고 말했다.

☑ 점화효과

점화효과란 시간적으로 먼저 제시된 자극이 나중에 제시된 자극의 처리에 영향을 주는 현상이다. 점화는 사람 또는 사건에 대한 인식이 행동의 접근성을 증가시키는 과정이다. 먼저 제시된 점화 단어에 의해 나중에 제시된 표적 단어를 해석하는 데 영향을 받는 다. 개인들의 인식은 스스로 지각하지 못한 상태에서 먼저 경험했던 것이 다음에 할 행동에 영향을 끼칠 수 있다.

1) 사회적 판단 이론

특정한 주제에 관해 이야기할 수 없는 사람이 있다. 예를 들면, 아마도 민주당원은 보수적인 견해를 거의 듣지 않는 사람일 것이다. 또는 어떤 회사의 사장은 자재 구입단가를 인상하는 것을 논의할 수 없을 것이다. 어떤 주제에 대한 사람의 태도를 아는 것이 설득 방법에 접근할 수 있는 단서를 제공할 수 있다. 설득은 설득 메시지에 대한 개인의 평가, 즉 인지 과정에 중점을 둘 수 있다.

☑ 사회적 판단 이론의 개념

사회적 판단 이론(social judgment theory)은 셰리프(Sherif)와 호블랜드(Hovland)가 주장한 이론으로 개인은 자신의 신념과 상반되는 정보를 거부하고, 신념과 일치하는 정보를 자신의 관점에 더욱 적합하도록 받아들여 정보와 기존의 신념 간에 일관성을 유지하도록 정보를 처리한다는 이론이다. 즉, 특정 주제의 메시지에 대한 기준 또는 자세를 기반으로 메시지의 내용에 대해 평가(판단)한다. 개인이 특정 주제에 대해 가지고 있는 기존의 태도가 새로운 설득적 메시지를 비교하고 판단하는 기준이 된다는 이론이다.

설득 메시지에 대한 반응은 주제에 대한 자신의 입장에 달려 있다. 사회적 판단 과정의 첫 번째 단계는 주제에 대한 수신자의 태도를 발견하는 것이다. 개인의 태도는 세 가지 범주로 분류된다. 첫째, 수용 영역으로 개인이 받아들일 만한 메시지가 포함된다. 둘째, 거부 영역으로 개인이 받아들일 수 없는 메시지가 포함된다. 마지막으로 의견이 없는 영역인 중립 영역(불개입 영역)이 있다. 즉, 메시지를 받아들이거나 거부하지도 않는다.

- 수용 영역: 개인이 메시지를 들일 수 있는 영역
- 거부 영역: 개인이 메시지를 받아들일 수 없는 영역
- 중립 영역: 메시지를 받아들이거나 거부하지도 않는 영역

☑ 준거 기준

개인은 어떤 주제에 대해 판단을 내릴 때 정보나 메시지를 기존의 태도와 비교해서 판단한다. 기존의 태도가 준거 기준으로 작용해서 새로운 정보가 현재 자신의 태도와 차이가 크면, 즉 거부 영역에 있으면 거부하지만, 차이가 크지 않으면, 즉 수용 영역에 있으면 수용한다. 또한 정보와 태도 간의 차이가 크지 않으면 정보를 실제보다 오히려 더 긍정적으로 해석해 수용하나 기존의 입장과 차이가 크면 정보를 실제보다 더 부정적으로 해석하는 경향이 있다. 예를 들면, 소비자가 광고와 같은 설득 메시지에 노출될 때 메시지가 어느 영역에 속하는 지에 따라 세 가지 효과가 나타난다. 메시지가 수용 영역에 속할 때는 더 긍정적으로 판단하고, 이를 동화 효과라고 한다.

- 정보와 태도 간의 차이 소: 더 긍정적 해석
- 정보와 태도 간의 차이 대: 더 부정적 해석

☑ 동화 효과와 대조 효과

동화 효과(assimilation effect)는 수용 영역 내에 있는 메시지는 실제보다 더욱 긍정적으로 해석하는 경향이다. 이와 달리 메시지가 거부 영역에 속할 때는 더 부정적으로 판단하고, 이를 대조 효과라고 한다. 대조 효과(contrast effect)는 거부 영역에 있는 메시지를 실제보다 더 부정적으로 해석하는 경향이다. 중립 영역에 속하면 수용도 거부도 하지 않고, 이를 중립 영역이라고 한다. 어떤 색이 둘레의 색과 닮은 색으로 변하여 보이듯이 새로운 정보나 메시지가 기존의 입장과 차이가 크지 않으면, 즉 수용 영역에 속하여 설득이 이루어지지만, 차이가 크면 거부 영역에 속하여 설득이 이루어지지 않는다.

- 수용 영역 내의 메시지: 더 긍정적 해석(동화 효과)
- 거부 영역 내의 메시지: 더 부정적 해석(대조 효과)

2) 정교화 가능성 모델

Petty와 Cacioppo에 의해 개발된 설득의 정교화 가능성 모델(Elaboration Likelihood Model)은 태도의 변화를 설명하는 이중 과정 이론이다. 이 모델은 개인이 자극을 처리하는 다양한 방법, 사용하는 이유 및 태도 변화에 대한 결과를 설명한다. 정교화란 청중 구성원이 메시지를 처리 및 평가하고 메시지를 기억한 다음 수락 또는 거부하기 위해 사용하는 노력의 양을 의미한다. 즉, 메시지와 관련된 주장을 깊게 생각하는 정도를 뜻한다. 정교화의 가능성은 제시된 주장을 평가할 개인의 동기와 능력에 의해 결정된다.

정교화 가능성 모델은 설득의 두 가지 주요 경로, 즉 중심 경로와 주변 경로를 제안한다. 설득의 중심 경로는 사람들이 메시지의 내용에 의해 설득될 때 발생하나 설득의 주변 경로는 메시지의 내용 이외의 다른 것들에 의해 설득될 때 발생한다. 따라서 만족도와 관련성을 높이는 방법에 초점을 맞추면 정교함이 향상된다. 이론은 동기 부여와 능력이 없으면 정교한 메시지는 거의 가치가 없다고 말한다.

◎ 기업들은 왜 거액 들여 운동선수를 후원할까요?

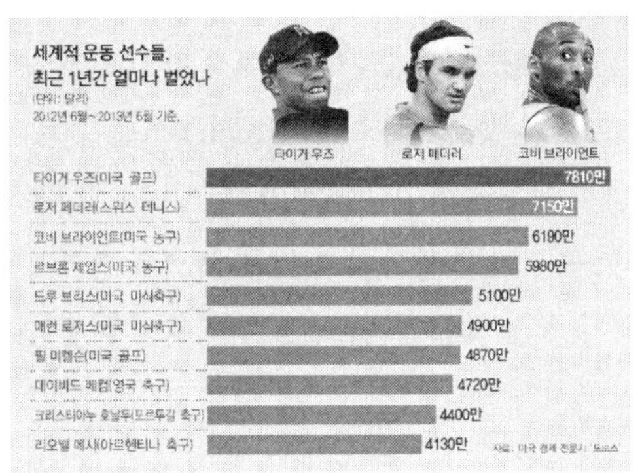

미국의 심리학자인 페티와 카시오포가 제시한 정교화 가능성 모형(Elaboration Likelihood Model)은 소비자가 어떤 과정을 통해 광고에 대한 선호나 평가를 구성하게 되는지를 설명합니다. 소비자는 구매 상황과 높은 관련성을 갖고 있을 때 광고에서 제시하는 중요한 정보들, 예를 들어 제품이나 서비스가 제공하는 혜택 및 가격 등의 핵심 요소들을 각각 자세히 생각해 최종 선호나 평가에 이르게 된다고 합니다. 반면 구매 상황과 낮은 관련성을 가지고 있을 때 핵심 요소들보다는 주변적인 요소들, 예를 들어 광고에 등장한 인물이 누구인지 또는 이 광고를 얼마나 자주 접하였는지 등이 최종 선호나 평가에 영향을 미친다고 합니다. 이 이론에 따르면 운동선수 후원은 일반적으로 관여도가 낮은 상황일 때 소비자의 구매 향상에 효과적임을 알 수 있습니다. 이것이 바로 운동선수 후원으로 회사가 얻게 되는 긍정적 측면이라고 할 수 있겠지요.

출처: 동아일보 2013.08.19

3) 인지 부조화 이론

인지(認知)란 자극을 받아들이고, 저장하고, 인출하는 일련의 정신 과정이다. 이것은 지식, 생각, 태도, 정서, 신념, 행동을 포괄하는 개념이다. 주의, 지식의 형성, 기억 및 작업 기억, 판단 및 평가, 추론 및 계산 등이 인지 과정이다. 인지는 어떤 대상이나 사물을 아는 것 또는 생각하는 것이다. 개인들은 불일치를 경험하게 되면 주로 심리적으로 괴로워하게 된다. 스트레스와 불편은 신념을 갖고 상반되는 행동이나 반응을 수행하는 개인에게 발생된다. 두 개의 모순된 생각을 동시에 가짐으로써 발생하는 불편한 긴장감, 즉 두 개의 인지 간 불일치를 의미한다.

☑ 인지 부조화의 개념

인지 부조화는 심리학자 레온 페스팅거(Leon Festinge)가 한 사이비 종교단체 연구를 위해 신자로 위장 잠입해서 얻은 정보를 토대로 여러 실험을 거쳐 발표한 이론이다. 인지 부조화

(cognitive dissonance)는 인간이 자신의 마음속에서 양립 불가능한 생각들이 심리적 대립을 일으킬 때 적절한 조건이 주어지면 행동에 따라 생각을 조정하는 동인을 형성한다는 것이다. 인지부조화는 생각(태도)과 행동이 서로 충돌할 때 생기는 심리적 부담감을 없애기 위해 자기정당화의 필요성을 느껴 행동에 생각을 맞추는 것, 즉 생각을 변경하는 것이다. 생각을 변경하면 마음이 편안해지기 때문이다. 심리적으로 불편한 부조화의 존재는 개인들이 부조화를 감소하고, 조화를 성취하게끔 자극할 것이다. 그리하여 부조화가 존재할 때 감소하려는 것 이외에 개인은 부조화를 증가하는 상황과 정보를 적극적으로 회피할 것이다.

☑ 인지 부조화는 인지 일관성의 원리이다.

레온 페스팅거는 모든 태도와 행동을 조화롭게 유지하고 부조화를 피할 수 있는 내적 추진력이 있다고 제안한다. 이것을 인지 일관성의 원리(cognitive consistency theory)라고 한다. 태도나 행동의 불일치가 발생하면 부조화를 줄이기 위해 행동이나 태도를 변경한다. 인지 부조화는 상충하는 태도, 신념 또는 행동과 관련된 상황을 말한다. 이것은 불편함을 줄이고 균형을 회복하기 위해 태도, 신념 또는 행동 중 하나를 변경하게 된다. 부조화 요소 중 하나가 행동인 경우, 개인은 행동을 변경하거나 제거할 수 있다. 그러나 이러한 부조화 감소 방법은 금연과 같은 행동을 바꾸는 것이 종종 어렵다. 인지(cognition)는 사물을 알고 배우고 이해하는 데 관여하는 정신 과정이다. 즉, 어떤 대상을 아는 일이다.

☑ 인지 부조화의 사례

기존의 태도(거짓말은 나쁘다)와 일치하지 않는 행동(거짓말을 안 한다)에 관여하면 태도가 행동과 일치하는 방향으로 변한다. 이는 불일치에서 생긴 부조화 압력(거짓말을 하면 당선되기 때문에)이다. 인간의 내적 일관성을 추구하는 방법에 초점을 둔다. 심리적으로 불편한 부조화의 존재는 개인들이 부조화를 감소하고 조화를 성취하게끔 자극할 것이다. 그리하여 부조화가 존재할 때 개인은 부조화를 증가하는 상황과 정보를 적극적으로 회피할 것이다.

[그림 1-4] **인지부조화 과정**

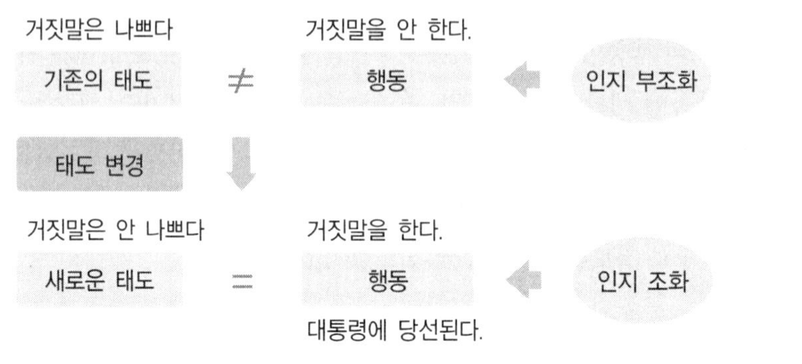

흡연자를 금연시키는 가장 좋은 방법은 흡연자의 사망률, 건강 문제 및 흡연과 관련된 사회적 낙인에 대한 정보를 흡연자에게 주입하는 것이다. 흡연자의 태도가 바뀌면 반드시 흡연을 중단할 것인가? 사람들이 흡연하고(행동) 흡연이 조기 노화, 다양한 형태의 암을 유발한다는 것(인지)을 알면 인지 부조화 상태에 있게 된다. 그래서 심리적으로 불편한 상태가 된다.

☑ 인지 부조화의 크기 측정

인지 부조화의 크기를 측정할 수 있다. 첫째, 경험하는 부조화의 양은 이슈의 인식된 중요성에 영향을 받는다. 둘째, 부조화 비율은 느끼는 불편의 정도에 영향을 준다. 부조화 비율은 조화 신념의 수와 관련하여 불일치한 신념의 비율이다. 많은 수의 불일치한 신념과 행동을 하게 되면 더 많은 불편을 겪게 된다. 셋째, 부조화를 합리화하거나 정당화하는 능력은 상충되는 신념과 행동에 직면했을 때 경험하는 불편의 정도에도 영향을 미친다. 이러한 대조적인 태도와 행동을 정당화할 수 있을수록 견뎌야하는 불편함이 경감된다.

관련된 문제는 인식이다. 구체적으로 선택적 노출, 선택적 주의, 해석 및 파지의 지각적 과정은 부조화를 최소화하는 데 도움이 될 수 있다. 파지(把持)는 정보에 대한 정신적 표상을 기억 속에 유지하고 있는 것을 뜻한다. 개인이 다양한 자극을 선택적으로 감지하여 부조화를 최소화한다. 선택적 노출은 개인이 기존의 견해와 상충되는 정보를 피하면서 기존의 견해를 강화하는 정보를 찾는 경향이다. 따라서 개인은 신념이나 행동과 일치하지 않는 정보를 적극적으로 기피한다. 선택적 주의(selective attention)는 수많은 정보 중에서 필요한 정보만을 선택하고 필요하지 않은 정보는 배제하는 것이다.

"가족·친구관계 깨질 판" 조국 사태 때문에 피로하신가요?

대한민국이 '조국 수호' 파와 '조국 파면' 파로 나뉘면서 인간관계가 깨졌다는 고통을 호소하는 사람도 늘고 있다. 이전까지만 해도 가까운 친척, 친구들끼리는 정치와 종교 이야기를 피했으나, 이 같은 불문율이 깨지고 서로 강하게 대립하면서 관계에 금이 가는 현상이 나타나고 있는 것이다.

심리학자들은 확인이 불가능한 부정확한 정보의 홍수 속에서 혼란을 경험하면 사람들이 '인지 부조화'를 경험한다고 말한다. 인지 부조화 이론은 1956년 사회심리학자 페스팅거(Festinger)가 제시한 이론으로 태도와 태도, 또는 태도와 행동이 서로 일관되지 않거나 모순된 상태를 의미한다. 이동귀 연세대 심리학과 교수는 "인지 부조화 현상이 발생하면 사람들은 상호 모순되는 생각을 한쪽으로 정리해서 부조화를 피하려는 쪽을 선택한다"고 말했다. 자신의 상식과 가치를 유지하면서 지지하던 진영을 이탈하거나, 아니면 자신이 선호하던 진영에서 내세우는 설명을 적극적으로 받아들이는 쪽으로 방향을 결정한다는 것이다

출처: 한국일보 2019.10.05

4) 내러티브 패러다임

내러티브 패러다임(narrative paradigm)은 모든 의미 있는 의사소통은 스토리텔링의 형태이거나 사건에 대한 보고서를 제공하므로 인간은 일련의 지속적인 이야기로서 인생을 경험하고 이해한다는 이론이다. 내러티브 패러다임은 이야기를 통한 영향력, 즉 스토리텔링을 통한 설득의 효과를 강조한다. Fisher는 인간은 근본적으로 스토리텔링 창조물이라고 주장한다. 가장 설득력 있고 영향력 있는 메시지는 합리적인 사실의 메시지가 아니라 특정 행동이나 신념에 참여하는 타당한 이유(good reason)로 설득시키는 이야기이다.

유능한 이야기꾼은 재미있는 방식으로 메시지, 정보 및 지식을 전달한다. 스토리텔링(storytelling)은 스토리(story) + 텔링(telling) 합성어이다. 말 그대로 '이야기하다'라는 의미이다. 상대방에게 알리고자 하는 바를 재미있고 생생한 이야기로 설득력 있게 전달하는 행위이다. 상대방에게 알리고자 하는 바를 단어, 이미지, 그림, 음악을 통해 재미있고 생생한 이야기로 설득력 있게 전달하는 것이다. 따라서 스토리텔링은 청중을 참여시키기 위해 이야기를 만들어 글이나 말로 표현하는 기술이다. 이처럼 피셔의 내러티브 패러다임에는 몇 가지 가정이 있다.

☑ 인간은 이야기꾼이다.

인간을 다른 생물과 다르고 독특하게 만드는 것은 이야기를 할 수 있는 능력과 추진력이다. 내러티브는 제안이 참이거나 거짓일 수 있는 가상의 구성을 언급하지 않는다. 대신 내러티브에는 사람들이 의미를 부여하기 위해 사용하는 상징적인 단어와 행동이 포함된다. 피셔는 인간의 의사소통을 절대적으로 확인할 수 없거나 증명할 수 없는 아이디어를 표현하는 이야기의 집합으로 설명했다. 그러한 아이디어는 은유, 가치, 몸짓 등에서 발생한다. 가장 까다로운 전문가조차도 자신의 전문 분야에 대한 모든 것을 알고 있는 것은 아니다. 가장 논리적인 메시지에도 주관성의 요소가 있다. 즉, 자신의 가치, 감정, 미학적 선호는 자신의 신념과 행동을 형성한다. 따라서 개인은 이러한 주관적 경험을 포착하려는 시도로 이야기를 통해 메시지와 경험을 전달한다.

☑ 의사결정 및 의사소통은 타당한 이유를 기반으로 한다.

개인의 삶과 현실에 대한 이해가 주관적인 이야기이므로 어떤 이야기가 믿을 만하고 그렇지 않은지를 판단할 수 있는 방법이 필요하다. 피셔는 개인이 이야기 합리성을 사용한다고 주장했다. 이는 다른 사람의 이야기가 얼마나 믿을 만한지를 결정할 수 있는 논리적 추론 이다. 이야기의 합리성은 대부분의 의사 결정의 기초로 타당한 이유에 의존한다. 타당한 이유는 개인이 인식된 진실성과 일관성에 기초하여 다른 사람의 이야기를 검증하고 수용 하거나 또는 거부할 수 있게 한다. 따라서 일관성과 충실도는 타당한 이유에 대한이 서술적 판단을 내리는 두 가지 방법이다. 사용되는 이야기가 부드럽게 흐르고 말이 되며 믿을 만할 때 이야기 일관성이 있다. 마찬가지로 이야기가 진실하고 자신의 경험과 일치하는 것처럼 보일 때, 이야기의 충실도가 있다. 이야기를 수락하려면 개인이 먼저 내러티브의 충실도를 인식해야 한다. 그러나 충실도가 없으면 일관성은 관련이 없다.

☑ 타당한 이유는 역사, 전기, 문화, 성격의 문제에 의해 결정된다.

개인이 타당한 이유로 받아들이는 것은 개인의 역사, 전기, 문화, 성격, 가치, 경험 등을 기반으로 한다. 즉, 한 사람에게 일관성과 충실함이 있는 것으로 보이는 것은 다른 가치관과 경험으로 이야기하는 관계에 있는 다른 사람에게는 설득되지 않을 수 있다.

☑ 합리성은 내부 일관성에 대한 인식과 실제 경험과 유사하다.

합리성이 이야기 존재의 성격에 의해 결정된다. 피셔는 사실과 논리적 논증에만 뿌리를 둔 이성을 생각하기보다는 합리성과 설득이 인간이 일관된 이야기를 만들 수 있는 능력에서 비롯된다고 주장했다. 따라서 정치 후보의 입법 기록에 관한 사실을 정리하는 것이 유권자들에게 설득력 있는 것은 아니다. 구성 요소에 영향을 주는 것은 이야기를 통해 경험을 공유할 수 있는 후보자의 능력이다.

☑ 이야기로 가득 찬 세상을 경험하며, 그 중에서 선택해야 한다.

인간은 협동적이고 경쟁적인 이야기 모두에 기초한다는 것을 알고 있다. 개인은 이러한 이야기 중에서 선택하기 위해 타당한 이유의 논리를 사용해야 하므로 사회적 현실을 만들고 재창조해야 한다. 인간의 커뮤니케이션이 신화, 즉 절대적인 방법으로 검증되거나 입증될 수 없는 신념을 가지고 있다. 피셔는 개인이 공통 이해의 창조와 오락으로서 이야기에 의존해야 한다고 믿었다. 선택한 이야기는 근본적으로 자신의 삶에 영향을 줄 수 있다.

5) 스토리

스토리(story)라는 단어의 정의는 명확하지 않다. 스토리는 맥락(전후 사정)에 전적으로 의존하는 여러 가지 요소로 구성된다. 즉, 요소에는 잡담, 거짓말, 허구 이야기, 줄거리, 설명, 사건, 보고서 등이 있다. 스토리의 특성, 의도된 수신자 및 환경에 따라 스토리는 다양한 구성으로 변형될 수 있다. 소설, 시, 연극, 영화, 회고록, 구두, 오디오, 영상 등 가능한 형태가 있다. 스토리는 정보, 경험, 태도 또는 관점을 전달하는 수단이다. 모든 스토리에는 발신인과 수신인이 있다. 스토리를 내러티브와 동의어로 사용하기도 하지만, 내러티브(narrative)는 어떤 사건을 관련시키고 어떤 순서로 관련시키는 지 선택한다. 따라서 내러티브는 스토리 자체가 아니라 스토리의 표현 또는 특정 표현이다.

스토리는 사건 또는 일련의 사건에 대한 이야기이다. 이것은 사실이거나 허구일 수 있다. 그러나 좋은 스토리는 허구일지라도 항상 진실의 핵심 요소를 가지고 있다. 스토리가 전하는 메시지는 사실이어야 하고, 일관성 있고, 확실해야 한다. 스토리는 어떤 사물이나 사실, 현상에 대하여 일정한 줄거리를 가지고 하는 말이나 글이지만, 어떤 사실에 관하여 또는 있지 않은 일을 사실처럼 꾸며 재미있게 하는 말이다. 스토리는 이야기를 들었다는 사실로 무언가를 경험하거나 배우는 방식으로 사실이나 허구의 사건을 말한다.

사람들이 이야기를 듣고 싶어 하기 때문에 스토리는 사람들이 만들거나 기억하거나 상상하는 일련의 사건이다. 사람들은 무언가를 알고 싶어 하거나 무언가를 배우거나 질문에 대답하기 때문에 이야기를 만든다. 스토리는 단어(쓰기 또는 말하기), 이미지(정지 및 이동), 신체 언어, 공연, 음악 또는 기타 형태의 커뮤니케이션을 통해 연결된 일련의 활동이다. 어떤 것에 관해 이야기할 수 있으며, 묘사된 사건들은 실제적이거나 상상적일 수 있다. 모든 일과 모든 시간에 대한 이야기가 있다. 과거, 현재, 미래, 일련의 사건에 대해 누군가에게 이야기할 때마다 주제와 사건이 무엇이든 관계없이 이야기를 한다. 따라서 스토리는 인간 문화에 큰 가치가 있으며 인생에서 가장 오래되고 가장 중요한 부분이다.

◎ 스토리텔링 마케팅으로 브랜드 만족 지수 1위

스토리텔링 마케팅은 브랜드의 특성과 어울리는 이야기로 소비자의 마음을 움직이는 감성마케팅으로 최근 쌍방향 소통이 강조되는 마케팅 산업에 핵심 요소가 되고 있다. 스토리텔링 마케팅의 강점은 브랜드 그 자체에 대한 이야기보다 브랜드와 상품, 서비스가 지닌 의미와 가치 등으로 느끼는 재미와 몰입이 소비자에게 감성 소비를 이끌어낸다는 점이다.

워너비인터내셜은 클라이언트와 원활한 소통으로 브랜드의 역사, 비하인드 스토리를 브랜드에 입혀 소비자가 강력하게 브랜드를 인식하도록 한다. 또한, 브랜드 스토리를 서술적인 에피소드 형태로 기획해 소비자에게 유희적 즐거움도 제공한다. 이처럼 스토리텔링 마케팅을 적극적으로 활용하는 워너비인터내셔널은 최근 뷰티 디바이스로 각광받는 LED마스크 브랜드를 산소와 연결해 하나의 공익캠페인으로 브랜딩 전략을 세워 소비자에게 호평을 받았다.

출처: 머니투데이 2020.03.20

(1) 스토리의 예

그렇다면 스토리는 무엇인가? 스토리는 자신의 경험을 생각하거나 다른 사람들에게 전할 수 있는 것이다. 예를 들어, 파티에 나가는 행위는 스토리가 아니다. 그러나 일단 어떤 것을 생각하거나 SNS에 사진을 게시하면 스토리가 된다. 이처럼 무언가를 온라인으로 공유하는 모든 행위가 스토리텔링을 의미한다. 이것은 과거와 현재의 경험을 이해하고 말하는 유일한 수단이다.

다음 예는 다르게 구성한 동일한 스토리의 예이다. 때때로 한 줄로 이야기를 할 수 있고, 더 자세하게 표현할 수 있다. 두 번째 예조차도 아주 작은 스토리이다. 한 줄에서 일련의 소설에 이르기까지 모두 말할 수 있다. 결국 부부가 평생 함께 살았다면 함께 인생의 이야기를 구성하는 수많은 사건이 있을 것이다.

[예1]
한 소녀는 자신의 삶에 대한 사랑을 만나고 죽을 때까지 행복하게 살았다.

[예2]
한 소녀가 23살이었을 때 그녀는 인생의 사랑을 만났다. 그녀는 대학 4학년 종강일에 기말고사를 치룬 후 그를 캠퍼스에서 우연히 보았을 때, 그녀는 그가 영원히 함께 할 사람이라는 것을 직감적으로 알았다. 그래서 그녀는 그에게 다가가서 데이트를 성공시켰다. 결국 서로 가까워져 마침내 졸업 후 그와 함께 함께 살았고, 그들은 마냥 행복하게 함께 살았다.

(2) 스토리의 종류

스토리는 인간이 존재한 이래 수천 년 동안 인간 문화와 사회의 일부가 되었다. 스토리는 모든 문화, 종교 및 민족의 사람들의 과거와 현재에서 발견된다. 인생이 끝없는 일련의 이야기로 구성되어 있다. 간단한 통근에서 학교나 직장, 인생의 모든 행사에 이르기까지 모든 것이 스토리가 있다. 스토리는 모든 문학에 포함되는 것 외에도 창의성의 기초에 있으며 특히 모든 형태의 오락, 녹음 및 보고와 관련하여 모든 일의 일부이다. 따라서 스토리는 구두 및 서면 스토리텔링 또는 저널리즘에서 모든 방식으로 공유된다. 이와 같이 TV, 영화 및 라디오, 미술, 무대 공연 및 음악 등에서 공유된다. 스토리의 유형의 범위는 거의 끝이 없을 정도로 매우 많지만, 스토리를 소설과 논픽션의 두 가지 범주로 구분한다. 각각에는 주제, 장르, 전달 유형(구술, 작문, 공연), 서술 스타일 등의 측면에서 수많은 종류가 있다.

☑ 허구 스토리

허구 스토리(fiction stories)는 가상 사건을 기반으로 한다. 이것은 사실보다는 작가의 상상력을 바탕으로 창작한 작품일 수도 있다. 일반적으로 허구 스토리는 상상력에서 창작된 줄거리, 설정 및 캐릭터를 말하고 실화 스토리는 실제 사건과 사람에 초점을 맞춘 사실적인 스토리를 나타낸다. 다음과 같은 유형의 소설과 장르가 있다.

- 동화
- 폭포
- 신화
- 전설
- 서사시(영웅 이야기)
- 드라마
- 모험 이야기
- 역사 소설
- 환상
- 과학 소설
- 사랑 이야기
- 공포 이야기
- 유령 이야기

☑ 실화 스토리

실화 스토리(non-fiction stories)는 모든 종류의 실제 사건이나 경험을 다룰 수 있다. 이것은 실제 상황에 있는 사실 정보를 포함하며 일반적으로 표현하거나 정보를 전달할 목적이다. 실화 스토리는 정보, 사건 또는 사람에 관한 진실과 정확성을 나타내는 스토리이다. 이것들은 종종 다음과 같은 범주에 속한다.

- 역사적 사건
- 뉴스 및 시사
- 전기 및 자서전
- 기억과 경험
- 문화사
- 범죄와 정의
- 과학
- 사랑
- 가족
- 여행 이야기

- 생존자 이야기
- 전쟁 이야기

6) 프레임 이론

프레임 이론(frame theory)은 조지 레이코프(George Lakoff)가 『코끼리는 생각하지 마』에서 정치·사회학적 인지구조의 틀을 설명하는 이론이다. 프레임(frame)이란 사람이 어떤 대상이나 사건을 해석하는 방식을 의미한다. 프레임은 개인이 세상을 이해하는 방식이므로 객관적 사실과는 관련이 없다. 프레임 효과는 표현 방식에 따라 동일한 사건이나 상황임에도 개인의 판단이나 선택이 달라질 수 있는 현상을 말한다. 즉, 틀은 정보를 제공받은 사람의 의사결정에 영향을 미친다. 인간은 일생에 걸쳐 정신적·감정적 이해를 위한 틀이 형성되는데 이러한 틀은 어떤 결정을 하는 데 영향을 준다.

☑ 단어와 관련된 프레임이 더 활성화된다.

어떤 단어를 들으면 뇌 안에서 그 단어와 관련된 프레임이 활성화된다. 어떤 프레임을 부정할 때에도 그 프레임은 활성화된다. "코끼리는 생각하지 마"라고 말하면 코끼리를 생각하게 된다. 프레임은 자주 활성화될수록 더 강해진다. 상대당의 말을 써서 상대당의 의견을 반박할 때 그 말을 듣는 사람들의 머릿속에는 상대당의 프레임이 더 활성화되고 강해진다. 이는 상대당의 언어와 그 언어가 활성화되는 프레임을 사용하지 말아야 한다는 뜻이다.

☑ 대중의 사고를 먼저 규정하는 쪽이 승리한다.

프레임은 추구하는 목적, 계획, 행동 방식과 결과를 결정한다. 정치에서 프레임은 사회정책과 그 정책을 수행하고자 수립하는 제도를 형성한다. 만약 사실들을 대중의 눈으로 본다면, 합리적인 사람들은 모두 올바른 결론에 도달할 것이다. 그러나 이는 헛된 희망이다. 인간의 두뇌는 그런 식으로 작동하지 않는다. 중요한 것은 프레임이다. 한번 자리 잡은 프레임은 웬만해서는 내쫓기 힘들다. 유권자들의 표심은 진실이나 훌륭한 대안·정책의 구체적인 내용들이 아니라 가치, 인간적 유대, 진정성, 신뢰, 정체성이다. 전략적으로 구성한 틀을 제시해 대중의 사고 틀을 먼저 규정하는 쪽이 정치적으로 승리하며, 이를 반박하려는 노력은 오히려 프레임을 강화하는 딜레마에 빠지게 된다.

☑ 손실 프레임

광고 프레임의 한 측면은 광고주가 메시지를 준수하지 않으면 고객이 잃게 되는 것을 표시할 때 발생한다. "손실 프레임"은 수용자에게 두려움을 심어주고 심각한 결과를 경고한다. 예를 들면, 공공 서비스를 발표하는 금연 캠페인이다. 금연 캠페인은 호흡할 때 인공호흡기를 사용하고 인공 음성 기기를 사용하여 말을 하는 암 환자의 이미지를 보여줌으로써 담배의 위험성을 보여준다.

☑ 혜택 프레임

혜택은 사람을 즐겁게 해준다. 혜택 프레임이 있는 메시지는 수신자에게 광고주의 메시지를 따름으로써 얻는 것을 보여준다. 치과 치료 제품 광고주는 반짝이는 하얀 치아, 건강한 잇몸 및 신선한 호흡과 같은 일상적인 치과 치료의 이점을 표시하기 위해 혜택 메시지를 사용한다. 이 메시지는 종종 더 잘 생긴 미소가 잠재적인 데이트 파트너에게 사용자를 더 매력적으로 만드는 것과 같은 이점을 암시하기도 한다.

젊고 위험한 행동을 하는 사람은 덜 신경 쓸 수 있으나 안락함과 안전에 관심이 있는 노인은 위험을 줄이려고 할 수 있다. 노인을 위해 설계된 제품은 보다 긍정적인 프레임을 갖게 된다. 예를 들면, 어떤 간병 보험에 가입하면 많은 혜택을 받을 수 있다.

☑ 통계 프레임

영국의 총리였던 벤자민(Benjamin Disraeli)은 "통계의 세 종류의 거짓말: 거짓말, 저주받은 거짓말, 통계"를 인용했다. 여러 광고주가 동일한 통계를 사용하여 동일한 지점을 동시에 증명하고 반증한다. 예를 들어, 한 광고주는 90%가 치료 효과가 있는 의약품이라고 홍보할 수 있다. 경쟁자는 동일한 통계를 사용하여 10%는 치료 효과가 없다고 주장할 수 있다.

○ '통계의 함정'에 빠지지 않기 위한 6가지 방법

독일의 통계학자 발터 크래머가 저술한 〈벌거벗은 통계〉의 일례이다. 10명의 농부 가운데 농부 1명이 소 40마리를 가지고 있고, 나머지 농부 9명은 0마리를 가지고 있다면, 농부들은 몇 마리의 소를 가지고 있는가? 통계에서 나타나는 최빈값은 '0'마리이고, 중간값도 '0'마리인데 '산술평균'은 4

마리가 된다. '산술평균'은 통계에서 흔히 이용되는 숫자다. 그러나 소가 한 마리도 없는 9명의 농부에게는 아무 의미가 없다. 이처럼 산술평균은 사건의 실체를 은폐하는데 주로 악용되고 있다. 이 때문에 영국의 수상 밴저민 디즈레일리는 '거짓말에는 세 종류가 있다. 거짓말, 빨간 거짓말, 그리고 통계'라고 했다.

리터러리 다이제스트(The Literary Digest)는 1936년 유권자들에게 설문지를 보냈다. 당시 표본은 잡지 정기 구독자, 전화번호부와 자동차 소유주를 중심으로 한 것이었다. 당시 공화당 후보는 알프레드 랜던(Alfred Landon)이었고, 민주당은 현직 대통령이었던 프랭클린 루즈벨트(Franklin Roosevelt)였다. 이 잡지는 기존의 방식대로 1,000만 명을 대상으로 표본을 조사해 공화당 후보가 당선될 것이라는 예측을 했다. 그러나 결과는 참담한 악몽이었다. 민주당의 루즈벨트가 유효투표의 60%를 획득해 대통령에 재선된 것이다. 이 잡지는 독자와 전 국민의 망신거리가 되어 1938년 폐간됐다. 이 잡지의 예측이 틀린 이유는 표본추출에 문제가 있었기 때문이다. 투표장으로 향하는 일반인들을 대상으로 표본조사를 한 것이 아니라 잡지 정기구독자, 전화 가입자, 자동차를 소유한 부유계층으로 대부분 공화당 지지자들이었다. 이 잡지의 참담한 실패가 가져다 준 교훈은 두 가지였다. 첫째는 여론조사에서 피조사자의 숫자가 아무리 많아도 안심할 수 없다. 둘째는 표본을 어떻게 구할 것인가? 표본의 크기가 중요한 것이 아니라 표본추출의 방법이 훨씬 중요하다. 다음은 벌거벗은 통계에서 통계의 함정에 빠지지 않기 위한 6가지 방법이다.

- 너무 구체적인 숫자는 믿지 말라.
- 평균값의 함정에 빠지지 말라.
- 표본이 어떻게 수집됐는지를 꼭 살피라.
- 그래프에서 기준축이 되는 수치를 반드시 점검하라.
- 설문조사 결과를 그대로 신뢰하지 말라.
- 사실이라기엔 너무 좋아 보이는 수치는 실제로 사실이 아닌 경우가 대부분이다.

출처: 뉴데일리 2016.04.16

☑ 프레임과 언어

광고주는 언어를 사용하여 메시지를 구성하는 전문가이다. 소비자는 특정 단어에 대한 소비자의 정서적 반응을 이해하고, 시청자의 마음에 제품에 긍정적인 정서적 틀을 만드는 단어를 사용하는 것이 목표이다. 고급 자동차 광고에는 "고급" 및 "중후"와 같은 단어가 사용되지만 "고가" 와 "고액 유지비"인 단어는 사용하지 않는다. 소형차를 위한 유사한 광고는 "값싼" 및 "저기능" 대신 "경제적" 및 "세련된"과 같은 단어를 사용한다.

◎ "사람이 먼저라더니 그 사람은 조국인가"

미래통합당 김종인 총괄선거대책위원장이 "말만 하면 '사람이 먼저'라고 이야기하는데, '사람 먼저'라는 게 조국이라는 사람으로 귀결된 것 같다"고 말했다. '사람이 먼저다'는 문재인 대통령의 대선 선거구호였다.

김 위원장은 이날 통합당 중앙당사에서 열린 현장선대위회의에서 "조국(전 법무부 장관)을 살릴 게 아니라 소상공인, 자영업자를 먼저 살려야한다"고 말했다. 코로나19 국면에서 여권의 대응을 맹비난하는 한편 '조국 프레임'을 강조하기 위한 것으로 보인다.

출처: 세계일보 2020.04.06

7) 점화효과

단어, 이미지 또는 행동과 같은 자극을 사용하여 누군가의 행동을 변화시킨다. 예를 들어, 조심스럽거나 느긋한 단어를 읽고 나서 걷게 하면 천천히 걷거나 느긋하게 행동하게 된다. 또는 환자에게 예의 바른 태도, 존중하는 사람을 읽게 하고 간호사를 대하게 하면 무례하지 않을 수 있다. 이것은 먼저 제시된 정보가 다음에 제시된 정보의 해석·이해에 영향을 주는 경우이다.

◎ 팽팽한 1당 경쟁

지금 어떤 정치권이나 언론에서는 프레임 얘기를 많이 하잖아요. 어떤 프레임을 했냐에 따라서 지지가 더 많이 나오니, 적게 나오니 이런 이야기들을 하는데, 사실은 프레임 효과보다는 선거 커뮤니케이션에서는 프라이밍 효과(Priming effect: 시간상으로 먼저 떠오른 개념이 이후에 제시되는 자극의 지각과 해석에 영향을 미치는 현상)라고 하는데, 국민들이 우선시하는 그 정책, 이슈를 정부가 그거에 전념

하고 있는가, 아닌가, 이게 매칭이 되는가 아닌가, 이게 굉장히 중요하거든요.

그런데 지금의 국면을 놓고 보면 사실은 대통령부터 청와대, 정부까지 해서 모든 정부 여당이 코로나나 경제 문제에 집중하고 있는, 그러니까 국민들이 우선시하는 의제를 정부가 정말 열심히 집중해서 하고 있다, 이 매칭 현상, 그러니까 이 프라이밍이 매칭이 되는 현상이 국정 평가, 실제 수치상의 어떤 성과보다도 이게 통하고 있다는 그런 어떤 판단이, 실제 그런 국정 평가에 작용이 되는 것 같아요.

출처: KBS 2020.04.05

☑ 점화효과의 개념

점화효과(priming effect)는 시간적으로 먼저 제시된 자극이 나중에 제시된 자극의 처리에 부정적 혹은 긍정적 영향을 주는 현상이다. 먼저 제시된 단어를 점화단어(prime)라고 하고, 나중에 제시된 단어를 표적단어(target)라고 한다. 예를 들면, table이라는 단어를 먼저 보여주고 난 다음, tab를 보여주고 단어를 완성하라고 하면 table이라고 대답할 확률이 미리 제시하지 않은 경우보다 높아진다. 시간적으로 먼저 제시된 단어가 나중에 제시된 단어 처리나 사고에 영향을 주기 때문이다. 스스로 인식하지 못한 상태에서 먼저 경험했던 것이 다음에 할 행동에 영향을 끼칠 수 있다. 이와 같이 점화효과는 한 가지 노출이 나중에 행동이나 생각을 바꿀 수 있을 때마다 발생한다. 예를 들어, 어린이가 책상에 있는 동화책을 보면 다음에 책상을 볼 때 동화책을 찾거나 생각하기 시작할 수 있다.

☑ 점화효과의 예

선행자극이 후행 자극에 일종의 예열을 내는 효과가 있다. 예를 들면, 유명 여배우가 화장품 광고를 하면 그 화장품에 대한 호감도가 높아져 구매로 이어질 수 있다. 언론이 특정 이슈를 강조해서 보도하면, 공중은 언론이 강조한 이슈와 관련된 개념이나 용어를 지배적으로 사용하게 됨으로써 그들의 정치적 판단이나 선택이 영향을 받게 된다. 시각적 자극은 시각적 자극과, 소리는 소리와 잘 점화된다. 또한 의미적으로 연결된 단어의 경우에도 나타날 수 있는데, 예를 들면, 어머니와 딸 같은 경우이다.

☑ 점화의 종류

설명 중 일부에는 복잡한 심리학적 용어가 포함될 수 있지만 아래 나열된 기술은 광범위하게 활용된다. 점화는 사람 또는 사건에 대한 인식이 행동의 접근성을 증가시키는 과정이다. 예를 들어, 밥이라는 단어를 읽으면 김치와 같은 관련 항목이 우선하지만 비키니와 같은 관련이 없는 항목은 우선하지 않는다. 따라서 점화는 실제로 연관된 속성의 활성화를 증가시킨다.

- **반복 점화:** 어떤 단어를 한 번 읽으면 같은 단어를 인식하는 속도가 빨라진다. 즉, 반복은 더 빨리 생각된다.
- **정적 점화:** 선택적 주의를 통해 이전에 경험했던 단서가 빠르게 반응한다. 자극과 반응 사이의 시간을 단축한다.
- **부적 점화:** 이전에 억제했던 단서는 반응 속도가 느려진다. 자극과 반응 사이의 시간을 지연시킨다. 사람이 자극을 무시하면, 즉 부정 점화하면 무시된 자극의 처리가 감소된다.
- **지각 점화:** 개인은 특정 항목에 반응하도록 조건화된다.
- **개념적 점화:** 동일한 속성은 점화를 강화한다. 예를 들어, 사과를 보면 과일이 생각난다.
- **연관 점화:** 용어가 연관될 때 두뇌는 자극에 더 빨리 반응한다. 관련된 단어나 행동을 사용하면 응답 또는 처리 시간이 단축된다. 예를 들면, 바늘하면 실이 생각난다. 관련된 지식은 반응 활성화를 증가시킨다.
- **의미 점화:** 논리적, 의미적으로 유사한 것은 연관성을 자극한다. 예를 들면, 사람들은 남자의 틀에 박힌 그림보다 여자의 틀에 박힌 그림을 본 후에 따뜻하고 돌보는 것과 같은 말에 더 빨리 반응한다.
- **차폐 점화:** 자극이 어떤 식으로든 숨겨져 있을 때, 뇌는 여전히 무의식적으로 그것을 인식한다. 차폐란 무조건 자극과 연합되어 있던 기존의 조건자극에 새로운 조건자극이 연합될 때, 기존의 조건자극이 새로운 조건자극에 대한 조건화를 방해하는 현상이다.
- **친절 점화:** 친절의 행동은 행복을 만들어 내고, 이러한 긍정적인 분위기는 부정적인 자극에 영향을 받지 않는다.

의사소통의 일반적 장벽

- **물리적 장벽:** 통신, 배경 소음, 조명 부족, 온도, 오래된 장비 등이 있다.
- **태도:** 분노나 슬픔과 같은 감정은 객관성을 손상시킬 수 있다. 극도로 긴장하거나 개인적인 의제나 "무엇이든 옳은 것을 원한다"는 것은 의사소통의 효율성을 떨어뜨릴 수 있다. 이것은 감성 노이즈(emotional noise)이다.

- 언어: 같은 언어를 사용하는 사람들조차도 서로 이해하기 어려울 수 있다. 속어, 전문용어, 사투리는 상처를 줄 수도 있다.
- 생리학적 장벽: 건강, 시력 저하, 청각 장애, 통증
- 구조설계 문제: 명확하지 않은 조직 구조는 의사소통을 어렵게 만든다.
- 문화적 소음: 사람들은 종종 자신의 문화적 배경에 기초하여 다른 사람들에 대해 틀에 박힌 가정을 한다.
- 일반적인 경험 부족: 논의 중인 요점을 설명하기 위해 예나 이야기를 사용하는 것이 좋다. 그러나 발표자와 청중이 지식이나 경험을 공유하지 않았기 때문에 관련이 없는 경우 효과가 없다.
- 모호함과 추상화 남용: 너무 많은 일반화, 속담 또는 말을 사용하여 의사소통이 명확하지 않고 잘못 해석될 수 있다.
- 정보 과부하: 많은 정보 처리는 시간이 걸리고 청중을 산만하게 한다.
- 가정 및 결론 비약: 모든 사실을 듣기 전에 결정을 내릴 수 있게 한다.

8) 상징조작

상징조작은 일정한 사물, 언어나 행동양식을 특정한 상징으로서 교묘하게 조작하여 대중을 움직이는 것이다. 정치질서가 원활하게 운영되는 경우에는 일반 대중은 상징을 존중하게 되며, 엘리트는 독선적이며 저돌적이더라도 도덕심의 퇴폐 때문에 고민하는 일은 없다. 정치권력의 유지를 위해서는 무엇보다도 정책이 합리적이든 비합리적이든 국민들이 정당한 것으로 받아들여야 한다. 이를 위해서 노래, 슬로건, 피켓, 색상, 제복, 포스터, 슬로건 등의 정치적 상징조작을 동원하여 권력을 미화시켜 국민들의 복종을 유도하기도 한다. 이처럼 상징은 단순한 숫자가 아니라 특별한 의미를 갖고 인간의 행동을 규제하는 힘을 갖고 있다.

☑ 상징의 개념

상징(象徵)의 영어 symbol의 어원은 고대 그리스 시대 symbolon에서 온 것으로 부절(符節)의 의미였다. 이것이 의미가 변하면서 표시, 기호 또는 이면에 무엇을 지시하거나 실제의 모양을 의미하는 형상(形象)으로 사용되어 왔다. 모리스 코헨(Morris Raphael Cohen)에 의하면 상징이란 다양한 의미를 전달하거나 감정을 일

깨우기 위해, 그리고 사람으로 하여금 행동을 하게끔 만들기 위해 애매하게 표현되는 물체, 행위, 관계 또는 언어이다. 상징은 추상적 가치의 구체적인 표시이다. 상징은 모든 대상의 무엇인가를 표시하고, 이중적인 의미를 가지며, 사실과 허구를 동시에 포함하기 때문에 다의성, 은유성, 모호성을 가지고 있다. 따라서 상징은 추상적인 사물, 아이디어나 감정을 구체적 대상으로 표현하는 것이다.

상징은 언어, 소리, 몸짓이나 시각적 이미지의 형태를 취하고, 아이디어와 신념을 전달하는데 사용된다. 언어 자체는 커뮤니케이션하는 말이나 문자 상징의 체계이다. 모든 단어는 상징이다. 글에서 상징적 표현은 단어, 구나 기술의 사용이고, 단어 자체보다 깊은 의미를 표현한다. 상징은 사물, 아이디어나 감정을 상기시키거나 연상시키는 구체적인 사물이나 감각적인 말로 바꾸어 나타낸다. 따라서 상징은 원관념이 배제되고 보조관념이 독립되어 함축적 의미와 암시적 기능을 갖는다.

☑ 상징의 종류

독일의 철학자 카시러(Cassirer)는 "인간은 상징적 동물"이라고 한다. 미국의 문학자인 케네스 버크(Kenneth Burke)는 "인간은 상징을 사용하는 동물(homo symbolonus)이다"고 한다. 이러한 상징의 유형은 언어상징, 행위상징, 상상력 상징, 관념상징, 인물상징, 사물상징, 사건상징과 제도상징 등으로 분류할 수 있다.

- **언어상징:** 말, 글이나 기호
- **행위상징:** 존재양식을 기준으로 몸짓이나 의례
- **상상력 상징:** 신화, 전설, 꿈, 음악이나 미술
- **관념상징:** 이데올로기, 신념이나 태도
- **인물상징:** 연인, 성인, 악인이나 적
- **사물상징:** 인위적 상징이나 자연적 상징
- **사건상징:** 역사적 사건, 극적이나 돌발적 사건
- **제도상징:** 정치, 경제, 사회, 문화제도
- **종교상징:** 교리 구절, 이미지, 절차, 실제 물적 대상 사용

종교상징은 생각이나 신념을 표현하기 위해 교리 구절, 이미지, 절차, 또는 실제 물리적 대상

의 사용이다. 가장 일반적인 예는 유대교를 표현하기 위한 다윗의 별이나 기독교를 표현하기 위한 십자가(Cross)의 사용이다. 정치상징는 정치적 관점을 나타내는 데 사용되는 상징이다. 정치상징은 현수막, 그림, 깃발과 표어 등을 포함한 다양한 매체에 발생할 수 있다. 예를 들면, 사회주의자, 좌익 급진주의자들과 공산주의 집단은 노동자의 피를 표현하기 위하여 붉은 기를 휘날렸다. 검은 기는 모든 억압 구조의 부재를 나타내기 위해 전통적으로 무정부주의와 좌익 급진주의자들에 의해 사용되었다. 캐나다의 국기는 단풍잎을 포함하고 오랫동안 캐나다를 상징해 왔다. 두 줄은 양측에 있는 국가를 경계로 하는 태평양과 대서양, 영국과 프랑스의 두 창건문화를 표현한다. 색상은 사용된 위치나 문맥에 따라 다양하게 상징한다. 붉은색, 흰색과 푸른색은 미국의 모든 것을 상징한다.

☑ 상징의 기능

상징의 중요한 기능은 사물의 이해작용, 생각이나 욕구표현과 행동지시 수단 등이 있다. 첫째, 상징은 어떤 사물을 이해하는 작용을 한다. 적색 신호등은 정지하라는 의미이다. 둘째, 상징은 생각이나 욕구를 표현한다. 조용히 하라고 할 때 입에 손가락을 댄다. 셋째, 상징은 행동을 지시하는 수단이다. 운동경기에서 코치가 선수들에게 특정한 행동을 하도록 특정한 의미의 수신호를 보내거나 건설현장에서 공사 감독이 인부들에게 작업 지시하는 수신호 등이 해당된다.

[그림 1-5] 상징의 기능

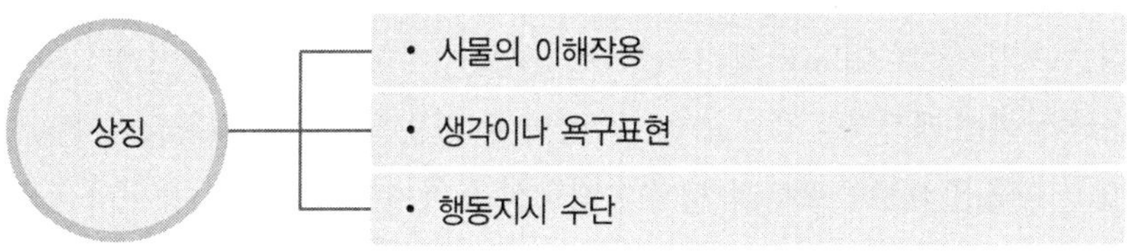

☑ 상징의 목적

상징행동은 특정한 사실을 정당화하거나 부정하기도 하며, 개인이나 구성원이 서로를 이해하

고, 집단의 연대감을 조성하여 집단적 행동을 통일적으로 유도할 수 있다. 상징행동은 상징을 매개체로 하여 구성원 간의 상호작용을 자아내는 가치나 감정적 의미를 창출하는 활동이다. 페퍼(Pfeffer)에 의하면 언어상징은 행동을 합리화하거나 정당화함으로써 기대 이미지를 형성하는 역할을 한다. 상징은 특정한 의도를 달성하기 위해서 사용할 수 있다. 상징의 사용은 특정한 의도 하에서 정책의 설득, 의미강조, 정당성의 확보, 집단이나 정책의 선호나 이미지 강조 등을 목적으로 한다.

[그림 1-6] **상징의 목적**

- 표적청중 설득
- 메시지 수용
- 지지나 정당성 확보
- 호의적인 이미지 강화

상징을 사용하는 목적은 첫째, 표적청중의 설득이다. 표적청중이 목표정책을 선호하도록 유인한다. 설득은 상징 언어나 행동으로 대상자의 선택에 영향을 주는 과정이다. 설득의 목적은 강제력에 의해 표적청중의 행동을 통제하는 것이 아니라 인지적, 감성적 자극을 통해 행동의 변화를 유도하는 것을 말한다.

둘째, 상징은 어떤 아이디어나 대상의 독특한 속성을 부각하여 표적청중이 인식하도록 하는 것이다. 상징은 전달하는 메시지를 표적청중이 수용할 수 있는 특징적인 설득요소가 있어야 한다.

셋째, 상징의 활용은 대중들로부터 지지나 정당성을 확보하기 위해 사용된다. 정당성의 확보는 많은 외적 제약으로부터 더 많은 자율성과 재량권을 확보하여 체제나 조직의 유지와 발전에 중요한 의미를 갖기 때문이다.

넷째, 표적청중이 다른 조직이나 집단보다 목표정책을 더 선호하고, 조직이나 집단의 호의적인 이미지를 강화하여, 조직이나 집단의 경쟁력을 강화하기 위해 상징을 사용한다. 상징행동을 통해 집단 구성원의 결속력을 강화하고, 외연을 확대하여 발전할 수 있기 때문이다.

☑ 상징조작

상징조작(symbol manipulation)은 상징(symbol)과 조작(manipulation)의 복합어이다. 조작(造作)은 어떤 일을 사실인 듯이 꾸며 만드는 것을 의미한다. 상징조작은 일정한 사물, 언어나 행동양식을 특정한 상징으로서 교묘하게 조작하여 대중을 움직이는 것이다. 이것은 실체와는 다른 환영을 교묘하게 조작함으로써 대중을 움직이는 것이다. 상징조작은 엘리트에 의한 가치의 긍정, 각종의 깃발, 군대 및 군 행사의 전시, 왕족 또는 고급 관리의 방문, 정치 지도자들의 정책 및 정견 발표 등이 있다.[1] 이외에도 신화, 노래, 제복, 포스터, 슬로건, 이데올로기, 색상 등이 대중에게 사고나 행동에서 동일한 반응을 얻기 위한 수단 등이 있다. 때로는 실체와는 다른 환영을 교묘하게 조작함으로써 대중을 움직이는 것도 포함된다. 상징조작은 이해관계가 정면으로 충돌하는 정치권에서는 특히 의도적으로 행하여진다. 이처럼 상징조작은 강제력에 의하지 않고, 대중의 동조를 얻는 데 활용된다.

대중조작(mass manipulation)은 정치권력을 가진 엘리트가 대중매체 등을 이용하여 자기 의도대로 일반대중이 동조하도록 교묘하게 유도하는 것이다. 정치 권력자는 권력을 유지·재창출하기 위해서는 대중의 합의에 의한 동조와 지지뿐만 아니라 경쟁세력의 결속을 파괴하고 해체시킬 필요가 있다. 정치집단은 대중의 동조와 지지를 목적으로 일방적인 선전, 설득, 상징정책이나 상징조작을 실행한다. 일방적인 정보의 제공은 대중이 획일적인 사고를 갖게 되어 결과적으로 대중조작이 이루어진다. 특히 급진좌파일수록 대중조작을 더 많이 사용하는 경향이 있다. 중요한 점은 정당한 논리가 될 수 있는 현실적 근거가 있어야 한다. 허구성이 강하면 강할수록 자체 내의 모순에 의해 역기능을 많이 드러내 결국은 신뢰를 얻지 못한다.

☑ 이미지와 색상

언어(language)는 의사전달의 도구로 인간과 동물을 구별하는 특징이다. 미국 정치학자 머리 에델먼(Murray Edelman)에 의하면 인간은 언어를 상징화해서 정보를 기억, 관여, 합리화나 왜곡하고, 신념과 사물의 개념을 확고히 한다. 인간은 상징과 언어를 통해서 외적 세계와 내적 세계를 연결하고 표현한다. 또한 언어는 자신의 신념과 가치관을 반영한다. 사회가 공유하고 있는 상징적 표현은 사회화의 수단이자 개인과 집단을 연결하는 사회적 귀속이다. 언어는 한번 내면화되면 본래의 의미를 유지하여 언어를 자의적으로 조작하기는 어렵다.

---

1) Gabriel A. Almond and G. Bingham Powell, Jr.(1972),

이미지(image)는 '모방하다'라는 뜻으로 imago에서 유래되었다. 특정 대상의 외적 형태에 대한 인위적인 모방이나 재현을 의미한다. 이미지는 어떤 사람이나 대상에 대한 신체적 호감이나 정신적 표상이다. 이미지는 어떤 대상에 대해 갖는 머릿속에 있는 정신적 그림이다(Daniel Boostin). 그러나 종종 인간은 외부 세계의 일을 사실대로 보지 못한다. 사실의 세계와 관련된 허구적 사건을 모조사건(pseudo-events)이라 하고, 가치의 세계와 관련된 허구적 관념을 모조관념(pseud-ideals)이라 한다. 이 모조관념이 바로 이미지이다. 이미지의 속성은 종합적이고, 신뢰할 수 있고, 수동적이고, 생생하고, 단순하고, 모호하다.

- 이미지: 어떤 대상에 대해 갖는 머릿속에 있는 정신적 그림
- 모조사건: 사실의 세계와 관련된 허구적 사건
- 모조관념: 가치의 세계와 관련된 허구적 관념

색상(color)은 많은 것을 표현하는 중요한 상징의 수단이다. 색상의 선택은 집단의 정치적 이념과 사상을 표현하는 것이다. 예를 들면, 빨갱이는 공산주의자를 의미한다. 붉은 색은 급진적이거나 진보적 정치성향을, 백색은 우익이나 보수주의를 의미한다. 히틀러의 사병인 갈색 셔츠당(Brown Shirts: SA)은 그들의 제복이 갈색에서 비롯되었다. 히틀러는 대중을 상대로 한 군중집회를 알리는 포스터에서 붉은 색을 이용했다. 붉은 색은 사람들의 심리를 매혹시키는 마력이 담겨 있다. 히틀러는 포스터의 붉은 빛이 대중을 정치적 장소에 오도록 유혹했다고 믿었다. 색깔은 조직이나 단체 또는 개인의 정치적인 성향과 이념, 기본사상과 주장 행동방향까지도 표현할 수 있다.

9) 감성조작

감성은 사랑, 공포, 애국심, 애사심, 죄악감, 증오나 기쁨 등이다. 감성호소는 이성적 논리적 판단이 필요한 부분에 감성으로 호소하여 자신의 주장을 받아들이게 하는 논리적 오류이다. 감성조작은 대중들을 비이성적인 행동으로 몰입하게 하는 수단이다. 이러한 조작에 대중들은 넘어가기 쉽지만 대중들의 행동은 진정으로 이성과 상충된다. 감성조작은 대중들의 삶에서 매우 파괴적이다. 감성조작 또는 심리조작은 악의적이거나 기만적이거나 모욕적인 수단을 사용하여 다른 사람들의 태도나 행동을 변화시키려는 행동이다. 정치 조작자들은 자신들의 실리를 명분으

로 내세우고, 진실이 아닌 거짓을 유포하고, 허구를 지어내어 공적 인물을 지지하도록 만드는 데 감성조작을 활용한다.

아이들 동요 개사 합창 영상 올린 좌파 매체

한 좌파 성향 인터넷 매체가 초·중학생으로 보이는 청소년 10여 명이 "윤석열은 사퇴해" "석열아 국민 눈을 피해서 어디로 가느냐" "자한당(자유한국당)은 해체나 해라" 등 내용이 담긴 동요 개사곡 메들리를 합창하는 동영상을 유튜브에 올려 논란이 일고 있다. 이 영상을 올린 매체는 '주권방송'으로, 지난 8월에도 자유한국당을 친일파로 비난하는 개사곡을 부르는 청소년 합창 영상을 올려 "사실상 아동학대가 아니냐"는 지적이 제기됐다.

영상을 보면 '아기돼지 엄마돼지'는 "토실토실 토착왜구 도와달라 꿀꿀꿀/정치검찰 오냐오냐 압수수색 꿀꿀꿀/ 적폐청산 검찰개혁/ 적폐청산 검찰개혁 촛불 모여라/ 토실토실 적폐 기레기 특종 없나 꿀꿀꿀/ 적폐검찰 오냐오냐 기밀누설 꿀꿀꿀"로 가사가 바뀌었다.

출처: 동아일보 2019.10.06

☑ 감성조작의 개념

이성은 감정의 노예다. 영국의 철학자 흄(David Hume)의 말이다. 감성조작은 대중들의 감성에 호소하여 특정 사안에 대하여 호감을 갖도록 하는 방식이다. 감성에 호소하는 방식은 정서, 매력, 미화, 합리화와 권위 등을 조작하는 방식이다. 메시지 내용에 대해 논점을 갖지 않고, 그 자체를 수용하도록 설득적 유혹을 하는 것이다. 설득적 유혹은 인간 상호관계, 매스 커뮤니케이션, 광고, 정치 분야에서 광범위하게 사용되고 있다. 이것은 메시지를 이해하는 이성적 기능을 정지하고, 감성에 동조하도록 한다. 방식이 간접적, 기만적 또는 은밀하고, 대중들의 행동이나 인식을 변화시키는 것을 목표로 한다. 이러한 심리적 조작은 권력, 통제, 혜택이나 특권을 확보하려는 의도로 정신 왜곡과 정서적 착취를 통해 과도한 영향력을 행사한다.

☑ 감성조작의 유형

감성조작자는 상황에 적합한 감성조작의 유형을 사용하는 데에 매우 능숙하다. 그들은 정교하게 감성을 조작하여 시간이 지남에 따라 조작 상황에서 벗어나므로 대중들은 대체로 잘 깨닫지 못할 수도 있다. 감성조작자는 무엇을 제시해야 하는지 쉽게 안다.

■ 현실에 대한 믿음 훼손

감성조작자들은 대중들이 현실에서 갖는 믿음을 훼손한다. 그들은 숙련된 거짓말쟁이이다. 그들은 사건이 발생했을 때 발생하지 않았다고 주장하고, 발생하지 않았을 때 발생했다고 주장한다. 어떠한 경우이든 그들의 주장과 행동은 항상 일치하지 않는다.

■ 언행불일치

감성조작자들의 행동은 그들의 말과 일치하지 않는다. 그들은 대중들이 듣고 싶은 것을 말해주지만 그들의 행동은 또 전혀 다른 이야기이다. 그들은 지원을 약속하지만 대중들의 요청이 전적으로 비합리적인 것처럼 주장한다.

■ 사회악 해결자 위장

감성조작자들은 사회악을 다스리는 전문가들로 위장한다. 그들은 죄책감을 최대한 활용하는데 능숙하다. 대중들을 괴롭히는 것이 나타나면 표면적으로 죄책감을 느끼는 것처럼 행동하지만 실제로 죄책감을 느끼지 않는 위선자들이다.

■ 피해자의 역할 주장

사람들은 피해자를 연민하거나 옹호하는 경향이 있다. 감성조작자들은 피해자의 역할을 주장한다. 그들이 무엇을 하든지 실패하든 그것은 다른 사람의 잘못이다. 다른 사람이 그렇게 하도록 만들었다고 주장한다. 그들이 화를 내면 화나게 한 것은 모두 다른 사람들의 잘못이다. 그러나 그들은 어떠한 경우에도 아무것도 책임을 지지 않는다.

■ 민첩한 행동 실천자

민첩한 행동은 능력이나 신뢰를 과시할 수 있다. 감성조작자들은 민첩하게 목표 행동을 실천한다. 그들은 개인적이든 조직적이든 항상 몇 단계를 건너뛰는데 탁월한 능력이 있다. 그들은 특정 사안을 집단적으로 너무 빨리 공유하고 대중들에게도 공유하기를 기대한다. 또한 그들은 상대방의 취약성과 민감성을 비난하는데 능숙하다.

■ 감정의 블랙홀

블랙홀은 강력한 중력으로 인해 어떤 것도 빠져나올 수 없는 영역이다. 감성조작자들은 감정의 블랙홀이다. 감성조작자가 느끼는 것이 무엇이든, 대중들을 목표로 하는 특정한 감정에 빠뜨리는 데 천재적이다. 순식간에 대중들을 감정으로 몰아넣는데 매우 능숙하다.

■ 위선적인 대중 위로

감성조작자들은 항상 대중들을 위로하는 말에 능숙하다. 어떤 문제가 있더라도 그들은 대중들의 특정한 문제가 더 심각하다는 것을 상기시켜서 대중들의 불만을 증폭하여 감정적 일체감을 조성하고 심적인 종속화를 도모한다.

☑ 인식조작

영국의 철학자인 비트겐슈타인(Wittgenstein)이 “언어는 용도에 의해 규정된다”고 말한 것처럼 인식조작(cognitive manipulation)은 메시지의 내용 자체를 조작하는 것이다. 특정집단이 유리한 여론을 조성하려고 정보나 상황이 부족한 대중에게 조작된 정보를 전달하는 것이다. 조작의 방법에는 상황조작과 쟁점조작이 있다. 상황조작은 불리한 상황의 책임을 정적이나 희생양에게 전가하는 것이나 쟁점조작은 불리한 쟁점은 다루지 않는다.

인식조작은 타인, 기만, 또는 욕설을 통해 다른 사람들의 인식이나 행동을 변화시키는 것을 목표로 하는 사회적 영향의 한 유형이다. 종종 다른 사람의 비용으로 조작자의 이익만을 증진시킴으로써, 그러한 방법은 착취적, 모욕적, 사악적, 기만적인 것으로 간주될 수 있다. Simon의 『양의 옷에서』에서 다음과 같은 조작 기술을 설명한다.

- 거짓말: 거짓말을 들을 때 알기는 어렵지만 나중에 진실이 드러난다.
- 누락: 이것은 상당한 양의 진실을 고의적으로 생략하는 매우 미묘한 거짓말이다. 이 기술은 선전이나 보고에도 사용된다.
- 거부: 조작자는 자신이 잘못한 것을 인정하지 않는다.
- 합리화: 조작자가 부적절한 행동에 대한 이유를 들어 변명한다.
- 최소화: 합리화와 결합된 거부 유형이다. 조작자는 자신의 행동이 해롭거나 무책임하지 않다고 주장한다. 예를 들면, 난처하면 단지 농담일 뿐이라고 한다.
- 선택적 부주의: 조작자는 자신에게 방해가 될 수 있는 것에 주의를 기울이지 않고 “나는 듣

고 싶지 않다"고 말한다.

- **전환·회피**: 조작자는 질문에 답하지 않고 대신 대화를 나누면서 대화를 다른 주제로 전환하거나 회피한다.
- **은밀한 협박**: 조작자가 미묘한, 간접적 또는 묵시적 위협을 사용한다.
- **죄책감 수법**: 조작자는 희생자에게 자신이 충분히 돌보지 않았다고 말한다. 희생자가 기분이 나빠서 스스로 의심하고 불안해한다고 인식시킨다.
- **수치심**: 조작자는 다른 사람을 바보로 만드는 말을 사용하여 두려움과 의심을 증가시킨다. 이 전술을 사용하여 합당하지 않다고 느끼게 연기한다.
- **희생자 역할**: 조작자는 동정심이나 연민을 불러일으켜 다른 사람으로부터 무언가를 얻기 위해 자신을 희생자로 묘사한다.
- **희생자 예방**: 이 전술은 무엇보다 조작자에게 공격적인 의도를 숨기는 동시에 자신을 방어하는 강력한 수단이다.
- **봉사자 역할**: 타인들을 위한 봉사자 역할을 강조한다. 예를 들면, 그가 봉사를 위해 특정한 방식으로 행동하는 사람으로 인식시킨다.
- **유혹**: 조작자는 매력, 칭찬, 아첨 또는 지지로 자신에 대한 경계심을 낮추고 신뢰와 충성도를 부여한다.
- **비난투사**: 조작자는 종종 미묘하고 감지하기 어려운 방법으로 자신을 희생양을 만들고, 다른 사람들을 비난한다.
- **결백**: 조작자는 의도하지 않았다고 제시하면서 놀라거나 분노한 다. 피해자가 자신의 판단과 자신의 정신력에 의문을 갖게 한다.
- **혼란조성**: 타인들이 판단하는데 어려운 상황을 만든다. 조작자는 자신이 관심을 갖는 중요한 문제에 대해 이야기하거나 바보처럼 행동한다.
- **분노표출**: 조작자는 분노하여 충분한 감정을 표시하고 자신을 희생자로 인식시킨다. 그러나 조작자는 실제로 화를 내지 않는다.

3. 설득의 과정

효과적인 설득은 상대가 문제의 공유된 해결책에 이르도록 협상과 학습을 포함하는 과정으로 발견, 준비와 대화를 포함한다. 상대의 관심과 욕구와 일치하는 아이디어를 검토하고 수정하는 것이다. 설득의 주요 목적은 설득자의 생각과 느낌과 마침내 같아지기 위해 특정한 대상이나 주제에 관한 상대의 태도, 신념이나 가치를 변화하는 것이다.

태도(attitude)는 평가적인 방식으로 사람, 생각, 대상이나 사건에 반응하는 성향이다. 신념(belief)은 현실을 지각하는 방식, 즉, 사실과 허위인 것에 관한 생각이다. 가치(value)는 좋은 것과 나쁜 것에 관한 지속적인 판단이다. 설득의 목적은 행동의 변화를 성취하기 위한 의견 수용으로 이동하는 것이다. 상대에게 사안에 관한 태도에 영향을 주려고 할 때 목적은 설득적이다.

1) 설득자의 유형

설득자는 상대방을 설득하려는 명확한 의도를 가지고 있다. 설득 목표를 달성하기 위해 커뮤니케이션한다. 메시지 수신자는 일종의 선택을 하도록 요구된다. 사람들은 항상 끊임없이 변화하는 요구와 관심에 맞게 태도를 채택, 수정 또는 포기한다. 새로운 태도의 수용은 의사소통 행위자, 의사소통 방법, 메시지 수신자가 의사소통을 인식하는 방법, 의사소통 행위자의 신뢰도 및 지식을 받는 조건에 달려 있다. 이처럼 설득의 결과는 사용하는 전술의 방식과 맥락에 달려있다. 설득자의 유형으로는 설득 혐오자, 설득 미숙자와 설득 능숙자 등이 있다.

☑ 설득 혐오자

설득 혐오자는 다른 사람을 의사결정에 밀어 넣는다. 자신의 방식을 따르지 않으면 방법이 없다는 협박을 사용한다. 이것은 다른 사람이 무력감을 느끼고 혁신이나 변화에 저항하게 한다. 분노, 성급과 도전은 종종 위장이다. 사람들은 무시, 판단, 냉소, 짜증, 불평할 때 개인적으로 분하게 느낀다. 어떤 사람이 책임회피, 행동지연, 과도한 설명, 비난, 기술적 용어 사용할 때 사람들은 가치를 낮게 느낀다.

☑ 설득 미숙자

설득 미숙자는 합법적이고 바람직한 목표를 달성하기 위해 열심히 설득하지만, 효과적으로 영향을 주는 기술이 부족하다. 이러한 사람은 신뢰성이 없고, 해야만 하는 것이나 할 수 있는 방법을 제시하지 않고 변화가 상대방에게 어떠한 이익이 있는지를 보여주지 못한다. 이러한 유형은 사람들이 처벌을 받는다고 느낀다.

☑ 설득 능숙자

설득 능숙자는 사람들에게 명확하고 간단하게 표현하는 사안에 집중하게 하고, 사안의 정서적 가치가 무엇인지를 발견하고, 상대방을 만족하는 해결안을 찾는다. 말하는 것이 행동하는 것이 일치하기 때문에 이러한 유형은 말한 것을 실행한다. 설득 능숙자는 다른 사람들이 위험을 감수하게 하는 신뢰를 창조하기 때문에 효과적이다.

☑ 설득력 측정

다음은 긴급하게 설득하기를 원할 때와 상대방이 저항을 나타날 때 설득력을 체크하는 설문이다. 작업장과 개인 상황에서 자신의 행동을 고려한다. 총 19개 문항이며 척도는 3가지이다. 각 문항을 읽고 "전혀 아니다"는 0, "때때로 그렇다"는 1, "언제나 그렇다"는 2점을 준다.

1. 요점을 반복한다.
2. 더 크게 말한다.
3. 더 확실한 언어를 사용한다.
4. 더 장황하게 말한다.
5. 모욕적이 된다.
6. 주장의 논리를 상세하게 말한다.
7. 다른 사람의 반대나 설명을 중단한다.
8. 반대에 대해 즉시 주장한다.
9. 저항이나 동의하지 않는 적절하지 않은 동기를 비난한다.
10. 수사적인(rhetorical) 질문을 한다.
11. 입을 삐쭉 내민다. 화난 것처럼 보인다.
12. 과거 사건이나 불이행을 꺼낸다.
13. 감정이입이나 동감한다(나도 동일하게 느낄 것이다).
14. 요점이나 반대를 경청한다.

15. 열정적으로 말하나 억지를 부지지 않거나 청자를 압도하지 않는다.
16. 공격이나 나약의 신호를 피하기 위해 타인의 신체언어를 주시한다.
17. 요점을 간단히 하고 청자와 일치하는지를 확인하기 위해 종종 멈춘다.
18. 불일치의 신호로 다른 사람의 신체언어를 주시한다.
19. 집중된 질문을 다음 목적으로 한다.
    - 장애나 반대를 밝혀낸다.
    - 일치하는 조건을 찾는다.

☑ 평가 판정

- 1–12: 각 항목에 대해 1이나 2점이 많다면 설득 능력과 태도가 매우 큰 이익을 준다.
- 13–19: 각 항목에 대해 1이나 2점이 많다면 건전한 설득 습관이다.

2) 태도의 변화

설득적 커뮤니케이션은 다른 사람의 반응을 형성하고 강화하거나 변경하기 위해 의도된 어떤 메시지이다. 그러한 반응은 때때로 강압적인 힘과 연결되고, 이성과 감성에 호소하는 상징적 메시지에 의해 수정된다. 일반적으로 설득은 조정된 커뮤니케이션 활동이다. 태도의 형성과 변화는 분리된 것이 아니라 서로 관련되어있다. 사람들은 언제나 자신의 항상 변하는 욕구와 관심을 조정하기 위해 태도를 취하고 수정하거나 포기한다. 새로운 태도의 수락은 의사전달자, 커뮤니케이션 제시 방법, 메시지 수신인의 지각 방법, 의사전달자의 신뢰도와 수신 상황에 달려있다. 태도는 보통과 다른 방식으로 행동하도록 강요할 때 변화가 일어난다. 다음은 태도가 변하는 경우이다.

- 인지적 변화: 다른 사람이나 매체로부터 새로운 정보를 받을 때
- 정서적 변화: 태도 대상으로 직접적인 경험을 할 때

설득은 대상이나 주제에 관한 개인의 신념을 변경하기 위해 사용될 수 있고, 특성, 해석, 정의와 결과를 포함한다. 설득은 대상이나 주제에 관한 개인의 태도를 변경하기 위해 사용될 수 있고, 이것은 특성, 해석, 정의와 결과를 포함한다. 태도 변화는 태도를 수용하기 위한 설득, 지혜, 준비와 같은 개성 특성과 관련이 있다. 전달자가 태도와 의견을 변화하려는 의도를 갖고 있지 않다면 사람들은 정보를 더 많이 수용할 것이다.

[그림 1-7] 태도 변화의 이중경로

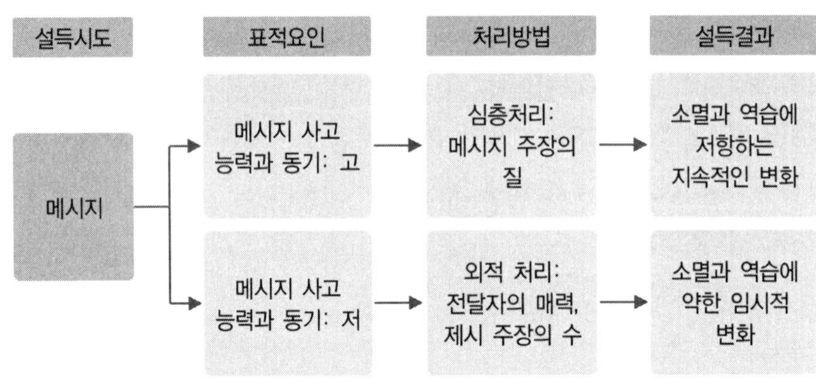

3) 설득의 기능과 경로

Petty and Cacioppo는 설득이 수신자가 메시지를 이해하는 방식에 크게 영향을 미치는 과정으로 설득을 묘사한다. 다른 사람에게 영향을 줄 때 사용할 수 있는 두 가지 다른 경로를 제시한다. 즉, 중심 경로와 주변 경로이다. 메시지에 대한 인지욕구가 높을 경우에는 중심 경로를 통해 메시지를 처리하게 된다.

(1) 설득의 기능

설득의 기능이나 목적은 표적이 얼마나 강하게 태도를 갖고 있는가에 달려있다. 설득자의 의견과 관련하여 표적은 아래의 어느 한 곳에 있는 태도를 가질 수 있다.

−2 ———— −1 ———— 0 ———— +1 ———— +2

−2: 강하게 반대, −1: 조금 반대, 0: 중립이나 미결정,
+1: 조금 호의적, +2: 매우 호의적

설득자는 표적을 위해 현실적인 목적을 선택할 필요가 있다. 다음은 설득의 기능이다.

- 불확실성 창조: 표적이 설득자의 견해에 강력하게 반대할 때, 좋은 방법은 옳은 것을 조금 더 적게 확실하게 하고, 현재 태도에 조금 더 적게 불편하게 하는 것이다.

- **저항 감소**: 표적이 설득자의 입장에 조금 반대하지만 완고하지 않다면, 그의 견해에 대한 반대를 감소할 수 있고, 중립으로 표적을 이동할 수 있다. 다른 의견의 타당성을 인식하는지를 묻는다.
- **태도 변화**: 표적이 주제에 대한 태도를 강하게 밝히지 않는다면 목표는 적절하다.
- **태도 확충**: 표적이 설득자의 견해에 이미 적절하게 호의적이면 표적의 현재 태도를 강화하고, 강하게 그의 의견을 밝히도록 유도하는 메시지를 계획할 수 있다.
- **행동 확대**: 표적이 설득자의 입장에 강하게 호의적일 때 논리적 목적은 표적을 확신에 따라 행동하게 한다.
- **행동 유도**: 표적이 설득자의 입장을 강하게 선호할 때 논리적 목표는 그들이 신념에 따라 행동하도록 하는 것이다.

황교안 "김종인, 정권 심판 위해 설득…대장정 함께 하겠다"

황교안 미래통합당 대표는 "우리 자유민주 진영의 모든 역량을 모아 함께 문재인 정권을 심판하고 나라를 살리고 경제를 회복해 국민 어려움을 극복하는 그 길에 힘을 모아야 한다고 생각했다. 그런 과정에서 김 대표를 설득했다"며 "김 대표도 이 나라 위기를 생각하고 힘을 보태겠다고 했다. 이제 같이 가겠다"고 밝혔다. 통합당의 박형준 공동선거대책위원장과 신세돈 공동선거대책위원장은 이날 기자회견에서 "오늘 오전에 김 전 대표께서 통합당 선대위에 합류하시기로 결정하셨다"고 밝혔다.

출처: 뉴시스 2020.03.26

(2) 설득의 두 경로

정교화 가능성 모델은 설득을 주로 인지적 사건으로 간주한다. 상대방은 메시지를 수용하거나 거부하기 위해 동기와 추론의 정신적 과정을 사용한다. 이 모델은 중심 경로 메시지와 주변 경로 메시지의 가능한 경로 또는 영향 방법을 제시한다. 각 경로는 매우 다양한 청중을 대상으로 한다. 따라서 설득적 메시지를 만들기 전에 청중을 이해하는 것이 중요하다는 점을 강조한다.

☑ 중심 경로

표적이 메시지를 사려 깊게 고려한다면 메시지의 중심 경로(central route)이다. 즉, 메시지의 정교화가 높을 때는 정보 처리에 많은 노력을 기울이게 된다. 중심 경로 메시지에는 풍부한 정보, 합리적인 주장 및 특정 결론을 뒷받침하는 증거가 포함된다. 예를 들어, 각 선거 기간 동안 정치 후보자는 연설, 토론 및 회견에 참여한다. 각 메시지는 후보자의 관점 및 공약에 관한 정교하고 합리적 정보로 채워진다.

중심 경로 메시지는 주변 경로 메시지보다 수신자에게 장기적인 변화를 일으킬 가능성이 훨씬 높다. 그러나 모든 개인이 중심 경로 메시지를 받을 수 있는 것은 아니다. 수신인이 높은 관여의 정보를 처리할 때 메시지의 내용과 논리를 생각한다면 설득의 중심 경로를 찾는다. 또한 청중들이 제시된 주장의 질과 방식에 어떻게 반응할 것인지 고려해야 한다. 정교한 주장은 강력하거나 중립적이거나 약한 것으로 측정될 수 있다. 설득적 주장은 수신자의 생각을 설득하고 수신자의 견해와 신념을 긍정적으로 조정한다. 반복은 메시지의 설득적 효과를 향상시키나 이와 달리 중단은 효과를 떨어뜨린다.

중립적 주장은 수신자로부터 특징이 없는 인지적 반응을 생성한다. 태도 변화가 발생하지 않고, 반대 감정이 있는 수신자는 대신 주변 단서 또는 설득에 대한 지름길을 선택할 수 있다. 마지막으로 설득력이 없는 주장은 설득적 메시지에 대해 부정적인 인지적 반응을 낳는다. 이러한 부정적인 반응은 태도 변화를 방지할 뿐만 아니라 역효과 또는 부메랑 효과(boomerang effect)를 가져서 반대 관점을 강화시킬 수 있다.

☑ 주변 경로

주변 경로(peripheral route)는 부수적인 단서에 의한 설득을 포함한다. 메시지의 정교화가 낮을 때 정보 처리에 많은 노력을 기울이지 않고, 정보원의 외모, 화법, 태도, 배경 등의 주변 단서를 고려하게 된다. 예를 들면, 화자의 매력성, 전문지식, 그림, 음악 등이다. 주변 경로는 인지보다 정서에 호소하는 경향이 있다. 이것은 일시적인 선호나 수용을 유발하고 분석적이지 않거나 사안에 관여되지 않은 표적에게 효과적이다. 설득의 주변 경로는 수신인이 낮은 관여의 정보를 처리할 때 사용된다. 설득은 비메시지 요인에 달려있다.

표적이 어떤 경로를 사용하는지를 아는 것은 설득에서 매우 중요하다. 어떤 사람이 중심이나 주변 경로 사용 여부는 다양한 요인에 달려있다. 5 요인은 표적의 메시지 이해력, 성격, 수용 범위, 원천의 신뢰성과 사용 경로 단서이다.

■ 표적의 메시지 이해력

메시지를 받는 개인은 중심 경로를 사용하기 위해 메시지를 이해할 수 있어야 한다. 메시지의 이해는 메시지에 사용된 모든 용어와 친숙한 것과 표현된 새로운 컨셉을 배울 수 있고, 제시된 새로운 정보에 과거에 수집된 경험과 지식을 연결하는 것을 포함한다.

■ 표적의 성격

설득의 중심 경로에 영향을 주는 다른 요인은 표적의 성격이다. 어떤 사람은 복잡한 인지적 활동에 관여하는 것을 좋아하고, 어떤 사람은 메시지를 생각하려고 하지 않는다. 정보가 중요한 생각에 관여하는 사람들에게 정보가 충분히 제시되는가? 예를 들면, 콘택트 렌즈를 끼지 않는 사람이 큰택트 렌즈에 관해 충분히 생각하지 않거나, 새로운 차를 원하지 않는 사람은 신차 모델의 장점을 깊게 생각하지 않는다.

■ 표적의 수용 범위

주변 경로는 메시지가 어떤 사람의 수용범위에 들어오는지 여부에 의해 영향을 받는다. 메시지 수신인이 그의 개념에서 안정적이라면 수신인은 새로운 메시지를 철저하게 분석할 필요가 없을 것이다.

■ 원천의 신뢰성

표적의 주변처리에 영향을 주는 다른 요인들은 메시지 원천의 신뢰성이다. 예를 들면, 두통이 있는 개인이 두통약 광고를 보고 메시지 내용을 정밀하게 평가하지 않고 가서 구매한다. 메시지 수신인은 메시지의 원천에 의해 주변적으로 영향을 받는다. 화자가 매력적인가? 화자를 신뢰할 수 있는가? 이러한 사항들은 설득에 영향을 미친다.

■ 사용 경로 단서

표적이 태도 변화에 주변 경로를 사용하는 상황에서 어떤 실제적인 정보가 제공되는지는 중요하지 않다. 중심이나 주변 경로를 취하도록 하는 요인을 분석하면 과정에서 사용되는 전술을 발견할 수 있다.

4) 설득저항

설득저항은 설득에 대한 자연스러운 방어 반응이다. 오하이오대학교 심리학 교수인 Duane

Wegener에 의하면 설득에 저항하는 사람들은 자동적으로 저항하고 대화에서 멀어 지려고 시도한다. 사람들은 올바른 태도를 유지하고, 자유를 회복하거나 심리적 일관성과 통제력을 유지하기 위해 설득에 종종 저항한다. 설득저항은 태도의 특징과 같은 다양한 요인에 의해서 영향을 받지만, 또한 메시지 수신인의 특징이다.

반론은 동기를 처리할 때 저항의 가장 광범위한 수단이고, 개인적으로 관련된 설득 메시지를 평가하기 위한 충분한 자원을 가질 때 능력이 크다. 어떤 태도를 유지하거나 어떤 행동에 관여하는 데에 자유를 제한하는 것으로써 개인들이 메시지를 인식할 때 심리적인 저항을 경험하고 메시지를 거절한다. 사람들은 메시지를 확신할 수 없거나 강압적인 느낌이 들 때 반사적으로 저항하고 대화에서 벗어나려는 경향이 있다. 저항에 이를 수 있는 메시지 특징은 설득의도, 불법성과 언어의 강도를 포함한다.

☑ 자아고갈

미국의 사회심리학자인 Roy Baumeister는 사람들의 생각, 느낌과 행동을 제어하는 능력이 소진되는 현상을 자아고갈(ego depletion)이라고 한다. 특정한 활동에 공유되는 자원을 사용하면 이후 다른 활동을 할 때 사용될 자원이 고갈된다는 설명이다. 개인이 무언가를 강제적으로 수행하면, 욕구를 억제하고 자신을 통제하는 데 에너지를 대부분 사용하기 때문에 다른 것을 수행할 심리적 힘을 상실하게 된다. 충동적 행동을 통제할 힘도, 새로운 일을 수행할 힘도 모두 상실하게 된다. 이러한 심리적 에너지의 고갈이 바로 자아고갈이다. 바우마이스터가 주장한 자아고갈 이론은 네 가지 기본 가정이 있다.

- 자기 통제력은 무한정 존재하지 않는 제한된 에너지 자원이다.
- 자기 통제력을 사용하면 자원은 고갈된다.
- 자기 통제를 위한 에너지는 다시 보충될 수 있지만 그 보충되는 속도는 고갈되는 속도보다는 더 느리다.
- 자기 통제를 위해 반복적으로 훈련하면, 근육 운동을 통해 근력을 늘릴 수 있듯이 자원의 용량을 확장시킬 수 있다.

☑ 자기조절

자기조절(self-regulation)은 자신의 행동을 관찰하고 기록함으로써 행동의 변화를 유도하는 인지 전략이다. 부적응적 행동을 수정하기 위해서 자기 자신의 행동을 감시하고 자기강화와 같은 방법을 사용하거나 자극 조건을 통제하는 것이다. 설득저항은 제한된 자기조절 자원을 이용하는 또 다른 과업의 형태이고, 저항 과정은 선행 자기조절에 의해 손상될 수 있다. 설득적인 메시지의 반론은 실제로 메시지 정보를 처리하고, 새로운 모순 정보를 인출하거나 창출하고, 반박하기 위해 메시지 내용에 적용하는 것이다.

제한된 자원을 이용한다면 후속적으로 반론 제기에 저항하는 개인의 능력을 손상한다. 개인이 자기고갈이 될 때 태도는 묵인의 방향으로 편향된다. 자기조절의 실패는 묵인을 증가한다. 개인들은 자기조절 자원이 고갈될 때, 심지어 더 많은 노력으로 생각과 행동을 이끌어야 할 때 종종 손쉬운 행동의 과정을 받아들인다. 묵인은 다른 사람들이 진행하는 입장에 동의하는 것이다. 묵인은 종종 개인이 자기조절 자원이 부족할 때 증가하는 불이행, 수동적이고 낮은 노력의 반응전략이다.

4. 설득의 수사학

모든 커뮤니케이션의 목적은 표적을 설득하는 것이다. 받아들이는 것이 어떤 사람에게는 쉽지만 어떤 사람에게는 어렵다. 그리스 철학자 아리스토텔레스(Aristotle)[2]에 의하면 화자가 수사학(Art of Rhetoric)의 logos, ethos와 pathos를 사용함으로써 상대방을 효과적으로 설득할 수 있다. 호소를 분리하는 것은 인위적인 과정이다. ethos는 신뢰성 호소, pathos는 감정 호소, logos는 이성 호소를 의미한다.

- 신뢰성 호소: ethos(credibility)
- 감정 호소: pathos(emotion)
- 이성 호소: logos(logic)

2) 그리스의 철학자(BC 384 ~ BC 322), 저서로는 범주론, 명제론, 분석론 전서, 분석론 후서, 토피카, 소피스트적 논박, 자연학, 천체에 관하여, 생성과 소멸에 관하여, 기상학, 자연학 소논문집, 영혼론, 동물지, 동물의 부분에 관하여, 동물의 운동에 관하여, 동물의 이동에 관하여, 동물의 생성에 관하여, 문제들, 형이상학, 니코마코스 윤리학, 에우데모스 윤리학, 정치학, 대윤리학, 수사학, 시학.

[표 1-1] 설득의 방법과 기능

설득의 방법	설득의 기능
Ethos(윤리적 호소)	주인공이 신뢰할 만하다고 설득하여 청중을 설득
Pathos(정서적 호소)	감정에 호소하여 청중을 설득
Logos(논리적 호소)	사실, 논리 또는 이유를 사용하여 청중을 설득

설득의 삼 요소는 설득에서 함께 작용한다. [그림 1-8]은 설득의 삼 요소가 서로 어떻게 추가하는지를 생각하는 방법을 제시한다. 하나의 호소를 사용하면 설득이 되지 않는다. 삼 요소가 배합되는 정도는 화자, 청자, 주제와 내용에 달려있다. 궁극적으로 세 가지 설득 방식은 서로 연결되어 있다. 그것들을 선형으로 생각하지 말고 겹치는 세 개의 원과 비슷하다. 에토스, 로고 및 파토스를 사용하여 무언가를 만들어 청중의 신념 체계에 묶을 수 있다면 매우 강력한 설득이 될 것이다. 아리스토텔레스(Aristotle)가 수사학을 썼을 때가 2000년 전이지만 설득의 방법은 수사학이 연설, 음 높이 또는 발표의 핵심이다.

[그림 1-8] 설득의 삼 요소

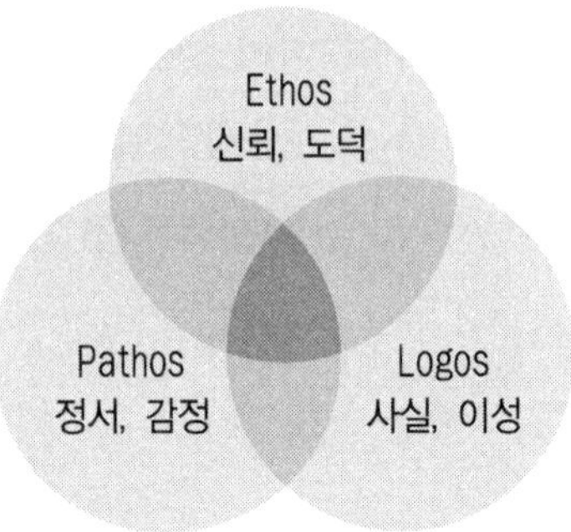

1) 에토스

에토스(Ethos)는 설득의 첫 번째 방식으로 성격·인격·개성 등을 의미하는 그리스어이다. 에토스는 의사전달자의 성격이나 태도를 말한다. 설득은 화자의 힘과 권위에 달려있다. 아리스토텔레스는 커뮤니케이션의 가장 중요한 요소로 간주하였다. 청중은 작가나 화자의 성격이 신뢰할 수 있는지를 발견하려고 한다. 그렇지 않다면 들은 어떠한 것도 설득적이지 못하다. 특정 주제에 대해 청중에게 이야기할 자격 증명을 설정하는 것이다. 예를 들면, 의사의 진료실에 걸려있는 모든 학위에 해당하는 언어적 표현이다. 주제에 대한 권한이 있는 이유를 설정한 후에는 관계를 구축해야 한다. 에토스는 신뢰에 관한 것이다. 아리스토텔레스는 에토스를 설득의 가장 중요한 방식으로 생각했고, 에토스에 기여하는 세 가지를 지혜, 좋은 성격과 아름다운 생각으로 정의했다.

☑ 지혜: 좋은 감각

프로네시스(phronesis)는 목적과 달성 수단을 결정하는 지혜이다. 이것은 작가라면 작가로서 가지고 있는 지혜나 지능이다. 일반적인 적성과 능력을 확립함으로써 독자와 교류하고 신뢰를 쌓을 수 있다. 특히 설득력 있게 글을 쓸 때는 예를 사용하고 적절한 경우 외부 조사를 통해 다루는 주제 영역에 대한 광범위한 지식 기반을 보여준다.

☑ 좋은 성격: 도덕적 미덕

아레테(arete)는 사람이나 사물이 갖고 있는 탁월성이나 주장에 대한 일반적인 도덕적 미덕이다. ethos 사용의 필수 부분은 독자에게 자신의 도덕성을 설명하는 것이다. 그러나 독자가 동의하거나 선입견을 공유한다고 가정하지 않는다. 자신의 입장에 어떻게 도달했는지 그리고 왜 자신의 견해가 정당하고 도덕적인지를 설명할 시간을 갖는다.

☑ 아름다운 생각: 선의

유노이아(eunoia)는 청중과 함께하는 선의이다. 독자와 관계를 형성하고 신뢰하는 것이 필수적이다. 논증의 배경을 설명하고 독자와의 관계를 구축할수록 청중이 더 많이 참여할 수 있다. 만약 자신의 글이 모호하거나 소외된다면 독자가 이해하기 어려운 주장이다.

아리스토텔레스는 청중이 화자와 긍정적인 관계를 가지고 있고 감사할 때 설득이 일어날 가능성이 더 높다는 것을 확인했다. 화자가 신뢰성, 카리스마 및 통제력이 있을 때 더욱 설득적이다. 신뢰성(credibility)은 누군가 믿을 수 있다는 사실로 출처 또는 메시지의 신뢰성에 대한 객관적이고 주관적인 요소이다. 즉, 믿음을 불러일으키는 힘으로 몇 가지 구성 요소가 포함된다. 각 특성의 핵심 요소는 청중 인식이다. 청중은 말하는 사람의 전문지식, 신분 등을 이해하는 것이 중요하다.

- **전문성**: 화자는 자신이 말하고 있는 것에 대해 특별한 지식을 가지고 있다는 청중 인식
- **신분**: 메시지 전달자의 사회적 위치, 명성에 대한 청중 인식
- **역량**: 화자가 다른 사람들에게 메시지를 전하는 데 있어 명확하고 역동적이라는 청중 인식
- **정직**: 제시된 정보가 신뢰받고, 편견이나 이기적인 동기보다는 진실 또는 청중을 위해서 하고 있다는 청중 인식

카리스마(charisma)는 청중이 메시지 원천, 즉 화자를 통해 즐기는 매력적인 호소 또는 개인적인 매력이다. 신뢰성과 마찬가지로 카리스마는 인식의 문제이다.

- **친숙성**: 청중이 메시지 원천을 알고 있다고 생각하는 정도
- **호감**: 청중이 메시지 원천에 대해 알고 있는 내용 또는 화자가 의사소통을 시작할 때 보고 듣는 것에 감탄하는 정도.
- **유사성**: 메시지 원천이 청중과 유사한 정도 또는 청중이 보고 싶어 하는 방식
- **매력성**: 청중이 메시지 원천의 신체적 외모, 태도 및 표현, 착용 의복 및 원천이 제시한 환경 등을 높이 평가하는 정도

에토스 주장은 윤리적 호소로 자신의 성격에 대한 호소이다. 윤리적인 사람에게는 능력, 권한과 감시가 있다. 통제력(control)은 효과적인 메시지 원천의 세 번째 요소이다. 이것은 청중에 대한 화자의 명령과 그 힘을 행사하려는 인식된 의지에 뿌리를 두고 있다.

- **능력**: 지배하고 보상하거나 벌하는 원시적이고 인정된 능력
- **권한**: 청중이 부여한 타인의 행동을 지배하거나 지시할 권리
- **통제**: 조사하거나 비난하고 결백을 선포하며 용서하는 능력

에토스 호소의 예

- 나는 매년 자선단체에 돈을 기부합니다. 절약으로 더 많이 기부할 수 있었습니다. 그는 자신의 도덕적 행동의 예를 보여줌으로써 훌륭한 성품을 나타낸다.
- 하바드 대학교 경제학 교수는 지금 국가의 추가예산이 필요하다고 말합니다. 대통령은 경제 분야에서 그의 권위를 인용함으로써 정당성을 보여준다.

2) 파토스

파토스(Pathos)는 설득의 두 번째 방식이다. 열정, 경험, 고통이나 기타 일반적으로 깊은 감정을 뜻하는 파토스는 정서에 근거한 호소이다. 의도는 어떤 사람들이 행동을 하도록 유발하는 것이다. 파토스의 효과적인 사용 없이 설득은 어떤 사람들에게 어떤 문제로 행동을 이동하도록 하기 어렵다. 많은 수사학자들은 호소 중에서 가장 강력한 것은 파토스라고도 한다. 감성적 호소를 전달하는 가장 흔한 방법은 이야기로 하는 것이고, 이것은 논리의 관념을 명백하고 존재하는 것으로 전환할 수 있다. 의사전달자의 가치, 신념과 이해는 이야기 속에 내포되어있고, 표적에게 상상으로 전달된다. 이와 같이 파토스는 표적에게 메시지의 정서와 상상적인 영향이다. 이것은 전달자의 메시지가 결정이나 행동으로 이동하는 힘이다.

파토스는 심오한 호소력이다. sympathy, empathy, apathy와 같은 영어 단어는 pathos에서 파생된다. 화자는 파토스를 사용하여 청중의 감정에 호소하고, 공유된 정체성을 통해 공통의 유대를 형성하며 행동을 고취시킨다. 핵심은 청중을 아는 것이다. 아리스토텔레스는 화자가 사용할 수 있는 7가지 감정과 그 반대를 제안했다.

- 분노와 평온
- 우정과 적대
- 두려움과 자신감
- 수치심과 명예
- 친절과 불친절
- 연민과 분노
- 선망과 경쟁

인간은 단순히 생각하는 기계가 아니다. 대신 감정에 크게 의존하며, 효과적인 의사소통자들은 설득력 있는 의사소통에 긍정적인 느낌과 부정적인 느낌을 모두 사용하는 방법을 고려한다. 파토스는 감정적인 메시지를 사용하는 것으로 정의된다. 아리스토텔레스는 이것을 청중의 감정적 상태, 이슈와 발표자와의 관계로 보았다. 감정 호소에는 긍정적 감정 호소 또는 부정적 감정 호소가 있다.

☑ 긍정적 감정 호소

- 사랑의 호소: 씁쓸하면서 달콤한 감동적 사건에서 가족까지, 향수에서 동정심이나 연민까

지, 민감성에서 동정심까지 다양할 수 있다. 유쾌한 이미지는 청중에게 설득력 있는 메시지를 기억할 뿐만 아니라 메시지에 대해 행동할 가능성을 높인다.

- 미덕 호소: 사회나 개인이 존중하는 많은 가치를 불러일으킬 수 있다. 미덕의 범위에는 정의, 충성, 재량, 용기, 경건, 존중 및 이타심, 사회적 또는 개인적 발전에 대한 호소가 있다.
- 유머 호소: 오락과 관객이 재미있다고 생각하는 것에 근거한다. 이러한 호소는 종종 관심을 끌고 메시지를 강화하는 데 사용되며 때로는 청중이 더 좋아하는 연사를 만들 수 있다. 그러나 유머는 사람이나 문화마다 다르기 때문에 달성하기가 어렵다.
- 성적 호소: 과도한 노출이나 성행위와 관련된 메시지의 미묘하거나 충격적인 사용에 근거한다. 일부 문화권에서는 이러한 호소가 향수 및 보석과 같은 성적 매력과 관련된 제품에 적합한 것으로 간주되나 어떤 문화권에서는 성적 호소가 불쾌한 것으로 간주된다.

☑ 부정적 감정 호소

- 공포 호소: 불안이나 걱정에 대한 인간의 경향에 근거한다. 조정은 공포 호소를 효과적으로 사용하기 위한 열쇠이다. 젊은이들은 노인보다 공포 호소에 대한 내성이 더 높으며, 청중이 높은 자존심을 가질 때 공포 호소의 효과가 증가한다.
- 죄책감 호소: 개인적 수치심, 미덕의 매력에 대한 반박에 중점을 둔다. 죄책감 호소는 적절한 청중에게 효과적일 수 있다.
- 증오 호소: 특정한 윤리적 문제를 수반한다. 사람들의 증오에 대한 호소가 비윤리적이고 부적절할 수 있으나 특히 교육 수준이 낮은 청중들에게는 효과적일 수 있다.

파토스 호소의 예

- 기부하지 않으면 아프리카 아이들이 굶어죽게 됩니다. 단체 회원들은 청중에게 다른 사람들의 생명에 대해 생각하도록 요청함으로써 동정심을 자극한다.
- 여러분들의 자녀가 등교할 때 매우 안전하기를 원하지 않습니까? 학부모들이 피해 학부모의 주장을 거부하면 그들의 아이들을 위험에 빠뜨릴 수 있다고 제안함으로써 두려움을 자극한다.

3) 로고스

로고스(Logos)는 논리를 통한 호소로 이성을 뜻한다. 사물의 존재를 한정하는 보편적인 법칙, 행위가 따라야 할 준칙, 법칙과 준칙을 인식하고 이를 따르는 분별과 이성을 뜻한다. 주장의 명료성, 추리의 논리와 지지 증거의 효과성 등 메시지의 내적 일관성이다. 표적에 대한 논리의 영향은 주장의 논리적 호소라고 한다.

로고스의 수사학이 갖는 위험은 청중을 사로잡는데 어렵거나 비논리적으로 지각하는 약하거나 복잡한 주장이다. A=B이고 B=C이면 A=C이다. 예를 들면, 숭배자는 사람이다. 인디언은 사람이다. 그러므로 모든 인디언은 숭배자이다. 로고스는 기본적인 상식으로 신중하게 구축되는 주장일 때 신뢰성이 있다. 논리적인 담론은 사상을 전달하는 가장 효과적인 방법이지만, 그러한 사상을 나타내기 전에 표적청중을 아는 것이 중요하다. 이성과 주장은 열정의 추진력을 강화하는 데 사용될 수 있다.

해결하려는 주제에 대해 잘 아는 사람들을 설득할 때 로고스가 특히 중요하다. 결론을 뒷받침하기 위해 사실, 그림 및 증거를 사용하여 강력한 증거 기반을 입증하는 것이다. 로고스는 에토스 구축에 도움이 되기 때문에 중요하다. 예를 들면, 연기하려고 하는 연극배우를 고려한다. 관객이 배우에 대해 아무 것도 모른다면 감정이 없다. 청중이 믿을 만하고 신뢰할 수 있고 권위 있는 것으로 보기 전에 배우가 에토스를 구축해야 한다. 배우는 에토스를 어떻게 구축하는가? 배우는 연기 경력에 대한 경험을 공유하거나 함께 작업한 유명한 배우 사진을 무대에서 보여줄 수 있다.

효과적으로 설득하기 위해서는 최소한 부분적으로 논리와 합리성에 기초한 의사소통이 필요하다. 부당한 결론, 즉 증거에 의해 뒷받침되지 않는 추론 또는 잘못된 가정, 즉 청중이 받아들일 수 없는 결론과 같은 논리적 오류를 피한다. 설득력 있는 의사소통의 합리적인 측면에 대한 몇 가지 일반적인 원칙이 있다.

☑ 논리적 제안의 종류

- 사실 제안: 입증 가능한 증거에 근거하여 제안한다.
- 추측 제안: 합리적으로 추론하여 청중에게 동의하도록 요청한다.
- 가치 제안: 무엇인가의 미덕을 식별한다.
- 정책 제안: 새로운 행동 과정을 식별하고 채택을 권장한다.

☑ 구두 증거의 종류

- 유추: 친숙한 상황과 암시를 사용하여 청중이 새로운 아이디어를 이해하도록 돕는다. 두 사물이 특정한 속성을 함께 공유한 경우 다른 속성도 유사할 것이라고 추론한다.
- 비교: 다른 것과 관련하여 무언가의 특성이나 가치를 강조한다. 긍정적인 비교는 청중이 호의적으로 평가하는 요소와 함께, 부정적인 비교는 호의적으로 평가하지 않는 요소와 함께 사용된다.
- 사례: 경험에서 얻은 결론을 제공한다. 사례는 짧은 이야기인 일화와 관련이 있다.
- 통계: 통계 사례를 만들기 위한 수학적 사례이다.
- 증언 및 보증: 제품 또는 서비스를 사용한 경험이 있거나 사안과 관련이 있는 증인과 사람들의 의견이다.
- 시각적 지원 증거: 사진, 그림, 영상, 차트, 그래프 및 다이어그램을 제공함으로써 언어 증거를 향상시키고 명확하게 할 수 있다.

로고스 호소의 예

- 서울 시민들은 조위선을 투표해서는 안 됩니다. 작년에 그는 권력을 남용했습니다. 서울 시민들은 과거의 예를 사용하여 동일한 일이 다시 일어날 것이라고 제안합니다.
- 학급 대표는 유튜브 수업이 더 필요하다고 주장합니다. 여론 조사에서 90%의 학생들은 유학식의 유튜브를 즐겼다고 답했습니다. 학급 대표는 통계를 사용하여 자신의 주장에 신뢰성을 부여합니다.

5. 설득기법

설득은 특정 전략을 통해 사람들의 생각과 행동에 영향을 줄 수 있는 능력이다. 능숙한 설득자가 되기 위해서는 먼저 설득의 법칙이라고 하는 몇 가지 기본 원칙을 이해해야 한다. 이 설득의 법칙은 대부분의 사람들이 특정 상황에 어떻게 대응하는지 설명한다. 심리학자 Robert Cialdini는 설득의 법칙이라는 제목의 책을 썼다.

많은 심리적 연구는 인간이 광고와 같은 특정 자극에 대한 반응이다. 마케팅과 광고가 성공적인 기업을 만드는 이유는 무엇인가? 소비자는 대부분의 광고와 광고에 홍보하는 제품과 서비스를 구매하여 반응한다. 설득기법을 이해함으로써 다른 사람들이 자신에게 부당한 영향을 미치는 정도를 통제할 수 있다.

1) 설득의 6가지 법칙

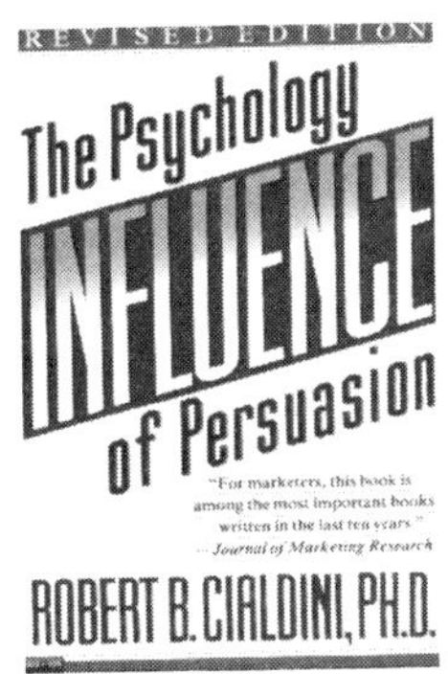

설득은 특정한 전략을 통해서 다른 사람의 생각과 행동에 영향을 주는 능력이다. 이러한 기술에 능숙해지기 위해서 설득의 법칙을 먼저 이해해야 한다. 심리학자인 Robert Cialdini(1993)는 설득의 심리학(Influence: The Psychology of Persuasion)을 저술하였다. 생활의 복잡성을 감소하기 위해 정보를 찾을 때 의사결정을 하는 지름길을 제시하기 때문에 이러한 법칙은 효과적이다. 이러한 법칙들을 특정한 상황에 적용한다면 다른 사람에 대한 영향이 증가할 것이다.

협상에서 설득의 기술은 판매 증가뿐만 아니라 고객의 욕구를 충족하려는 성공적인 판매원이 되는데 유용하다. 어떤 협상에서 모든 당사자들은 좋은 결과를 얻었다고 느끼는 결론에 도달해야 한다. 힘들거나 어려운 협상가를 다룰 때 설득의 법칙을 사용한다. 이러한 법칙으로 어떻게 성공할 수 있는가? 게임의 규칙을 토의할 수 있다. 상대방이 설득의 법칙의 하나 이상을 사용하고 있다고 알 때 직접적으로 주목할 수 있거나 더 객관적인 해결책으로 대화를 조종할 수 있다.

[그림 1-9] 설득의 6가지 법칙

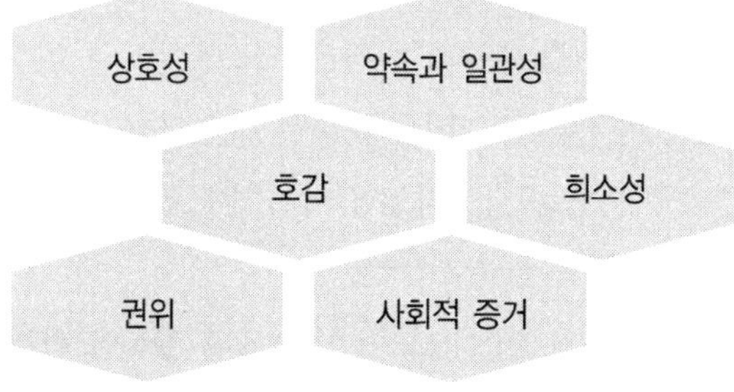

(1) 상호성의 법칙

사람들은 누구가로부터 무엇을 받는다면 보답할 필요를 느낀다. 어떤 사람이 원하는 것을 무언가 제공한다면 빚을 졌다고 느끼기 때문에 보답하려고 한다. 무료샘플을 잠재 고객에게 제공하는 것은 성공적인 판매원이 사용하는 법칙이다. "이것은 우리가 줄 수 있는 모든 것이다"와 같이 협상 입장을 위한 실제 이유를 고백하면 상대방의 양보를 유발할 수 있다. 이러한 방법은 임금인상 협상에서 종종 볼 수 있다. 양보는 치고받기(tit-for-tat)를 따른다. 이 법칙은 형평성에 호소하기 위해 사용한다. 어떤 사람이 생일에 선물을 준다면 그의 생일에 선물을 주어야 한다.

상호성의 법칙은 많은 사회적 상황에서 다른 사람들로부터 받은 것을 갚는다는 의미이다. 무엇인가를 먼저 제공받은 사람들은 빚을 느끼게 되어 후속 요청에 더 잘 응할 수 있게 된다. 왜 그러한가? 사람들은 서로 상호 연결되어 있기 때문이다. 이 상호성의 법칙을 보다 효과적으로 만드는 세 가지 요소가 있다.

- **선제성:** 먼저 제공한다. 상대방이 자신에게 빚을 느끼게 한다.
- **독점성:** 독점적인 것을 제공한다. 특별하다고 느끼게 한다.
- **특별성:** 제안을 특정한 사람만을 위해 개인화한다. 상대방이 특별하게 대우받은 중요 인물이라고 느끼게 한다.

(2) 약속과 일관성의 법칙

아주 작은 약속을 주는 것으로 시작하고, 그런 다음 더 큰 것을 요청한다. 증가는 천천히, 교묘하게, 은밀하게 할 수 있다. 일단 약속을 하면 변경하기 매우 어렵다. 최초 준거집단이 거절되면 사람은 새로운 집단의 강압과 설득에 민감하다. 이것은 사이비 종교 집단이 사용하는 기법의 하나이다. 어떤 원칙이나 제품을 약속하면 아무리 작더라도 증가를 확신하는 것은 쉽다. 이것은 특히 약속이 호의적인 방법으로 견해를 변경하는 경우에도 사실이다. 이것은 판매원이 여러 번 고객들이 동의하도록 시도하는 이유이다. 언어든 문서든 무언가에 약속하면, 선택하고, 입장을 취한다는 것을 의미한다. 약속을 흔드는 개인적인 압박을 받더라도 길을 찾고 이전의 결정을 정당화하는 방식으로 반응한다.

사람들은 다른 사람들이 행동하기 전에 그들이 하는 것을 알려고 한다. 사람들은 생각, 느낌과 행동에서 일관성이 있는 것을 좋아한다. 사람들이 일단 일정한 입장을 취하면 계속적으로 고수하는 경향이 있고, 초기 결정을 정당화하는 방법으로 행동하는 경향이 있다. 사람들은 무언가에 투자하거나 결정한 후에는 더욱 확실하게 된다. 약속과 일관성은 행동하려고 하는 바람직한 특징이고, 이것을 벗어나려고 하는 것은 자연스럽지 못하다. 많은 사람들에게 벗어나서 말을 하거나 행동한다면 실제로 이것은 더욱 나쁘게 된다.

사람들은 매일 매일 매우 많은 선택을 하고 있다. 편의상 단순히 단일 결정을 내리고 이후에 이와 관련된 결정을 고수한다. 이 법칙을 사용하여 고객 충성도를 얻는 방법은 그것이 성명서, 서약서, 정치적 제휴 관계 또는 정체성이든 관계없이 고객이 무언가에 전념하게 하는 것이다.

일관성의 원칙은 그들이 이미 내린 결정을 고수하는 자발적인 강압감을 말한다. 이는 잠재적인 고객에게 무언가를 하도록 설득하는 데 걸리는 시간을 단축하고 그들의 입장에 가장 적합한 제품이나 서비스를 연결하는 데 더 많은 시간을 할애한다는 것을 의미하기 때문에 비즈니스에서 특히 유용하다. 이 법칙을 활용하려면 다음 방법을 따르게 한다.

- 작은 것 요청: 고객에게 작은 행동으로 시작하도록 요청한다. 따라서 고객은 큰 부담감을 갖지 않고 이를 준수 한다.
- 공개적 몰입: 공개적 몰입을 장려한다. 철회 가능성이 감소된다.
- 보상: 브랜드에 시간과 노력을 투자한 고객에게 보상한다.

(3) 호감의 법칙

사람들은 자신과 비슷한 사람을 좋아한다. 자신과 유사한 사람과 함께 하고 일하는 경향이 있다. 사람들은 유명인사를 좋아하고, 이것은 신체적 매력성 때문이고, 일단 그들에게 매력을 느끼면 그들과 연결을 원한다. 칭찬이 사실이든 거짓이든 사람들은 다른 사람들로부터 칭찬받는 것을 좋아한다. 칭찬이 효과적이지 않다고 아무리 부인하더라도 대부분의 사람들은 칭찬에 홀딱 반한다. 칭찬은 기분 좋게 하기 때문에 사람들은 칭찬을 좋아한다. 감미로운 사람과 말하고 그가 칭찬을 퍼붓는다면 더 가깝고, 좋은 연결을 맺기 시작한다. 그러나 이것은 반복적으로 칭찬을 하면 역효과가 발생할 수 있다. 무언가 잘 알려지지 않은 것보다도 친숙하게 보이는 것을 대체로 좋아한다. 매우 협력적으로 보이는 사람들과 관계를 맺는 것을 좋아한다.

어떤 사람들을 좋아하거나 자신과 동일하고 믿고 즐겁게 할 때 그들은 제품을 기꺼이 구매하는 경향이 있다. 이것은 성공적인 판매원이 사용하는 방법이다. 잠재적 구매자와 어떻게 같은지를 보여줌으로써 라포를 형성한다. 이것은 회유와 협박(good cop · bad cop) 전략에서 종종 나타나고, 협상하는 어떤 사람이 상대방에 분명하게 반대하지만, 팀의 다른 사람은 자신의 편이라는 것을 보인다. 이것은 동일시하게 하고 신뢰하게 한다. 그래서 그들의 양보로 동의를 이끌어낸다. 좋아하는 사람들에 의해 영향을 더 받는다.

호감의 법칙은 사람들은 자신이 좋아하는 사람들의 요청에 응할 가능성이 더 높다. 자신이 좋아하는 사람들은 자신이 싫어하는 사람들보다 더 많은 신뢰를 받는 경향이 있다. 사람들은 좋아하는 사람들은 자신과 같은 믿음, 관심사 및 언어를 가지고 있다. 그래서 자신이 좋아하는 사람이 더 신뢰할 만하다고 믿는 경향이 있다. 그렇지 않으면 왜 좋아하는가? 이것은 좋아하는 가수, 배우, 소셜 미디어 영향력자가 좋아하는 것들뿐만 아니라 동료의 구전을 신뢰하는 이유이다. 호감의 법칙을 작동시키는 요소가 있다.

- 물리적 매력: 잘 디자인되고 기능적인 제품에 적합하다.
- 유사성: 브랜드가 아닌 취미나 관심사가 동일한 친구처럼 행동한다. 그것들과 관련될 수 있음을 보여주고 이해시킨다.
- 칭찬: 다른 사람이나 고객을 칭찬하고 그들과 호의적인 친밀한 관계를 구축한다. 친밀한 대화를 하고 고객과 관계를 형성한다.
- 문의 및 협력: 고객과 같은 견해를 갖는다. 오랜 친구처럼 친밀감을 구축한다.
- 연관성: 브랜드와 소통하고 싶은 가치를 동일하게 연결한다.

(4) 희소성의 법칙

독점적 정보는 더욱 소중하고 더 쉽게 믿게 된다. 풍부성은 무엇인가 희소할 때보다 훨씬 적게 평가된다. 사기집단은 구제에 유일한 방법이라고 말함으로써 이것을 사용한다. 예를 들면, 최고, 신의 뜻에 가장 가까운, 가장 빠른 길 등을 집단이 주장할 때 등이다. 상품의 희소성과 정보의 독점성은 수입을 증가한다. 정보는 신뢰의 관계를 유지하기 위해서 사실이어야 한다. 희소하다고 느낄 때 사람들은 신속하게 반응한다. “한정판, 곧 매진, 서두르십시오”라고 쓰여있는 제품을 볼 때 제품을 신속하게 구매하기를 원한다. 이런 전술은 사람들이 중요한 것을 놓치는 것처럼 느끼게 하는 것이다. 이용할 수 있는 것이 제한될 때 더 매력적으로 느낀다. 이것은 사람들이 잠재적 이익보다도 손실의 위험에 더 반응하기 때문이다.

기본적으로 희소성(scarcity)은 공급과 수요와 관련이 있다. 이것은 품질에 관계없이 품목이 더 가치가 있다는 것을 의미한다. 사람들은 희귀하고 가치 있는 것을 더 갈망한다. 무엇인가 제한이 없을 때 품목을 즉각적으로 구매할 필요성을 느끼지 않지만, 재고가 없기 때문에 더 이상 품목을 구매할 수 없다고 느낄 때 기회를 덥석 붙잡는다. 이것은 판매자가 제품을 쉽게 판매하는 방법이다. 그들은 인간의 심리가 어떻게 작동하는지를 알고 판매할 때 활용한다. 그러나 조만간 많은 사람들은 회사가 제품을 판매하기 위해서 사용하는 술책이라고 알게 될 것이다. 그래서 무언가를 구매하기를 원하지 않는다면 잠깐 생각할 시간을 갖는 것이 중요하다.

사람들은 항상 독특하고 배타적이고 찾기 어려운 것들에 이끌린다. 사람들은 구하기 어려운 것이 일반적으로 쉽게 구할 수 있는 것보다 낫다고 가정하는 경향이 있다. 희소성은 차별적인 가치와 남과 다르다는 상징을 강화할 수 있다. 따라서 희소성의 법칙은 내용이나 판촉 어휘 내에 긴박감을 만든다. 다음과 같은 방법은 고객의 긴급성을 유발하는 방법이다.

- 수량 제한: 품목 수량의 부족으로 상품이 소진될 수 있다.
- 기간 한정: 해당 기간 동안만 상품을 판매한다.
- 경쟁 활용: 다른 사람들도 원하기 때문에 더 많은 것을 원한다는 성향은 종종 경매나 입찰에 활용된다.

(5) 권위의 법칙

권위의 법칙은 유명인의 보증이나 전문가의 증언을 사용하는 법칙이다. 감탄하는 사람들이 제품이나 서비스를 판매촉진할 때 다른 사람에게 충분히 좋은 것이라면 자신에게도 좋은 것이다. 자신이 사용한다면 좋은 외모, 부나 명성처럼 동일한 특성을 개발한다. 전문가가 좋다고 말한다. 그러나 누가 전문가인가? 자격이 있는 사람은 누구인가? 협상 초기에 신뢰성을 확립하여 권위를 세우는 것이 중요하다.

사람들은 자동적으로 권위자를 따르거나 전문가를 믿는다. 이것은 어떤 사람이 권위자가 아닌 경우에도 심지어 사실이다. 권위자가 그렇게 말하기 때문에 생각하지 않고 자동적으로 반응한다. 가장 신뢰할 수 있는 권위자는 지식이 있고 신뢰가치가 있다. 어떤 사람은 공정하고, 편향되지 않고, 정직하다. 신뢰를 얻는 지름길은 어떤 사람의 입장과 조금 모순되는 말을 하는 것이다. 그러면 어떤 사람은 공평하게 보이고, 자신의 입장의 부정적인 측면을 기꺼이 알려고 하고, 신뢰를 형성한다. 신뢰는 정직하고 믿음을 제공함으로써 형성된다.

권위의 법칙은 교수, 과학자, 의사, 연구소, 기관, 지도자, 판사, 의사, 변호사 및 다른 분야의 기타 인식된 전문가와 같이 권위 있는 위치에 있는 사람들을 따르는 경향이다. 이것은 자신이 전문가가 아닌 분야에서 특히 그렇다. 왜 그러한가? 주어진 주제에 대해 직접 조사하는 것보다 현장에서 권위를 신뢰하는 것이 더 쉽기 때문이다. 교수의 말, 과학자의 말, 전문가의 말, 연구소의 견해 또는 과학적으로 입증된 결과와 같은 문구가 포함된 제목을 확인할 수 있다. 호감의 법칙을 작동시키는 요소가 있다.

- 제목: 권위자의 위치, 연구 결과, 경험
- 복장: 권위를 알리는 외적 신호
- 과시적 요소: 권위 있는 역할을 수반하는 간접적 단서

(6) 사회적 증거의 법칙

규칙이 불확실할 때 사람들은 안전을 추구한다. 그래서 검증된 인사나 사례를 활용한다. TV에서 웃음을 주는 연예인을 사용하는 이유는 무엇인가? 제작자가 그런 연예인이 청중으로부터 웃음을 끌어내지 못하거나 높은 시청율을 올리지 못한다면 고용하지 않을 것이다. 능력이 있는 사람을 등용하려면 그 사람이 사회적으로 올바른 행동이 무엇인지를 어떻게 결정하는지를 관찰하는 것이다. 이것이 바로 인사 검증이다. 결정할 일을 정확하게 알지 못한다면 주위에 있는 다른 사람들을 의지할 것이다. 다른 사람들이 특정한 행동에 관여되는지를 생각하고, 하는 것이 적절한 것이어야 한다. 새로운 잠재 고객이 제품과 서비스를 구매하도록 장려하기 위해 이 법칙은 만족한 고객으로부터 증언에 의지할 때 작동한다. 사람들은 작동되고 있는 곳을 이미 아는 사회의 일부라고 느끼기를 원한다.

사람들은 자신이 신뢰하는 사람들에 의해 대중적이거나 보증되는 것들에 대해 더 많은 신뢰를 갖는 경향이 있다. 소셜 미디어 영향력이 어떻게 강력해 졌는지 궁금한 적이 있는가? 사회적 증거의 법칙 때문이다. 사람들은 제품이나 서비스를 보증하거나 친구, 가족 또는 업계 전문가인지 여부에 관계없이 이미 신뢰하는 사람이 승인한 특정 행동을 수행할 가능성이 높다. 사회적 증거의 법칙을 작동시키는 요소가 있다.

- 전문가: 관련 분야의 신뢰할 수 있는 전문가의 승인
- 연예인: 배우, 가수, 연예인 등 유명인의 승인
- 사용자: 현재 또는 이전 사용자의 승인(등급, 리뷰 및 평가)
- 군중의 지혜: 많은 대중들의 승인
- 동료: 알고 있는 친구나 동료의 승인

Influence: The Psychology of Persuasion

- Reciprocation: The Old Give and Take…and Take
- Commitment and Consistency: Hobgoblins of the Mind
- Social Proof: Truths Are Us
- Liking: The Friendly Thief
- Authority: Directed Deference
- Scarcity: The Rule of the Few

2) 설득기법

다른 사람을 설득하거나 영향을 주지 못한다면 유능한 관리자가 될 수 없다. 관리자가 유능하지만 다른 사람에게 영향을 주지 못하면 종종 관리적 비효과성의 원인이 된다. 적절한 영향력 전략을 선택하는 것은 상대방을 효과적으로 관리하는 비법이다. 설득기법은 관리자의 가치, 우선순위와 맥락적 수요에 달려있다.

(1) 근거

다른 사람에게 영향을 주는 가장 좋은 방법은 타당한 근거이다. 다른 사람에게 영향을 주기 위해 타당한 근거를 사용하는 관리자들은 더 많은 존경과 지원을 얻는다. 다른 사람에게 영향을 주기 위해 타당한 근거를 제시하는 것이 도움이 되고, 책임감과 성실성에 달려있다는 것을 의미한다. 다른 사람과의 관계가 상호 신뢰와 존경이고 설명할 충분한 시간이 있을 때 근거를 사용하는 것은 적절하다.

근거는 대부분의 상황에 대한 영향력의 가장 좋은 형태이다. 어떤 사람에게 자신의 주장을 따르게 하거나 제안을 수락하도록 근거를 제시할 때 관리자들은 요청이나 제안이 영향을 미치려고 하는 사람의 개인적인 가치와 어떻게 관련이 있는지를 고려해야 한다.

☑ 대안 근거 제시

어떤 사람이 무언가를 해야 하는 근거를 사용하려고 할 때 사람들은 두 가지 방법 중의 하나에 반응한다. 근거가 건전하기 때문에 협력한다. 협력하는 것이 현명하다고 생각하지 않는 근거를 재치 있게 설명한다. 근거는 반대 논리에 저항한다. 관리자들은 더 큰 그림이나 논리의 결함에 주의할 필요가 있다.

☑ 권리 방어

사람들은 다른 사람들에게 도움이 되는 희망에 종속된다. 협력과 협동은 대단하지만, 그들이 권리를 갖고 있다는 것을 기억해야 한다. 그들은 다른 사람을 돕기 위해 그들의 우선권을 희생하지 않는다. 그들은 그들의 도움에 종속적인 다른 사람들을 돕지 않을 권리가 있다. 그들은 혁신 프로젝트를 추구하기 위해 자유 시간을 이용할 권리를 갖고 있다. 그들은 적정한 시간 동안 작업할 권리를 갖고 있다. 때때로 그들은 자신의 권리를 적극적으로 옹호한다.

☑ 확고한 거절

때때로 사람들은 영향을 주는 근거를 사용하기 위해 지나치게 열심히 노력한다. 그들은 판매할 아이디어를 갖고 있고, 모든 판매원처럼 열성적인 사람은 반대 목소리를 낼 때 포기하지 않는다. 반대 이유를 제시하는 한 토론은 계속될 것이다. 심지어 유머를 유지하고자 하는 관계에서도 때때로 요청을 확고하게 거절할 필요가 있고, 더 토의하는 것을 확실하게 거절할 필요가 있다.

(2) 교환

교환은 어떤 거래에 관여함으로써 사람들이 거래하는 모든 방법을 포함한다. 어떤 목표에 동기를 주고 특정한 과업에 보너스를 제공하는 것은 교환 기법이다. 아부는 다른 사람에게 영향을 주는 교환을 사용하는 더 교묘한 속임수 방식이다. 아부는 상대방에게 신세감을 조성하기 위해 선물을 주거나 호의를 제공하는 것이다. 상대방이 어떤 것을 다시 하기를 원할 때 이러한 신세감은 그들의 결정에 의식적이거나 무의식적으로 영향을 줄 수 있다.

교환은 상대방이 영향을 미치려고 할 때도 작동한다. 교환 기법은 나를 위해서 그 속에 무엇이 있는가를 답한다. 물론 문제는 관리자가 상대방에게 보상이나 장려책과 같은 것을 주어야 한다는 것이다. 수락을 얻기 위해 보상을 사용하면 사람들은 그들이 미래에 영향을 미치려고 할 때 그들에게 유인을 제공하리라고 기대할 것이다. 사람들은 조작되는 것을 분개하기 때문에 의도된 결과에 정반대 현상을 야기할 수 있는 것은 아부 전략의 결함이다.

☑ 호의나 선물

교환으로 다른 사람들에게 공공연하게 영향을 미치는 것은 제공하는 것과 답례로 받기를 원하는 것을 정확하고 분명하게 설명해야 한다. 제공이나 요청의 모호성은 다른 사람들이 뒤에 속았다는 기분이 들게 한다. 상대방이 도움을 원할 때 영향을 주려고 하는 그들이 언제나 보상을 기대하지 않도록 한 번 제의가 필요하다. 관리자들은 선물과 호의를 제공하는 사람들의 동기를 고려해야 한다. 선물과 호의는 언제나 속임수라기보다는 의사결정의 편견을 갖도록 하는 사람들로부터 선물을 거절해야 한다.

☑ 아부

아부를 사용하여 다른 사람에게 영향을 주기 위해 관리자들은 교묘해야 한다. 사람들이 속는 것을 분개하기 때문에 명백한 아부를 시도하는 것은 종종 역풍이 있다. 관리자들은 자연스럽게 호의를 제공하거나 선물을 줌으로써 다른 사람들에게 아부할 수 있다. 또한 우정과 칭찬이 아부 목적으로 제공될 수 있다.

☑ 협상 저항

관리자들이 협상하는 상대방이 합의를 강요하거나 동의하는 조건을 변경하려는 속임수 전략을 사용하고, 그들이 조종에 주의를 기울이고, 그와 같이 협상하지 않으려는 이유를 설명하고, 다른 협상 방법을 제안하는 것을 주목한다.

☑ 협상 중단

상대방이 협상 스타일의 방법을 수용하지 않는다면 그들은 협상을 거절할 수 있다. 그러나 그들이 협상에서 떠나지 않는다면 다른 수단을 갖고 있지 않다는 의미이다. 따라서 협상을 중단하려고 하면 그들은 다른 대안이 없기 때문에 더욱 초조해질 것이다.

(3) 압박

압박은 강요나 협박을 포함하는 기법이다. 사람들은 그렇게 하지 않을 경우에 야기되는 부정적인 결과를 피하려고 할 것이다. 때때로 이러한 부정적인 결과는 명확하게 표현되고, 이것은 상대방을 압박하거나 협박하는 결과가 된다. 부정적인 결과는 협상 장소를 떠나고, 소리치고, 초과 시간을 요구하거나 공개적으로 당황하게 하는 것이다. 압박의 이점은 신속한 수락을 얻을 수 있다. 그러나 압박은 불안, 분개와 불신을 낳는 경향이 있다.

☑ 압박 사용

압박을 효과적으로 사용하려면 드물게 사용하여야 한다. 관리자들은 조직 정책과 합리적인 한계를 유지해야 한다. 반복적으로 회사 규범을 위반하는 직원의 정직을 위협하는 것은 합리적이지만, 처음부터 종결하는 위협은 불합리하다. 마지막으로 그들이 수락을 얻지 못한다면 결과를 따라야 한다. 결과를 전달하지 못한다면 미래에 강압을 사용할 때 신뢰성과 효과가 적을 수 있다.

☑ 압박 저항

압박이 강하면 강할수록 저항이 강해질 수 있다. 따라서 압박을 받는 사람들은 세력 기반을 구축함으로써 그들을 압박하는 유력자의 의지와 기회를 축소시키려고 시도한다. 근거, 교환과 압박은 조직에 있는 다른 사람들에게 영향을 주기 위해 사용된다. 교환은 효과적이고, 상대방이 다른 가치와 우선순위를 가질 때 특히 유용하다. 압박은 역시 효과적일 수 있지만, 신중한 주의로 실행되어야 한다. 설득을 위해 사용할 수 있는 인지 부조화 기법이 있다. 인지 부조화는 두 가지 가정에 근거한다.

- 반박은 불편하다.
- 불편하기 때문에 반박은 변화를 자극한다.

(3) 인지 부조화

인지 부조화는 사람들이 자신의 태도와 행동이 서로 모순되어 양립할 수 없다고 심리적으로 느끼는 불균형 상태이다. 이것은 상충하는 태도, 신념 또는 행동과 관련된다. 심리적 불편을 줄이고 균형을 회복하기 위해 태도나 행동 중 하나를 변경한다. 사람들은 자신의 태도와 행동이 일치하지 않을 때 정신적 갈등을 느낀다. 또한 사람들은 서로 모순되는 두 가지 신념을 가지고 있을 때도 심리적 갈등이 일어날 수 있다. 인지 부조화는 불안감과 긴장감을 유발하며 이 불편함을 다른 방식으로 완화하려고 한다. 인지 부조화는 다음 세 가지 방법 중 하나로 경감할 수 있다.

- 태도나 행동을 변경하여 두 요소 간의 관계를 조화로 만든다.

- 부조화의 신념을 능가하는 새로운 정보를 얻는다.
- 인지의 중요성, 즉, 신념, 태도를 축소한다.

☑ 벤 플랭클린 효과

벤 플랭클린 효과(Ben Franklin Effect)는 인지부조화 이론의 예이다. 벤의 정적이 원래 벤에 대해서 적대감을 갖고 있었다. 펜실베이니아의 의원이었던 경쟁자는 프랭클린에게 적의를 품고 있었다. 프랭클린은 그가 희귀본 한 권을 갖고 있는 것을 알고 있었다. 그래서 그 책을 며칠 동안만 빌렸다. 일주일 뒤에 책을 돌려주면서 책에다가 작은 호의의 감사 메모를 넣었다. 그리고 그 의원을 만났을 때 그는 처음으로 친절하게 말을 걸어왔고 이후 프랭클린이 필요로 하던 다른 도움까지 제공했다. 결국 두 사람은 매우 친한 친구가 되었다. 어떤 사람에게 호의를 베풀면 결과적으로 그들을 더 좋아하는 경향이 있다는 것이 벤 플랭클린 효과이다. 논리적 모순은 불편하다. 논리적 모순을 어떻게 제거할 수 있을까? 두 가지 방법이 있다.

- 책을 되돌려준다.
  - 벤에 대한 원래의 태도와 일치하도록 행동을 변화한다.
- 실제로 좋다고 결정한다.
  - 새로운 행동과 일치하도록 태도를 변화한다.

부조화를 제거하기 위해 태도를 변경하는 것은 쉽지만, 행동을 변경하는 것은 어렵다. 정적은 벤의 친구가 되고 벤에게 더 많은 호의를 기꺼이 준다. 벤 플랭클린 효과는 작은 호의를 적에게 요청함으로써 적을 친구로 전환한다. 적이 돕는다면 더 많은 호의를 기꺼이 제공할 것이다. 사람들은 합리적이지는 않지만 자신의 기존 생각에 부합하는 행동을 선택한다. 이것이 인지 부조화이다. 어리석은 선택이나 명백한 판단 착오가 있는 경우 어떻게든 그 선택이나 생각이 불가피한 것이었다고 우기는 경우이다.

☑ 못살게 굴기 기법

못살게 굴기(Hazing)는 상대방에게 고통을 줌으로써 상황을 좋아하도록 만드는 것이다. 사람들이 고통스런 상황에 도달하기 위해 많은 노력을 기울일 때 그러한 상황을 크게 의도적으로 확대한다. 때때로 상대방을 속이기 위해 방법을 의도적으로 계획할 수 있다. 못살게 굴기는 교묘, 괴롭히기와 난폭이 있다. 교묘한 못살게 굴기는 상호존중의 합리적인 기준을 위반하거나, 조롱, 당황이나 모욕을 주는 활동이나 태도이다. 집단의 일부로 느끼기 위해 정서적 고뇌나 신체적 불편을 야기하는 행동을 만들기도 한다.

- 기만
- 벌점
- 침묵
- 특혜의 박탈
- 수행 요청
- 사회적 격리
- 욕하기
- 언어적 모욕
- 휴식 박탈

☑ 단언

단언(assertion)은 반드시 사실이 아니더라도 사실로써 열정적으로 진술을 하는 것이다. 도리에 어긋나지 아니한 바른말을 하는 것이 단언하다의 의미이다. 따라서 바른말을 하는 단언은 진술이 더 이상의 설명이 필요 없고, 의심 없이 당연히 받아들여진다. 증거를 제시하지 않고 의견이 가장 좋은 것으로 진술한다. 그래서 다른 사람은 이상적으로 추가적인 정보나 논리를 찾지 않고 진술에 동의할 수 있다.

☑ 카드 속임수

카드 속임수(card stacking)는 자신에게 유리한 것만 강조하고, 불리한 것은 언급하지 않거나 축소해 언급하는 선전 기법이다. 어떤 사람 또는 사안에 대해 가장 내세우고 싶은 또는 가장 비난하고 싶은 일부분만을 강조하여 그 대상 전체를 미화 또는 매도하는 수법을 의미한다. 카드 속임수는 "부정한 방법으로 카드를 치다", "부정 수단을 쓰다"는 뜻이다. 아이디어나 제안의 긍정적인 정보만을 제시하고, 반대되는 정보를 생략하는 것을 의미한다. 카드 속임수를 다루는 가장 좋은 방법은 많은 정보를 얻는 것이다.

☑ 적으로 간주

특정한 집단이나 사람을 적으로 표현함으로써 복잡한 상황을 단순화하는 시도이다. 이것은 여러 가지 가능성이 있음에도 불구하고 두 가지의 가능성에 한정하여 사고하는 논리적 오류이다. 따라서 명확하게 옳고 그르게 판단하여 상황을 검토하는 것이 논리적이다.

(4) 방어와 저항 전술

설득은 상대방의 생각을 바꾸고 생각의 변경을 통해 상대방의 행동을 변화시키는 과정이다. 상대방을 논리적으로 권유하면 설득될 것이라고 기대하지만 그렇지 않다. 설득의 어려움은 논리적 권유에 대한 상대방의 저항 때문이다. 이 저항이 바로 설득 저항이다. 저항은 인간의 이중성 때문이다, 설득 저항은 스스로 독립된 존재로서 느끼는 자유 의지를 지키려는 본능과 관련이 있다. 상대방이 나를 조정하고 독립성을 훼손시킬 것이라고 느끼는 저항이 심리적으로 일어난다. 따라서 설득 저항은 사람들이 설득 메시지가 태도를 변화하는 것을 막는 과정이다. 메시지는 정서적 요인뿐만 아니라 인지적 동기를 포함한다. 다음은 Marwell 과 Schmit의 방어 전술이다.

- 변경: 문제를 더 작거나 측면 문제로 바꾼다. 때로는 실제적인 힘을 갖지 않는 사람에게 책임을 전가한다.
- 지연: 실제로 이루어지는 것도 없이 문제를 다루고 있는 것처럼 행동한다. 예를 들면, 실제적 권한이 없는 연구위원회를 만든다.
- 부인: 상대방의 주장과 제안된 해결책은 타당하지 않다.
- 최소화: 문제의 중요성을 최소화하고 적법성에 의문한다.
- 기만: 고의적으로 좋게 느끼게 하고, 사실인 양 행동한다. 그러나 문제를 고려하기 위한 어떤 의도를 결코 갖고 있지 않다.
- 분열: 상대방은 반대의 씨를 집단에 뿌리고 분열과 정복 전략을 사용할 것이라는 이분법적 사고를 한다.
- 유화: 상대방은 직업, 서비스와 다른 혜택의 제공을 통해서 집단을 평온하거나 달랠 것이다.
- 의심: 상대방은 집단의 동기와 방법을 의심할 것이다.
- 파괴: 상대방은 법적, 경제적, 위협 전술을 통해서 집단을 불안정하게 하거나 제거할 것이다.
- 거래: 상대방은 상호 수용할 수 있는 해결책을 제공함으로써 갈등을 회피할 것이다.
- 굴복: 상대방은 요구에 동의할 것이다. 상대방이 약속을 따를 때까지 승리가 완성되지 않는다는 것을 기억한다.

(5) 수락 회득 전략

설득은 상대방의 신념, 가치나 태도를 변화하게 하여 바람직한 행동 반응을 끌어내는 커뮤니케이션 과정이다. 설득은 대인간의 환경에서 발생하고, 순조로울 경우 수락 획득을 얻는다. 수락 획득 전략에는 긍정적 전략과 부정적 전략이 있다. 다음은 수락획득 14가지 전략이다.[3]

☑ 긍정적 전략

- 약속: 수락의 교환으로 제품, 서비스나 감성을 약속한다.
- 존경: 상대방의 수락은 자아가치의 자동적인 증가가 된다.
- 이타심: 상대방에게 유익한 행동에 관여하도록 요청한다.
- 직접적 요청: 상대방이 수락하도록 단순하게 요청한다.
- 신세: 상대방이 수락하도록 갚아야 할 의무를 환기한다.
- 설명: 수락을 요청하는 이유를 제공한다.
- 암시: 상대방이 수락하도록 상황적인 맥락을 제시한다.

☑ 부정적 전략

- 아부: 제품, 서비스나 감성을 제공하면서 수락 요청을 진행한다.
- 유혹: 상대방의 보상은 사람이나 조건에서 발생한다.
- 혐오적 자극: 양보를 얻기 위해 계속적으로 상대방을 벌한다.
- 위협: 수락하지 않는다면 부정적인 결과를 제시한다.
- 죄책감: 상대방이 수락하지 않는다면 자아가치가 감소된다.
- 경고: 수락하지 않는다면 당황, 분개하거나 손해를 본다.
- 기만: 의도적으로 속임으로써 수락을 요청한다.

3) Wiseman, R.L. & Schenck-Hamlin, W.(1981).

6. 설득과정

상대방을 자신의 의도나 생각대로 행동을 변경하도록 유도하는 것은 관리자의 설득 능력이다. 설득은 모든 지도자에게 필요한 대인 커뮤니케이션 기술이다. 상대방의 이중적인 마음에서 야기되는 저항을 잘 다루며 설득하는 기술을 습득해야 할 이유가 있다. 이러한 설득에도 효과적인 기술이 필요하다. 효과적인 설득에는 독특하고 필요한 4단계가 있다. 설득과정은 신뢰도 구축, 공동 목표의 형성, 생생한 증거제공과 정서적 연결이다.

1) 신뢰도 구축

신뢰도(credibility)는 개인의 전문지식과 강력한 대인관계에서 성장한다. 설득자는 강력한 정서적 특성과 진실을 요구한다. 다른 사람의 제안에 신중하게 경청하고 의견을 아는 환경을 수립할 필요성은 중요하다. 서베이, 표적집단면접, 개인면접 등을 통해 주장을 지지하고 부인하는 자료와 정보를 수집함으로써 설득을 준비해야 한다. 전문지식은 박식, 철저한 문제 조사, 명석하고 합리적인 신념, 반대에 대한 근거와 증거 제공, 어리석거나 과장된 의견 회피, 전문화되고 훈련된 지식 등을 포함한다.

[그림 1-10] 설득의 4단계

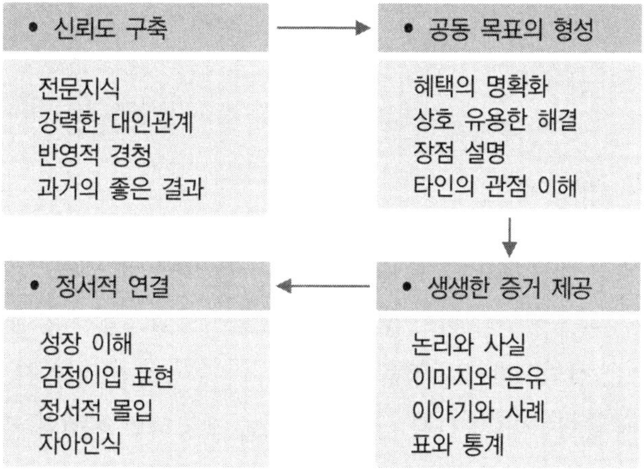

강력한 대인관계는 언행일치, 실수의 용인, 편리와 기회주의가 아닌 확신행동, 타인을 위한 염려, 정서적 안정·협박·횡포·복종 배제, 사업이 아닌 정서적이거나 개인적 관계 등을 포함한다. 따라서 사업 관계가 아니라 감정적, 개인적 이해관계가 있으면 설득이 더 효과적이다.

상대방의 말을 잘만 들어줘도 설득은 절반이 이루어진 것이나 다름이 없다. 상대방의 이야기를 잘 듣고 전달하고자 하는 말의 내용과 그 내면의 동기나 정서에 귀를 기울이고 상대방에게 피드백을 제공할 때 설득은 성공적이다. 반영적 경청은 상대방의 이야기를 잘 듣고 공감하고 수용하고, 상대의 말을 그대로 표현해 주는 방법이다. 이러한 커뮤니케이션 기법은 설득에 중요한 기법이다. 또한 상호간에 좋은 결과를 맺은 일이 있다면 더욱 신뢰도가 구축될 것이다.

2) 공동 목표의 형성

이익이 있는 곳에 설득이 있다. 상대방과 설득자의 공동 목표는 상호 이익의 극대화이다. 이러한 경우에 공동 목표가 형성된다. 따라서 상대방이 얻는 이익이 크면 설득은 순조롭게 이루어진다. 효과적인 설득자는 타인의 관점에서 이점을 알리는 어법을 사용하여 설득하는데 능숙하다. 이러한 과정은 상호간의 공유된 혜택을 확인하는 과정이다. 필요한 정보를 수집하기 위해 신중한 질문과 대화가 필요하다. 이러한 과정은 최초 주장을 변경하거나 타협하는 것을 포함한다. 관리자가 대처하기 위해 이익과 관련된 관여의 수준을 변경하는 설득 자세가 있다.

- 열광: 상대방의 문제는 일과 가족의 주요 이익이다.
- 방관자: 상대방의 문제는 우려의 목록이다.
- 주의: 설득자의 문제가 상대방의 중요 목록 안에 있다.
- 부주위: 상대방이 알지 못하고 알려고 하지 않는다.

3) 생생한 증거 제공

설득은 생생한 언어와 매력적인 증거의 제시를 필요로 한다. 즉, 이야기, 도표, 이미지, 은유와 사례 등이다. 설득자는 도표를 보완하는 생생한 언어를 사용함으로써 상태를 살아있게 할 필요가 있다. 통계의 사용은 신뢰도와 정확성을 구축하고, 이야기, 도표, 이미지, 은유와 사례는 이해와 공감을 형성하는데 유용하다. 따라서 생생한 증거를 제공하면 이해와 공감이 높아지고 신뢰도가 향상되어 더욱 설득적인 상태가 된다. 다음과 같은 경우는 단단한 주장이다.

- 사실과 경험이 논리적이고 일관적이다.
- 상대의 이익을 호의적으로 설명한다.
- 경합적인 대안을 제거하거나 중립화한다.
- 정책을 이해하고 다룬다.
- 객관적이고, 권위 있는 제3자로부터 보증을 받는다.

4) 상대와 정서적 연결

유능한 설득자들은 상대방의 정서를 알고 정서에 반응한다. 그들은 전문성과 그들이 지지하는 입장 간의 균형을 유지하는 방법을 안다. 상대와의 연결은 그들의 입장에 대한 지적이고 정서적인 몰입을 나타낸다. 성공적인 설득자들은 상대방의 정서 상태를 정확하게 북돋우고, 그들의 주장을 조정한다. 입장이 어떠하든 그들은 메시지를 받는 상대방의 능력과 정서적 열정을 일치해야 한다. 다음은 정서적 연결을 강화하는 방법이다.

- 상대방의 마음으로 향한다.
- 매우 기술적이고 관계되는 이야기와 삽화를 사용한다.
- 요점을 분명하게 보여주기 위해 시각 자료를 사용한다.
- 문제가 개인적으로 감동을 어떻게 주는지를 보여준다.

7. 의사소통의 기술

경쟁에서 중요한 인물의 눈에 띄고 싶은가? 의사소통 기술은 채용 관리자가 이력서 및 자기소개서에서 보고 싶어 하는 최고의 커뮤니케이션 기술 중 일부이다. 이러한 기술을 강조하고 면접 중에 이를 입증하면 확실한 첫 인상을 남길 수 있다. 고용된 후에도 이러한 기술을 계속 개발하면 상사, 팀원 및 고객에게 깊은 인상을 준다.

의사소통을 하기 위해 말로 표현하거나 정보를 전달한다. 어떤 사회 분야에서든 상관없이 상사, 동료 및 직원과 효과적으로 의사소통할 수 있는 능력은 필수적이다. 디지털 시대의 근로자는 전화, 이메일 및 소셜 미디어를 통해 직접 또는 메시지를 효과적으로 전달하고 받는 방법을 알아야 한다. 이러한 의사소통 기술은 채용, 영업 및 경력 전반에 걸쳐 성공하는 데 도움이 된다.

1) 경청

잘 듣는 사람이 훌륭한 의사소통을 하는 사람이다(A good listener is a good communicator). 효과적인 의사소통은 듣는 것과 더 관련이 있다. 잘 듣는 사람이 아니라면 무엇을 해야 하는지 이해하기 어렵다. 상대방의 요구에 주의를 기울이고 듣는 것이다. 이것은 적극적 청취이다. 적극적 청취는 상대방이나 청중이 느끼거나 생각하는 것에 진정으로 관심이 있다는 것을 보여 주며, 반응하는 것이다. “그렇다”, “아하”, “흠, 이해한다”와 같이 안심할 수 있는 소리와 문구를 제시한다. 적극적인 경청은 상대방의 말에 주의를 기울이고, 질문을 명확하게 하고, 이해를 확실히 하기 위해 상대방이 말한 것을 표현하는 것이다. 문제를 명확히 하고 관심을 보이는 질문을 한다. 올바르게 이해하고 중요하다는 것을 보여주기 위해 문제를 다시 설명한다. 적극적인 경청을 통해 상대방의 말을 더 잘 이해하고 적절하게 대응할 수 있다.

2) 신체언어

신체언어, 눈 접촉, 손동작 및 음성 톤은 모두 전달하려는 메시지이다. 팔을 벌리고 다리를 편안하게 하는 열린 자세와 친근한 소리는 접근이 쉬워지고 다른 사람들이 자신과 공개적으로 대화할 수 있도록 한다. 눈 접촉도 중요하다. 사람들은 자신과 대화하는 사람에게 집중하기 위해 눈 접촉을 한다. 그러나 지나치게 상대방을 쳐다보는 것은 그를 불편하게 할 수 있다. 또한 대화하는 동안 다른 사람의 비언어 신호에 주의한다. 비언어 신호는 종종 사람이 실제로 느끼는 감정을 전달한다. 그러나 상대방이 자신을 눈으로 보고 있지 않으면 불편하거나 진실을 숨길 수 있다.

언어에 사유를 더한 여러 작품 세계

제 작품이 이해하기 쉽지는 않겠지만, 분명하게 전달하고자 하는 바는 직접적이면서 원초적인 일종의 느낌입니다(게리 힐). 게리 힐(Gary Hill)은 지난 1970년대부터 현재까지 인간을 규정하는 핵심요소인 언어와 신체를 비롯해 이미지와 공간의 형태 등을 주제로 다양한 매체 실험을

지속해온 작가이다. 그는 이번 전시에서 그동안 자신을 규정하던 '비디오 아티스트(Video Artist)'가 아닌 열린 해석이 가능한 '언어 예술가(Language Artist)'로서의 측면을 선보인다. 이에 전시는 그의 일생에 걸친 사유의 결과물을 통해 열린 상태로서의 언어와 이미지, 신체와 테크놀로지, 가상과 실재공간에 대해 고찰하는 대표 작품 24점을 소개한다. 전시의 주요 작품 중 '잘린 파이프 Cut Pipe'(1992)는 두 개의 알루미늄 파이프가 약 25㎝ 간격으로 바닥에 일렬로 놓여있는 가운데 한 개의 파이프에는 흑백 모니터가, 다른 파이프 양 끝에는 스피커가 설치돼 있다.

출처: 경기신문 2020.02.13

3) 명확성

좋은 구두 의사소통은 명확하고 간결한 말이다. 너무 많이 말하거나 너무 적게 말하지 않는다. 가능한 한 적은 단어로 메시지를 전달한다. 직접, 전화 또는 이메일을 통해 상대방과 대화할 때 명확하고 직접 원하는 것을 말한다. 장황한 설명은 청취자가 정확하게 확신하지 못할 수 있다.

때로는 양자가 공통된 언어를 사용하면서도 서로의 말을 이해하지 못할 수 있다. 듣고 있거나 읽고 있는 사람들이 자신의 단어를 이해할 수 있다고 100% 확신한다면 속어나 전문 용어를 사용한다. 또한, 주변 사람들에게 생소한 악센트가 있다면 조금 더 천천히 말하고, 말을 멈추고, 무엇이 잘못되었는지 물어본다.

4) 정서적 인식

다른 사람이 현재 보이는 감정과 태도를 인식하는 것이 중요하다. 긴장되는가? 화나거나 슬프게 하는 것을 들었는가? 이러한 것들이 메시지를 전달하는 방식에 어떤 영향을 미치는가? 전체 대화 중에 마음을 드러내지 않는 얼굴(poker face)을 가질 필요가 없다. 의사소통하려는 메시지를 방해하지 않도록 자신의 생각과 감정을 인식하는 것이다. 예를 들어, 특정 이야기가 슬프고 눈물을 흘리게 해도 괜찮지만, 통제할 수 없는 상태로 흐느낀다면 그들은 말을 멈추게 만드는 데 더 관심이 있을 수 있다. 자신이 말하는 것을 방해받을 수 있다.

5) 개방성

훌륭한 대화자는 유연하고 열린 마음으로 대화에 참여한다. 단순히 메시지를 전달하는 것이 아니라 상대방의 관점을 듣고 이해하도록 개방한. 동의하지 않는 사람들과도 대화에 기꺼이 참여함으로써 보다 정직하고 생산적인 대화를 할 수 있게 된다.

친근한 분위기, 개인적인 질문 또는 단순한 미소는 동료가 공개적이고 정직한 의사소통을 촉진한다. 모든 직장 커뮤니케이션에서는 정중한 것이 중요하다. 이것은 대면 및 서면 의사소통 모두에서 동일하다. 가능한 경우 동료 또는 직원에게 전자 메일을 개인화한다. 전자 메일을 시작할 때 "모두 즐거운 주말 보내시기 바랍니다"라는 메시지를 개인화하여 받는 사람이 더 감사하게 느끼도록 할 수 있다.

6) 존경심

자신이 상대방과 그들의 아이디어를 존중한다면 그들은 의사소통에 더 개방적일 것이다. 사람의 이름을 사용하고, 눈을 마주치며, 말을 할 때 적극적으로 듣는 것과 같은 간단한 행동은 자신을 높이 평가받는다. 말하고 들을 때 상대방을 자랑스럽게 생각하고 예의를 지킨다. 방해하거나 모욕하거나, 비명을 지르거나, 트림하거나, 코나 얼굴을 만지거나, 눈을 굴리거나, 다른 사람을 놀리지 않도록 최선을 다한다. 많은 사람들이 상대방이 불편해 보이는 몸동작을 하지 않도록 명심 한다.

7) 자신감

다른 사람들과의 상호작용에 자신감을 갖는 것이 중요하다. 자신감은 상대방이 자신이 하는 말을 믿고 따라갈 것이라는 것을 보여준다. 자신감을 발산하는 것은 눈을 마주치거나 확고하지만 친근한 음색을 사용하는 것처럼 간단할 수 있다. 진술을 질문처럼 들리게 하지 않는다. 특히 오만하거나 공격적으로 들리지 않도록 주의한다. 항상 상대방의 말을 듣고 공감한다.

8. 갈등관리

갈등은 상호간의 차이에서 발생한다. 갈등은 관련 당사자의 이익, 요구, 목표 또는 가치가 서로를 충돌하는 상황이다. 직장에서는 갈등이 흔하고 불가피하다. 이해 관계자마다 우선순위가 다를 수 있다. 갈등에는 팀 구성원, 부서, 프로젝트, 조직 및 고객, 상사 및 부하 직원, 조직 요구 및 개인 요구가 포함될 수 있다. 종종 갈등은 인식의 결과이다. 그렇다면 갈등은 나쁜 것인가? 반드시 그런 것은 아니다. 종종 갈등은 개선의 기회를 제공한다. 따라서 다양한 갈등 해결 기법을 이해하고 적용하는 것이 중요하다.

◎ 한국GM 노조 집행부 교체…새해엔 노사갈등 풀릴까?

지난해 임금협상 단체교섭을 하는 과정에서 1개월 넘게 부분 또는 전면 파업을 하는 등 사용자 측과 갈등을 빚었던 한국GM 노조가 집행부를 교체하고 본격적인 활동에 들어갔다. 한국GM 노조는 사측과의 임금협상 단체교섭 과정에서 입장 차이를 좁히지 못하자 지난해 8월 20일부터 1개월 넘게 부분·전면 파업을 했다. 그러나 일각에서는 김성갑 신임 지부장이 이른바 노조 조합원 중에서 '강경파'로 분류되는 인물이라 노사 갈등이 심화할 것이라는 우려도 제기되고 있다.

출처: 연합뉴스 2020.01.03

1) 갈등의 본질

갈등(葛藤)은 칡(葛)과 등나무(藤)의 합성어로 칡과 등나무가 서로 뒤엉켜 있는 상태를 나타낸다. 갈등의 영어인 conflict는 confligere라는 라틴어에서 유래되어 com(together)과 fligere(to strike)의 합성어로 함께 충돌, 부딪침이나 다툼을 의미한다. conflict는 밖으로 드러난 갈등 상황으로 싸움이나 전쟁과 같은 물리적 충돌과는 다른 개인이나 집단 간의 대립을 나타낸다.

갈등(conflict)은 상반되는 두 개 이상의 욕구 혹은 동기가 동시에 존재하여 한 쪽을 만족시키면 다른 한 쪽이 만족하지 않는 상태이다. 또한 갈등은 개인, 집단, 조직의 심리, 행동 또는 그 양면에서 일어나는 대립적 상호작용이다. 어떤 개인이나 집단이 다른 사람이나 집단과의 상호작용이나 활동으로 상대적 손실을 지각한 결과 대립·다툼·적대감이 발생하는 행동의 한 형태이다. 따라서 갈등은 당사자들 사이에서 상반되는 욕구, 아이디어, 신념, 가치나 목표를 갖고 있는 사람들 간의 투쟁이나 경쟁이다.

갈등은 작업장에서 많이 나타난다. 조직, 노사, 동료들 간에서 갈등이 나타난다. 갈등은 양립할 수 없는 목표, 희소한 보상과 그들의 목표를 달성할 때 다른 사람으로부터의 간섭을 인식하는 적어도 둘 이상의 사람들 간의 표현된 투쟁이다. 상호 의존성은 갈등을 야기한다. 어떤 사람이 다른 사람의 간섭 없이 목표를 달성할 수 있다면, 갈등은 발생하지 않을 것이다. 갈등의 원천은 오해와 커뮤니케이션의 실패이다. 갈등은 목표나 가치의 차이, 다양한 경제적 이익, 역할, 환경 변화나 심지어 상반되는 집단 충성심에서 분출할 수 있다.

2) 갈등관리

사람들이 자신의 가치, 동기, 인식, 아이디어 또는 욕구에 동의하지 않을 때마다 갈등이 발생한다. 갈등관리는 모든 수준에 있는 정서적 갈등을 최소화하고, 상당한 양의 실질적인 갈등을 유지하며, 갈등을 겪고 있는 당사자들을 조화롭게 하는 것을 의미한다. 따라서 갈등관리는 상호간에 이해하기 쉽고 공정하며 효율적으로 갈등을 처리할 수 있는 방법이다. 갈등 해결에는 수용, 회피, 협업, 경쟁 및 타협이 포함된다.

(1) 갈등관리

갈등이 관리되기 위해서 목표가 명확하고, 당사자들이 상대방의 입장을 정확하게 이해할 수 있어야 한다. 내용과 목표는 혼란과 오해를 예방하기 위해서 공개적이고 정직하게 토의되도록 이끌어내야 한다. 갈등 속에 있는 사람들이 상대방의 관점을 공유할 수 있는 유일한 방법은 그들의 목표를 이해하는 것이다. 다음과 같은 단계로 목표를 명확히 할 수 있다.

- 상대방이 이해할 수 있는 명확한 언어를 사용한다.
- 상대방으로부터 명확하게 말한 목표를 끌어낸다.
- 내용과 목표 간의 차이를 공개적으로 토의한다.
- 상호간에 목표의 공유된 이해를 갖는다.

다음 단계는 공동 목표를 모으는 것이다. 갈등을 관리하는 비결은 상호의존적 해결을 위해 일하는 것이다. 상대방의 이익에 대한 고려 없이 자신의 목표만을 고려한다면 차이에 대한 생산적인 해결을 미루는 것이다. 상대방을 위하여 기꺼이 하는 것을 보여주지 않는다면 상대방은 목표를 달성하는데 대한 일을 원하지 않을 것이다. 협력은 상대방의 목표를 명확히 함으로써 시작한다. 그런 다음 갈등 당사자들은 이기적이거나 공존할 수 없는 목표를 거절함으로써 협력을 촉진하려고 할 것이다. 다음은 협력을 촉진하는 방법이다.

- 경합하는 목표 중에서 공통점을 찾는다.
- 어떤 것을 요청하는 동안 어떤 것을 양보한다.
- 새로운 목표를 개발한다.
- 당사자들의 경합하는 목표를 조정한다.

(2) 갈등관리 전술

사람들은 갈등관리 기술을 학습한다면 개인적, 전문적으로 이익을 얻을 수 있다. 경쟁, 회피, 수용, 타협과 협력 등 5 가지 방법의 하나를 사용함으로써 갈등에 반응한다. 이런 방법을 사용하는 데는 적정한 시간이 있다. 갈등 유형을 어떻게 분류하는가? 분류하는 기준은 무엇인가? 경쟁갈등은 높은 독단과 낮은 협력이다. 경쟁 유형이 적합한 경우는 신속한 행동조치가 필요할 때, 인기 없는 의사결정이 필요할 때, 매우 중대한 쟁점이 처리되어야 하거나 자신의 이익을 보호할 때이다. 갈등관리 기술은 논쟁이나 토론, 서열이나 영향력 사용, 의견과 느낌 주장, 입장 유지와 입장의 명확한 설명 등이 있다.

[그림 1-11] **갈등관리**

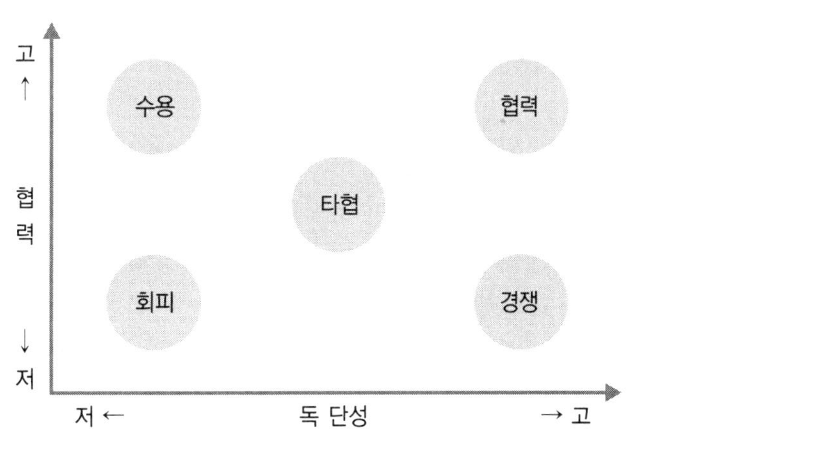

출처: Thomas, K. W.(1974). Thomas-Kilmann Conflict Mode Instrument. Tuxedo, NY: Xicom.

☑ 회피

회피 방법은 낮은 독단과 낮은 협력이다. 사람들이 갈등관리 기술에 자신이 없기 때문에 사람들은 갈등 관여의 공포로부터 갈등을 회피할 것이다. 회피 유형이 적합한 때는 문제를 중요하게 생각하지 않을 때, 긴장을 감소하고, 시간을 벌거나 낮은 힘을 갖고 있을 때이다. 회피 기술은 철수할 수 있는 능력, 문제 회피 능력, 미해결로 남겨두는 능력과 타이밍의 감각 등이다.

☑ 수용

수용 방법은 낮은 독단성과 높은 협력이다. 수용 방법이 적합한 시기는 합리성을 보여줄 때, 성과를 진전할 때, 호의를 창출하거나 평화를 유지할 때이다. 어떤 사람들은 문제나 결과가 그들에게 중요성이 낮을 때 수용 방법을 사용한다. 수용 방법은 기록을 유지하거나 희생자가 되기 위해 사용할 때는 문제가 많다. 수용 기술은 소망망각, 이타심, 양보능력과 명령복종 등이다.

☑ 타협

타협 방법은 적당한 독단성과 적당한 협력이다. 때때로 타협을 원하는 것보다 더 많이 포기하는 것으로 정의하지만, 다른 사람들이 승리하는 양 당사자로 타협을 고려한다. 타협 방법이 적합한 시기는 적당한 중요성이 있는 문제를 다룰 때, 동일한 권력 상태를 가질 때나 해결하려고 강하게 몰입할 때이다. 타협 방법은 시간제한이 있을 때 임시적으로 사용될 수 있다. 타협 기술은 협상, 중간 수준의 근거 찾기, 가치평가와 양보 등이다.

☑ 협력

협력은 높은 독단성과 높은 협력이다. 협력은 갈등에 가장 좋은 해결을 이루기 위해 아이디어의 상단에 아이디어를 놓는 것이다. 가장 좋은 해결책은 단일 개인에 의해서 발생되지 않는 갈등의 창조적 해결이다. 협력에 대한 긍정적인 결과로 어떤 사람들은 협력 방법이 언제나 사용하는 가장 좋은 갈등 방법이라고 인정한다. 그러나 협력은 많은 시간과 노력이 든다.

협력은 갈등이 시간과 노력을 보장할 때 사용되어야 한다. 예를 들면, 팀이 효과적으로 함께 일하는 방법에 대한 최초의 기준을 설정한다면, 협력 방법을 사용하는 것은 유용하다. 이와 달리 팀이 오늘 점심하러 갈 곳에 대한 갈등이 있다면, 갈등을 협력적으로 해결하는데 필요한 시간과 노력은 아마 유익하지 않을 것이다. 협력 방법이 적합한 시기는 갈등이 통합적인 해결을 구축하는 사람들에게 중요할 때, 문제가 너무 중요하여 타협할 수 없을 때, 관점을 병합할 때, 약속을 얻는 때, 관계를 향상할 때나 학습할 때이다. 협력기술은 적극적인 청취, 비위협적인 대면, 관심사 동일, 투입 분석 등이다.

☑ 경쟁

경쟁은 높은 독단과 낮은 협력이다. 경쟁유형이 적합한 때는 신속한 행동 조치가 필요할 때, 인기 없는 의사결정이 필요할 때, 매우 중대한 쟁점이 처리되어야 하거나 자신의 이익을 보호할 때이다. 경쟁갈등 기술은 논쟁이나 토론, 서열이나 영향력 사용, 의견과 느낌 주장, 입장 유지와 입장의 명확한 설명 등이 있다.

제2장

협상의 원리

석세스
시크릿

1. 협상의 본질

협상은 사회적 상호 작용을 주고받는 것이다. 협상은 갈등을 다루는 방법, 문제 해결 또는 양보 교환이 포함된 협상 게임 등 다양하다. 협상은 영리, 비영리 단체, 정부, 국가와 같은 조직이나 거래, 결혼, 이혼, 육아 및 일상생활과 같은 개인적인 상황에서 발생한다. 전문 협상가는 노조 협상가, 거래 협상가, 평화 협상가, 인질 협상가, 외교관, 입법 기관 또는 중개인 등이 있다. 협상은 관여하는 각 당사자가 프로세스가 끝날 때까지 자신을 위해 이익을 얻으려고 시도하는 프로세스로 당사자들 간의 타협을 목표로 한다.

1) 협상의 개념

협상(negotiation)은 양 당사자가 수용할 수 있는 방식으로 문제를 해결하는 전략적 토론이다. 어떤 사람이 다른 사람으로부터 무엇인가를 원하고 그것을 얻기 위해 협력을 찾는 상호 커뮤니케이션 과정이다. 협상은 대화의 결과로 차이점을 해결하거나 이점을 얻고, 행동의 방향에서 일치점을 찾는 것을 포함하는 둘 이상의 사람들 간의 대화이다. 협상 과정에 관여된 당사자는 과정이 끝날 때까지 이익을 얻으려고 노력한다. 협상은 타협을 목표로 한다.

협상은 조정이나 분쟁과 다르다. 협상은 분쟁이 발생했을 경우 양 당사자가 대화로 분쟁을 해결하는 방법을 말한다. 즉, 유익한 결과에 도달하기 위해 둘 이상의 사람 또는 당사자 간의 대화이다 조정(mediation)은 분쟁 당사자 사이에 제3자가 중개하여 화해에 이르도록 함으로써 분쟁의 해결을 도모하는 것이며, 중재(arbitration)는 분쟁 당사자의 합의에 따라 분쟁에 관한 판단을 제3자에게 맡겨 그 판단에 복종함으로써 분쟁을 해결하는 방법이다.

2) 협상의 요소

협상은 긴장, 대립과 협력 속에서 자신에게 유리한 결과를 얻는 과정이다. 주제, 관계, 과정과 결과는 협상가가 협상을 계획하고 실행할 때 지속적으로 명심해야 할 주요 요소이다. 협상한 후 어떤 합의가 악수에서 행동으로 효과적으로 이동을 확실히 해야 한다.

주제는 구체적인 목적을 달성하는데 중요하다. 관련이 있는 대상에 관하여 대화를 할 필요가 있다. 관계는 대화 상대자와 실질적인 교섭 관계를 수립하는 것이다. 이것은 우정의 깊은 연대를 필요로 하지는 않지만, 대화를 계속하고, 합의를 존중하고, 실행의 공동감시를 허용하는 어떤 연결이 있어야 한다.

과정은 활발한 대화의 과정이 대화 행동 자체를 돕기 위해 회의 장소와 시간을 결정하고, 기본적인 규칙과 절차를 설정하는 것이다. 결과는 긍정적인 변화를 이루는 실제적인 결과를 성취하기 위한 협상이다. 그러나 합의에 도달하는 것은 필요조건이지만, 합의만으로는 충분하지 않다. 어떤 합의가 실행될 수 있고 근거에 따라 행동이 수반되도록 확실히 하는 것은 협상 결과의 검증이다.

[그림 2-1] **협상의 4요소**

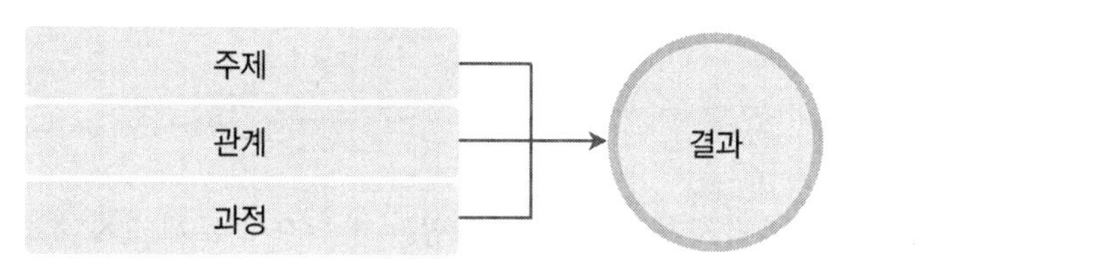

협상 장벽

- 까다로운 협상가를 제압하려는 생각
- 신뢰부족
- 정보의 부족과 협상가의 딜레마
- 구조적 장해
- 강탈하려는 자세
- 문화와 성 차이
- 의사소통의 문제
- 대화의 힘

2. 협상전략

협상은 특정한 조직을 위해 행동하는 훈련된 협상으로부터 친구들 간의 비공식적인 협상이 있다. 협상전략에는 분배협상과 통합협상이 있다. 분배협상은 사전에 그 규모가 제한되어 있는 자원의 배분을 둘러싼 경쟁적 교섭전략으로써 제로섬(zero-sum) 교섭이다. 분배협상에서 협상 일방의 이득은 다른 일방의 손실을 가져온다. 통합협상은 협상 당사자들이 자신들의 이해관계를 통합한 합의를 도출해 냄으로써 서로 극대화된 이익을 얻기 위해 협력하는 경우이다. 분배협상은 한쪽이 이익을 보면 다른 한쪽에서는 손해를 보는 승-패(win-lose) 협상이나, 통합협상은 상호협조에 의해 양쪽이 모두 이익을 얻을 수 있는 승-승(win-win) 협상이다.

[표 2-1] 분배협상과 통합협상의 비교

특징	분배협상	통합협상
목적	지금 승리	합의 및 지속적 관계
전략	최대한 이익 요구	가치 창조
참여자	적	동지
분위기	불신, 경멸	신뢰
행동	공격적이고 강인	양보, 이해
관계	압력, 보복	양보
의지 태도	의지의 갈등에 근거	의지의 직면 회피
요구 사항	위선적 최소 요구 사항	최소 요건 충족
합의 태도	교환 계약에서 일방적 이익	합의를 위한 손실 수용
해결 태도	최고의 이익 추구	동의와 합의 추구
양보 태도	양보는 관계 유지 조건	교환 관계 시 양보

1) 분배협상

분배협상(distributive negotiation)은 협상자들이 협상을 통하여 얻을 수 있는 양이 고정된 상황에서 자신이 좀 더 가지기 위해 경쟁하는 협상이다. 거의 양보하지 않고 경쟁적인 관점에 근거한다. 이것은 시장에서 흥정의 모델로 협상에 접근하는 경향이다. 협상자들은 가능한 한 적은 금

액을 지불하기 위해 고정된 가치를 분배하는 과정으로서 협상을 생각한다. 분배협상에서 각 측은 수용되지 않을 것이라는 것을 알면서 종종 극단적인 입장을 취하고, 그런 다음 결론에 이르기 전에 가능한 적게 양보하기 위해 교활, 허풍, 그리고 벼랑 끝 전술(brinkmanship)[4]을 사용한다.

분배적(distributive)이라는 용어는 관계된 사람들 간에 분배되거나 나누어지는 확정된 양을 의미한다. 때때로 이러한 협상은 확정된 몫(fixed pie)의 분배라고 한다. 돌아갈 몫이 많지 않지만, 배분될 비율은 가변적이다. 한 사람의 이득이 다른 사람의 손실이 된다는 가정 때문에 승-패(win-lose)라고도 한다. 분배협상은 종종 이전에 상호관계가 없거나 가까운 미래에도 그럴 것 같지 않은 사람들을 포함한다. 다음은 합의에 도달하기 어려운 경우이다.

- 상충되는 목표
- 비밀스럽고 숨겨진 사안
- 낮은 신뢰
- 일방적 승리
- 정면대응의 대립적인 접근
- 경쟁적이고 유연하지 못한 협상
- 갈등, 의견충돌과 오류정보
- 기타 소송

분배협상에 사용되는 전술은 이를 사용하는 사람들이 상대방의 노력을 방어하면서 자신의 가치를 주장하는 데 도움을 주기 위한 것이다. 경쟁 전략은 상실된 결과를 낳기 때문에 많은 전략을 파괴적인 것으로 본다. 다음은 분배협상에 사용된 전술의 예이다.

- **강제**: 상대방의 양보를 막기 위해 힘 또는 위협을 사용한다.
- **공격적 개시**: 상대방의 예상보다 더 높은 수준에서 시작한다.
- **살라미 전술**: 더 이상 피할 수 없을 때 아주 작은 양보를 제공한다.

---

4) 배수진을 치고, 협상을 막다른 상황까지 몰고 가는 초강수를 띄워 위기에서 탈출하는 특유의 협상전술

◎ '협상'은 없고, '투쟁'만 하는 노동계…왜?

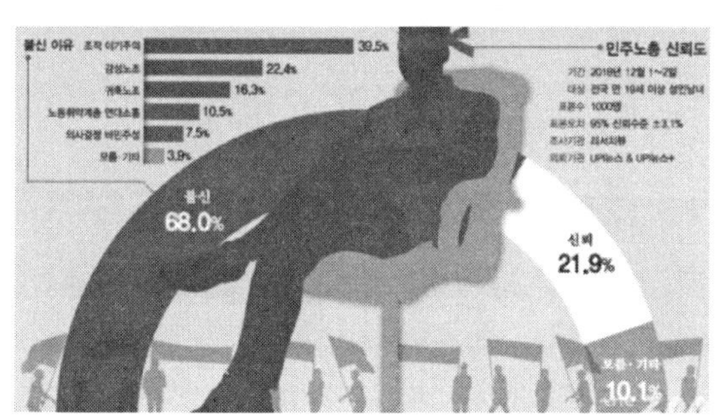

노동계에 협상이 사라진지 오래다. 낡은 의식이 협상을 지웠다. 협상보다 진영의 선명성을 강조하는 게 우선이다. 정부·여당이 추진하는 탄력근로제 확대 방안에 대한 대응이 대표적이다. 실제 기득권화된 노동계는 우리 사회의 잘못된 인식을 낳았다. 노조가 약자의 권익을 대변하지 않고 자신들의 기득권을 위해 정치 집단화된 결과다. 민주노총·전국교직원노동조합(전교조) 등은 진보의 상징보다 낡은 집단으로 읽힌다. 연대 대상이던 약자와 멀어진다. 비정규직, 기간제 교사, 소상공인 등의 현실을 외면한다.

출처: 머니투데이 2020.04.07

2) 통합협상

통합협상(integrative negotiation)은 협상자들이 협력하여 가치를 창출하거나 서로에게 유리한 결과를 도출할 수 있는 협상이다. 협상 당사자들이 자신들의 이해관계를 통합한 합의를 도출해냄으로써 서로 극대화된 이익을 얻기 위해 협력하는 경우를 말한다. 이런 협상에서는 가치창출과 자기 몫 획득이 동시에 추구된다. 즉, 분배협상과는 달리 협상 당사자 혹은 관련자 모두가 승리하는 협상을 말한다. 이와 같이 전통적인 분배협상의 대안으로 협상된 동의의 질과 가능성을 향상하려고 하는 기법이다.

분배협상이 당사자들 간에 분배되는 확정된 가치의 양이 있다고 가정하지만, 통합협상은 협상 과정에서 가치를 창조한다. 즉, 몫을 확대한다. 중재 시작점보다 오히려 당사자들의 기본적인 이익에, 개인적인 전투보다는 공유된 문제에 중점을 두고, 합의의 기준으로 객관적이고 원칙에 따른 기준을 고수한다. 통합은 협력을 포함한다. 상호이익을 달성하기 위한 창의적 문제해결이고, 상생(win-win) 협상이다. 다음은 합의에 쉽게 도달할 수 있는 경우이다.

- 공동의 목표 발견
- 투명한 의제와 문제

- 수락할 수 있는 해결책
- 위험의 공유와 비용절감
- 조정이나 중재와 같은 단계적 확대
- 우호적, 비공격적 접근
- 윤리

한국GM 노사, 임금협상 잠정 합의

9개월 넘게 갈등을 겪어온 한국지엠의 노·사가 임금협상안에 잠정 합의를 했습니다. 다음 주 초 열리는 조합원 찬반투표를 통해 임금 협상이 최종 타결될 예정입니다.

출처: JTBC 뉴스 2020.03.26

3. 협상전술

전략은 목적을 달성하기 위한 신중한 계획이지만, 전술은 목표를 달성하기 위해 이용 가능한 수단을 사용하는 기술이다. 협상의 필수적인 요소는 과정, 행동과 내용이다. 과정은 당사자들이 협상하는 방법이다. 즉, 협상의 맥락, 협상 당사자, 양측이 사용하는 전술과 이 모든 것을 유발하는 후속 조치와 단계이다. 행동은 당사자들 간의 관계이다. 당사자들 간의 의사소통과 채택하는 형식이다. 내용은 당사자들이 협상하는 것이다. 의제, 문제, 선택과 합의 사항이다. 협상의 또 다른 시각은 전략, 과정, 도구와 전술이다.

전략은 관계와 최종 결과를 포함하는 최고 수준의 목표이다. 과정과 도구는 수반되는 단계와 다른 측에서 준비하고 협상할 때 취하는 역할을 포함한다. 전술은 상세한 말, 행동과 다른 사람의 말과 행동에 대한 반응을 포함한다. 추가되는 요소로 설득과 영향력이 있다. 협상에 접근하는 방법은 다른 전술을 필요로 한다. 분배협상에서 각 협상가는 몫의 가장 큰 부분을 위해 싸우고, 그래서 제한된 범위 내에서 적절할 수 있다. 좋은 합의는 최대한의 이익이 아니라 최적의 이익이다. 협력 태도는 균형이 맞게 배당을 하는 것이다. 얻는 것이 다른 사람을 희생하는 것이 아니라 함께 하는 것이다.

1) 협상전술의 유형

협상전술은 항상 협상 과정에서 중요한 부분이다. 종종 전술은 미묘하고 식별하기가 어렵고 여러 목적으로 사용된다. 전술은 협상 테이블에서 최대한 많은 가치를 얻는 데 집중할 때 더 자주 사용된다. 많은 협상 전술이 존재하지만 많이 사용되는 협상전술에는 5가지 유형이 있다.[5] 개인들은 다양한 유형에 대해 강력한 성격을 갖는다. 협상하는 동안 사용하는 유형은 상대방의 이익과 맥락에 의존한다. 또한 유형은 시간에 따라 변할 수 있다.

[그림 2-2] 협상전술의 5가지 유형

[표 2-2] 협상 유형의 비교

유형	의미	결과
수용	상대방의 문제를 해결하고 개인적인 관계를 유지한다.	lose-win
회피	협상을 싫어하고 보증하지 않는 협상은 하지 않는다.	lose-lose
협력	창조적인 방법으로 문제를 해결하려는 협상을 즐긴다.	win-win
경쟁	이길 수 있는 기회를 제공하기 때문에 협상을 즐긴다.	win-lose
타협	공정하고 평등하게 행동함으로써 거래를 성실히 한다.	partial(win-lose)

☑ 수용 유형

수용 유형은 경쟁 유형과 반대로 상대방의 문제를 해결하고 개인적인 관계를 유지하는 것을 좋아하는 유형이다. 조정자는 상대방의 감정 상태, 신체언어 및 언어 신호에 민감하다. 그러나 상대방이 관계에 중점을 두지 않는 상황에서는 이점을 활용할 수 있다. 그것은 두 당사자 또는 개인 간의 관계 보존을 기반으로 한다. 상대방의 문제를 해결하고 개인적인 관계를 유지하려는

5) Shell, R.G. (2006).

사람, 즉 수용하는 사람들은 상대방의 정서상태, 신체언어와 구두신호에 민감하다. 수용 유형은 일반적으로 지속적인 조화된 관계를 상징하지만 몇 가지 약점이 있다. 경쟁이 강력한 상황일 때 치열한 협상가가 지배하게 된다. 상대방의 관대함을 약점의 표시로 본다. 이 스타일은 협상자는 패하고 상대방은 승리하는 전술이다. 즉, 협상 스타일은 패-승(lose-win)이다.

☑ 회피 유형

회피 유형은 협상을 싫어하고 보증하지 않는 협상하지 않는 유형이다. 협상을 회피하는 사람들은 협상의 대립 측면을 미루고 회피하는 경향이 있다. 그러나 이런 것들은 재치 있고 외교적인 것으로 인식될 수 있다. 문제나 상대방을 피할 뿐만 아니라 협상 자체도 피한다. 그것은 양 당사자의 손실을 전제로 하여 결과는 잃는다. 회핀 유형은 일반적으로 경쟁 유형에 대한 효과적인 방어로 적용된다. 이 유형의 목적은 충돌을 피하는 것이지만, 회피자가 스스로 충돌하는 경우가 많기 때문에 상당히 어려운 협상 유형이다. 해결이 보장되지 않는다면 협상을 하려고 하지 않고 하지도 않는다. 협상할 때 회피자들은 협상의 대립 국면을 미루고 회피하는 경향이 있다. 그러나 그들은 재치 있고 요령 있게 알아챌 수 있다. 결과는 모두가 패하는 전술이다. 즉, 협상 스타일은 패-패(lose-lose)이다.

☑ 협력 유형

협력 유형은 창조적인 방법으로 문제를 해결하려는 협상을 즐기는 유형이다. 협력자는 상대방의 관심과 이익을 이해하기 위해 협상을 사용하는데 능숙하다. 그러나 그들은 단순한 상황을 더욱 복잡한 상황으로 전환함으로써 문제를 만든다. 협력에는 모든 사람의 요구를 충족시키기 위해 개인 및 상호 관심사를 탐구하는 것이 포함된다. 협상 스타일은 모두가 승리하는 상생이다. 즉, 협상 스타일은 승-승(win-win)이다. 그것은 모든 요구를 충족시키고 상호 가치를 창출하는 데 기반하기 때문이다.

협력 유형은 비즈니스 협상의 목표를 달성하는 데 사용해야 하는 기본 스타일이다. 협상가들은 신뢰를 구축하고 양자의 요구를 충족시키기 위해 노력하고 양자를 승자로 만드는 창조적인 해결안을 찾고, 상대방의 아이디어를 경청한다. 공동 작업은 최선의 선택이지만 경쟁 협상자와 함께 사용해서는 안 되는 단점은 협상가가 동일한 수준에서 정보를 공유한다는 사실이다. 그렇지 않다면, 한쪽은 이용될 수 있고 다른 쪽은 이용할 수 있다.

☑ 경쟁 유형

경쟁 유형은 이길 수 있는 기회를 제공하기 때문에 협상을 즐기는 유형이다. 경쟁력 있는 협상가는 협상의 모든 측면에 대해 강한 본능을 가지고 있으며 종종 전략적이다. 그들의 스타일이 협상 과정을 지배할 수 있기 때문에 경쟁 협상가들은 종종 관계의 중요성을 무시한다. 협상자가 빠른 결과를 얻어야 할 때 경쟁 유형이 사용된다. 이 유형은 자신이 이길 것으로 예상되는 결과를 기반으로 한다. 협상 스타일은 승-패(win-lose)이다. 경쟁자는 자신의 이익을 주장하고 자신에게 유리한 옵션을 제공할 것이다.

경쟁 유형은 상대방을 속이고 설득하려는 노력과 상대방을 찾아서 이용하는 힘이 있다. 이 유형의 단점은 경쟁 방법을 충족시킬 수 있다는 것이다. 이 경우 협상은 교착 상태로 끝나는 경우가 많다. 또한 이길 수 있는 기회가 나타나기 때문에 협상을 즐긴다. 경쟁력 있는 협상가들은 협상의 모든 측면에 대한 능숙한 소질을 갖고 있는 종종 전략적이다. 그들의 유형이 협상 과정을 지배하기 때문에 경쟁력 있는 협상가들은 종종 관계의 중요성을 소홀히 한다.

☑ 타협 유형

타협 유형은 협상에 참여하는 모든 당사자에게 공정하고 평등하게 행동함으로써 거래를 성실히 원하는 유형이다. 타협은 거래를 종결할 시간이 임박할 때 유용하다. 그러나 타협은 종종 불필요하게 협상 과정을 서두르게 하고 너무 빠르게 양보한다. 타협은 부분적인 승리, 부분적인 패배 제안으로, 모든 것을 다 원하는 것이 아니라 상대방에게도 필요한 것을 준다. 이 협상 스타일은 부분적 승리와 부분적 패이다. 즉, 편승-편패(partial win-partial lose)이다. 타협은 공정성, 상호 충분한 해결안 및 합리성에 기반을 두고 있나. 비즈니스 협상가가 알고 있고 신뢰하는 사람을 상대하는 경우가 대부분이다. 타협에서 협상가가 무언가를 이기지만 무언가를 잃는다. 협상 과정에 관계된 모든 당사자들에게 공정하고 균등하게 행동함으로써 거래를 종결하려고 한다.

2) 협상의 정서

정서(emotion)는 협상 과정에서 중요한 역할을 한다. 정서는 협상에서 긍정적이거나 부정적인 역할을 하는 잠재력을 갖고 있다. 부정적인 정서는 극단적이고 비논리적인 행동을 야기하고 갈등을 약화하고 협상을 결렬하게 할 수 있지만, 양보를 얻는 도구가 될 수 있다. 반면에 긍정적인 정서는 합의를 촉진하고 공동 이익을 극대화하지만, 양보 기회를 잃는 도구가 될 수 있다.

긍정적 정서와 부정적 정서는 매우 다른 결과에 이른다. 긍정과 부정적인 정서는 전략적으로 과업과 결과를 나타낼 수 있고, 문화에 따라서 다른 결과를 나타낼 수 있다. 기질은 사용할 전략, 상대방의 의도를 지각하는 방식, 합의에 도달하려는 의지와 최종 협상 결과 등에 영향을 미친다.

(1) 긍정적 정서

협상을 시작하기 전에 긍정적인 기분을 갖고 있는 사람은 협력적인 전략을 사용할 계획을 갖고 있고, 더 큰 신뢰를 갖고 있다. 또한 협상하는 동안에 상호작용을 더 즐기고, 다투는 행동을 잘 보이지 않고, 공격적인 전술을 적게 사용하고, 더 협조적인 전략을 사용하는 경향이 있다. 이것은 당사자들이 목적에 도달하고, 통합적인 이익을 찾는 능력을 향상하는 가능성을 증가한다.

부정적이거나 중립적인 정서를 갖고 있는 협상가와 비교하면 긍정적인 정서를 갖고 있는 협상가들은 더욱 합의에 도달하고 합의를 더욱 존중하는 경향이 있다. 이러한 호의적인 결과는 유연한 사고, 창조적인 문제해결, 상대방의 견해에 대한 존중, 위험을 감수하고, 더 큰 신뢰를 가지려는 의지와 같은 요소에 기인한다.

협상 후 긍정적인 정서는 유용한 결과를 갖는다. 이것은 성취한 결과에 대한 만족을 증가하고 미래 상호작용에 대한 기대를 증가한다. 긍정적인 정서는 양자의 관계를 촉진하고, 추후 상호작용을 만드는 정서적인 약속이 된다.[6] 긍정적인 정서에도 단점이 있다. 성취가 현실보다 상대적으로 더 낫다고 판단되는 자기성취의 인식을 왜곡한다. 따라서 성취한 결과에 대한 자기보고에 편견이 있을 수 있다.

(2) 부정적 정서

비록 다양한 부정적인 정서가 협상 결과에 영향을 주더라도 부정적 정서는 협상 과정의 다양한 단계에서 해로운 결과를 갖는다. 분노 협상가는 협상이 시작하기 전에 더 많은 경쟁전략을 사용하고 잘 협조하지 않으려는 계획을 갖고 있다. 이러한 경쟁전략은 공동 결과를 감소한다. 협상 중에 분노는 신뢰의 수준을 감소하고, 상대방의 판단을 흐리게 하고, 상대방의 주의집중을 좁게 하고, 합의에 이르는 가장 중요한 목표를 변경함으로써 협상 과정을 방해한다.

분노는 협상가를 자기중심적으로 만들기 때문에 이익이 되는 제안을 거절할 가능성을 높인다. 실제로 화를 내는 상대방은 실수할 가능성이 높고, 오히려 상대방의 이익이 될 수 있다. 분노

6) Barry, Fulmer,& Van Kleef(2004).

협상가는 자력으로 주장을 계속적으로 하지 않기 때문에 분노는 협상목표를 달성하는데 도움이 되지 않고, 공동 이익을 감소하고, 개인적인 이익을 증대하는데 도움이 되지 않는다. 부정적 정서는 긍정적인 이익이 없는 해결을 수용하게 되지만, 이는 오히려 부정적인 이익을 갖게 된다. 그러나 협상 중에 부정적인 정서의 표현은 때때로 유용할 수 있다. 정당하게 표현된 분노는 자신의 약속, 성실과 요구를 나타내는 효과적인 방법이 될 수 있다. 비록 통합작업에서 이익이 감소되더라도 분배작업에서 긍정적인 정서보다는 더 좋은 전략이다.

(3) 협상 중 정서의 영향

협상자의 정서는 협상 과정에 영향을 주지 않는다는 연구가 있다. 그러나 능력과 동기와 관련된 정서적 영향에 대한 두 가지 조건이 있다.[7] 이 모델에 의하면 정서는 한 쪽은 높고 다른 쪽은 낮을 때에만 협상에 영향을 준다. 동기와 능력이 모두 낮을 때 정서는 확인되지 않고, 양자가 모두 높을 때 정서는 확인되지만 판단과 관련이 없다. 긍정적인 정서가 협상 중에 영향이 있다면 동기나 능력이 낮을 때에만 나타난다.

(4) 상대방 정서의 영향

상대방이 느끼는 정서는 협상 과정에서 집단정서에 영향을 준다. 협상이 시작될 때 상대방에 대한 신뢰는 정서에 영향을 주는 필요조건이며, 가시성(visibility)이 결과를 향상한다. 정서는 생각하고 느끼는 것을 나타내는 신호로써 협상 과정에 기여하고, 상대방이 파괴적인 행동과 다음 단계로 연기하려는 것을 방지한다.

긍정적인 정서는 동일한 방법을 유지하려는 신호이지만, 부정적인 정서는 정신적이거나 행동적인 조정이 필요하다는 것을 나타내는 것이다. 상대방의 정서는 협상가의 정서와 행동에 영향을 준다. 즉, 모방, 호혜나 보완이다. 예를 들면, 슬픔이나 실망은 동정과 협력으로 이를 수 있다. 협상은 복잡한 상호작용이다. 모든 복잡성을 파악하는 것은 매우 어려운 과업이다.

- **분노:** 상대방에게 낮은 요구를 유발하지만, 협상을 호의적으로 이끌지 않는다. 상대방의 지배적이고 양보하는 행동을 자극한다.
- **자부심:** 상대방에게 더 큰 통합과 타협전략을 유발한다.

---

7) Albarracin & Kumkale(2003).

- 죄책감이나 후회: 상대방에게 좋은 인상을 주지만, 상대방에게 높은 요구를 갖게 한다.
- 걱정이나 실망: 상대방에게 나쁜 인상을 주지만, 상대방을 비교적 낮은 요구에 이르게 한다.

(5) 불성실 협상

불성실(bad faith)은 협상을 가장하지만, 은밀히 타협의도를 갖고 있지 않을 때 불성실하게 협상하고 있는 것으로 간주된다. 불성실은 당사자들이 타결에 이르려는 이유를 위장하지만, 협상할 의도를 갖고 있지 않는 명목적인 협상이다. 예를 들면, 한 정당이 타협할 의도를 갖고 있지 않고 정치적 효과를 위해 협상을 가장할 수 있다. 정치과학과 정치심리학에서 불성실은 타협에 이를 진정한 의도가 없는 협상전략을 의미한다.

3) 협상전술의 기법

전술은 협상하는 과정의 중요한 부분이다. 협상은 펄쩍펄쩍 소리치는 것이 아니다. 협상은 다양한 목적으로 사용되고 까다롭고 어렵다. 전술은 분배협상에서 자주 사용된다. 많은 협상전술이 있지만, 다음은 주로 사용하는 전술이다.

☑ 경매(auction)

경매는 물건을 사려는 사람이 여럿일 때 값을 가장 높이 부르는 사람에게 파는 일로 경쟁을 유도하는 것이다. 당사자들이 동일한 것을 원할 때 상대방에 대해 함정을 판다. 사람들이 무엇인가를 잃는다고 알 때 사람들은 더 많은 것을 원한다. 입찰되는 것을 원할 뿐만 아니라 이기기를 원하고 이기려고 한다. 다른 사람의 경쟁심을 이용하는 것은 값을 올리는 것이다.

☑ 벼랑 끝 전술(brinksmanship)

벼랑 끝 전술은 협상하는 한 측이 동의를 받아 내거나 압승해야 할 정도로 공격적으로 추구하는 전술이다. 벼랑 끝 전술은 한 측이 상대방을 벼랑 끝으로 밀어붙여 수용하게 하는 어려운 협상 방법이다. 이 벼랑 끝 전술은 제안을 수락할 수밖에 없고 제의한 합의에 대한 채택할 대안이 없는 것을 확신할 때 사용한다.

☑ 유령전술(bogey)

유령은 이름뿐이고 실제는 없기 때문에 때로는 두려운 것으로 인식된다. 따라서 협상에서 중요한 것을 하찮은 것으로 위장하여 상대방이 경시하도록 할 수 있다. 이렇게 경시하도록 하여 얻어내는 방법이 유령전술이다. 협상가는 자신에게 거의 중요하지 않은 문제가 가장 중요한 척 하고, 그런 다음 협상에서 실제적인 중요한 것의 양보를 얻기 위해 거래를 한다.

☑ 겁쟁이(chicken)[8)]

때로는 협상 결렬에 대한 심리적인 두려움이 있다. 겁쟁이들은 상대방보다 먼저 협상이 결렬될까 두려워 스스로 포기하는 경우가 많다. 협상가는 상대방이 겁을 먹고 그만 두고 자신들이 원하는 것을 내놓도록 강요하는 극단적인 조치를 취한다. 그러나 이러한 전술은 상대방이 굽히지 않으려 하고 극단적인 조치를 고수할 때는 매우 위험하다.

☑ 심층방어(defence in depth)

조직에서 의사결정은 때대로 계층적으로 이루어진다. 즉, 말단에서 상층으로 여러 단계를 거쳐 결정된다. 여러 수준의 의사결정 권한이 있고, 합의가 권한의 다른 수준을 통과할 때마다 더 많은 양보를 허용하기 위해 사용된다. 제안이 의사결정자에게 갈 때마다 의사결정자가 거래를 종결하기 위해 또 다른 양보를 추가하도록 요청하는 것이다.

☑ 마감시한(deadlines)

마감시한은 사람을 초조하고 불안하게 하여 성급한 결론을 내도록 행동을 촉진할 수 있다. 그래서 마감시한에 수요가 많이 집중되게 된다. 이처럼 상대방에게 의사결정하도록 마감시한을 주는 것이다. 이 방법은 상대방에게 압력을 적용하는 시간을 사용하는 것이다. 그러나 마감시한은 실제적이거나 인위적일 수 있다.

☑ 꽁무니 빼기(flinch)

꽁무니 빼기는 난처한 입장에 처할 때 책임을 지지 않으려고 고 슬쩍 발을 빼는 행위이다. 이것은 강한 부정적인 신체적 반응을 보이는 것이다. 이렇게 후퇴하는 것은 협상을 지연하거나 포기하려는 협상 의지의 상실이다. 예를 들면, 한숨을 쉬거나 충격의 놀라는 표정을 보인다. 꽁무

8) chicken game: 두 대의 차가 마주 보고 돌진하다가 먼저 피하는 쪽이 패배하는 게임이다. chicken은 겁쟁이로 1970년대 미국의 갱들이 주도권 쟁탈을 위해 벌이곤 했던 일종의 사망유희로 충돌 직전 핸들을 꺾으면 살 수 있지만 먼저 피한 쪽은 목숨을 건지는 대신 겁쟁이로 조직의 문패를 내려야 한다.

니 빼기는 의식적이거나 무의식적일 수 있고, 이것은 제안이 거북스럽다는 것을 상대방에게 신호를 주는 것이다. 신체적 반응을 보이는 것은 자신이 충격을 받았다고 말하는 것을 상대방이 듣게 하는 것보다 더 신뢰할 수 있다.

☑ 선인·악인(good guy·bad guy)

선인·악인이란 팀의 한 사람은 극단적이거나 불합리한 요구를 하고 다른 사람은 좀 더 합리적인 접근 제안하는 것이다. 이 전술은 경찰의 심문기법을 본 따서 명명한 것이다. 선인은 합리적이고 이해심이 있고 그래서 함께 협상하기 쉽게 보인다. 본질은 협력을 이끌어내기 위한 상대성의 법칙(law of relativity)이다. 선인은 악인보다 비교적 더 동의하는 것처럼 보인다. 이 전술은 자주 사용되기 때문에 간파하기 쉽다.

☑ 높은 공·낮은 공(highball·lowball)

높은 공·낮은 공 기법은 판매나 구매 여부에 따라 결코 이루어질 수 없는 터무니없이 높거나 낮은 개시 제안을 사용한다. 이 기법은 극단적인 제안이 상대방에게 자신의 제안을 재평가하고 합의에 도달하려는 점으로 가깝게 이동하도록 한다. 또 다른 이점은 극단적인 요구를 하는 사람은 보다 더 유연해져서 더 합리적인 결과를 향해 양보를 하게 한다. 위험한 점은 상대방이 협상을 시간의 낭비로 생각할 수 있는 점이다.

☑ 약간 관심 보이기(nibbling)

약간 관심을 보여 작은 것 하나를 추가적으로 더 받아 내는 기술이다. 약간 관심 보이기는 거래를 종결하기 전에 이전에 토의하지 않은 작은 양보를 요청하는 것이다. 이 방법은 한 가지 더 추가함으로써 상대방의 종결 희망을 이용하는 것이다.

☑ 감언이설(snow job)

감언이설은 남의 비위를 맞추거나 이로운 조건을 내세워 상대방을 현혹시켜 속인다는 뜻이다. 따라서 협상가는 어떤 것이 중요한지를 판단하는데 어려움이 있는 상대방에게 이로운 조건처럼 보이는 정보를 제시하여 상대방을 제압하는 것이다. 협상가들은 비전문가가 물은 질문에 간단히 답하기 위해 기술언어나 전문용어를 사용한다.

☑ 옹호자(advocate)

능숙한 협상가는 협상의 한 측을 위한 옹호자로서 관여한다. 옹호자는 한 측을 위해 가장 유리한 결과를 얻으려고 노력한다. 이러한 과정에서 협상가는 다른 측이 기꺼이 받아들이는 최소한의 결과를 결정하려고 하고, 그런 다음 요구를 조정한다. 옹호자 방법의 성공적인 협상은 상대가 바라는 모든 결과를 얻을 수 있을 때이다.

능숙한 협상가는 요구의 직접적인 제시, 사전 조건이나 기만적인 방법에 이르기까지 다양한 전술을 사용할 수 있다. 협박과 살라미 전술(salami tactics)[9]은 협상의 결과를 좌우할 때 이용한다. 나쁜 사람・좋은 사람은 협상가가 분노와 위협을 사용하여 나쁜 남자로 역할을 하고, 배려심과 이해심이 있는 좋은 남자로 역할을 한다. 좋은 남자는 상대방으로부터 양보와 동의를 얻으려고 할 때 모든 어려움에도 불구하고 나쁜 남자를 비난한다.

☑ 양보

협상자는 어떤 것을 얻으려는 목적에 대한 포기나 양보를 기대하고 협상 테이블에 나온다. 양보는 다른 사람에게 항상 긍정적인 인상을 만들고 그들이 답례하도록 촉진하는 협동을 보여준다. 양보는 협상에서 관심을 유지하는 좋은 방법이다. 협상 과정에서 지연 또는 진행은 참여자들이 오랜 문제와 진부한 아이디어로 교착상태에 빠지게 된다. 때때로 작은 양보를 제공하는 것은 기회의 새로운 창문을 열고, 협상에 대한 신선한 방법을 자극하고, 협상 상대방과 커뮤니케이션을 재활성화 한다.

양보는 여러 가지 측면에서 유용하다. 초기 협상 과정에서의 양보는 회유적인 분위기를 유발한다. 협조적인 토의에서 신념을 보여주는 양보를 함으로써 경직성과 폐쇄적인 마음의 비난을 면할 수 있다. 양보를 결정할 때, 적절한 양보를 확인하기 위해서 반대 주장의 강도를 평가한다. 양보는 시간, 돈, 자원, 책임, 자율성과 심지어 직무명세에서의 변화의 형태를 취할 수 있다.

4) 비언어의 의미

의사소통은 협상의 핵심적인 요소이다. 효과적인 협상은 정보를 효과적으로 전달하고 해석하는 것이다. 협상의 참여자들은 언어, 신체언어와 몸짓의 비언어로 정보를 전달한다. 비언어 의사

---

9) 하나의 과제를 여러 단계로 세분화해 하나씩 해결해 나가는 협상전술이다. 얇게 썰어 먹는 소시지 살라미(salami)에서 유래했다. 한 번에 목표를 관철시키는 것이 아니라 문제를 부분별로 세분화해 쟁점화함으로써 차례로 각각에 대한 대가를 받아내어 이익을 극대화하는 전술이다.

소통이 어떻게 효과적으로 작용하는지를 이해함으로써 협상가는 상대방이 비언어적으로 누출하는 정보를 판단하는데 도움이 된다. 어떤 사람은 비언어로 자신의 상황을 표현하여 이점을 얻을 수 있다.

협상장의 밖에 편안한 장소에 함께 시간을 보내는 것이 도움이 된다. 상대방이 협상 밖에서 비언어 의사소통을 어떻게 하는지를 아는 것은 협상장 안에서 언어와 비언어 의사소통의 불일치를 아는데 도움이 된다. 상대방의 비언어 의사소통을 읽는 것은 의사소통의 과정에서 중요하다. 상대방의 언어와 비언어 의사소통의 불일치를 인식함으로써 협상가는 더 좋은 결론에 이를 수 있다. 신체언어의 불일치는 다음과 같은 것을 포함한다.

☑ 개인적 공간(personal space)

테이블 맨 위쪽에 있는 사람은 힘의 명백한 상징이다. 협상가는 상대방이 위치한 장소에 가깝게 위치함으로써 위치의 전략적 이점을 쫓아낼 수 있다.

☑ 첫인상(first impression)

첫인상은 협상의 시작이다. 협상에서 일관성을 유지하려는 심리로 첫인상은 쉽게 바뀌지 않는다. 상대방의 첫인상을 관찰한다. 긍정적인 제스처와 열정으로 협상을 시작한다. 진지하게 상대방의 눈을 응시한다. 시선접촉을 유지하지 않는다면, 상대방은 무언가를 속이거나 성실하지 못하다고 생각할 수 있다. 악수는 굳게 한다.

☑ 신경질적인 웃음

신경질적인 웃음은 상대방에게 짜증을 주게 되어 대부분 매우 바람직하지 않다. 이러한 웃음은 상황과 일치하지 않는다. 이것은 과민성이나 불편의 신호이다. 이런 현상이 나타날 때 진짜 느낌을 발견하기 위해 질문을 탐색하는 것이 좋다.

☑ 긍정적인 단어와 부정적인 신체언어

어떤 사람이 나에게 질문하고, 그가 신경질적이고 날카롭게 반응한다면, 무엇인가 자신을 속이고 있다는 것을 생각해본다. 긍정적인 단어의 사용은 상대방을 심리적으로 가깝게 끌어들일 수 있으나 부정적인 신체언어는 심리적으로 상대방을 멀리 떨어지게 한다.

☑ 꽉 쥔 상태에서 올리는 손

꽉 쥔 상태에서 올리는 손은 뭔가 마음에 맞지 않다는 신호이다. 심지어 웃을 때라도 좌절을 나타내는 것이다. 이러한 사람은 부정적인 태도를 유지하고 있다는 신호이다.

☑ 얼굴과 눈

제의를 잘 받아들이는 협상가는 미소를 짓고, 많은 시선접촉을 한다. 이것은 듣는 것보다 더 많은 관심이 있다는 생각을 전달한다. 반면에 제의를 잘 받아들이지 않는 협상가는 시선접촉이 거의 없다. 이러한 사람은 눈을 가늘게 뜨고, 턱 근육을 떨고, 머리는 상대방으로부터 회피한다.

☑ 팔과 손

이해력을 보이기 위해 협상가는 팔을 늘리고, 테이블 위에서 손을 열거나 무릎을 벌린다. 이러한 자세는 협상이나 상대방에게 매우 개방적이고 또한 진지하다는 것을 의미한다. 협상가는 그의 손이 꽉 쥐어져 있고, 교차되어 있고, 입 앞에 위치하여 있거나 목의 뒤를 문지를 때 제의에 대한 수용성이 부족하다.

☑ 다리와 발

제의를 잘 받아들이는 협상가는 다리를 함께 하거나 다른 사람 앞에 한 다리를 내밀고 앉는다. 다리를 함께 하는 것은 협상에 긍정적이라는 것을 의미하고 다른 사람 앞에 한 다리를 내미는 것은 그에게 다가가고 싶다는 것을 뜻한다. 협상에 적극적이고 긍정적인 사람은 서 있을 때 몸무게를 균형 있게 하고 손을 말하는 사람을 향해 엉덩이 위에 놓는다. 반면에 제의를 잘 받아들이지 않는 협상가는 다리를 교차해서 서있고, 말하는 사람으로부터 벗어나 있다.[10]

☑ 몸통

제의를 잘 받아들이는 협상가는 의자의 끝에 앉아있고, 말하는 사람을 향해 몸을 비스듬하게 하고 상의의 단추는 닫혀있다. 반면에 제의를 잘 받아들이지 않는 협상가는 몸이 이미 제의에 거부하므로 의자에 등을 기대고 상의의 단추를 열고 있다. 그러나 제의를 잘 받아들이는 협상가는 손을 펴고 손바닥을 노출한다.

---

10) 유순근(2020), 거짓말하지 않는다, 박문사.

4. 협상단계

협상은 상대방과의 차이점을 해결하는 방법이다. 타협이나 합의에 도달하려면 논쟁과 분쟁을 피하는 협상 기술이 필요하다. 성공적인 협상을 위해서는 계획 및 준비 단계가 가장 중요하다. Thompson에 따르면 협상자의 노력 중 약 80%가 준비 단계이다. 그러나 계획과 준비는 협상 전에 협상자가 해야 할 일이다.

훌륭한 협상은 계획, 탐색, 협상, 종결과 추적평가의 5단계로 구성된다. 계획단계에서는 상황을 평가하고 협상 계획을 분석기준에 의거 안출한다. 탐색과 협상단계에서는 테이블에 모여서 대화를 하는 단계이다. 추적평가단계는 합의가 실행되고 근거에 따라 실행 여부를 검토하는 국면이다. 실천이 어떻게 이루어지는지에 따라 협상을 재시작할 필요가 있다. 이러한 5단계는 개념적으로는 유용하지만, 단계는 종종 중첩되고 전체 협상 과정 내내 재발된다.

[그림 2-3] **협상의 5단계**

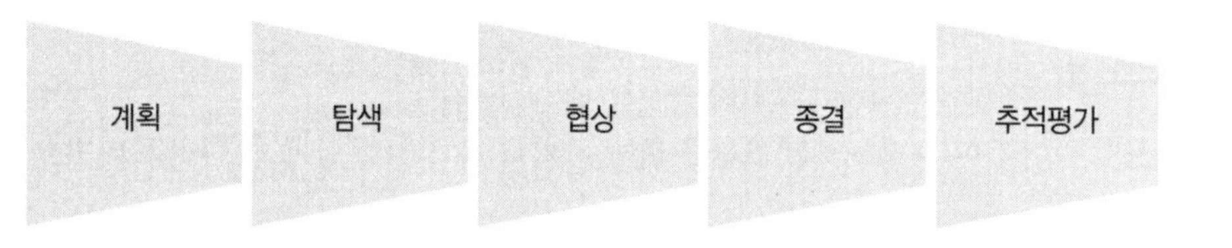

1) 계획단계

좋은 준비는 협상의 반이다. 협상은 관계를 관리하기 위해 일상 활동에서 수행하는 과정이다. 비즈니스 관계는 이해관계가 높으며 보다 신중하게 준비, 계획 및 협상해야 한다. 효과적으로 협상하는 방법은 협상에 들어가기 전에 미리 계획을 세우는 것이다. 협상가들은 자신이 달성하고자 하는 것이 무엇인지, 상대방이 왜 협상하는지를 판단한다. 협상 당사자로서 협상에서 자신의 목표를 결정하고 명확하게 한다. 또한 상대방과 협상하는 이유도 생각한다. 계획은 교환의 조건과 갈등의 본질을 정의하고 진정으로 이해하는 시간이다.

상대를 알고 나를 알면 백 번 싸워도 백 번 이긴다는 지피지기백전불태(知彼知己百戰不殆)이다. 상대방이 해야 할 일을 수행할 수 있는 능력이 있는지 알아내는 것이 중요하다. 협상 상대를 파악한다. 상대방의 목표를 파악하여 자신의 목표와 유사한 점과 다른 점을 탐색한다. 협상에서 상대방의 목표는 무엇인가? 그들은 무엇을 요구할 것인가? 그들은 자신에게 놀랄 만한 숨겨진 의제를 가지고 있는가? 그들이 무엇을 해결하고 그것이 자신이 바라는 결과와 어떻게 다른가?

준비하지 않으면 상대방이 전문가가 아닌 것처럼 느낄 것이고 종종 비용이 많이 든다. 계획단계는 협상 당사자의 욕구를 확인하고, 제공할 수 있는 보상을 결정하는 단계이다. 협상을 위한 계획단계에서는 정보를 수집하고 협상 상대방에 대한 탐색을 시작하고, 협상전략을 개발하는 단계이다. 다음은 계획단계에서 할 준비 과업이다.

- 필요한 정보를 수집한다.
- 의제를 준비한다.
- 자신의 목표를 명확히 한다.
- 상대방은 합의를 이행할 능력이 있는가?
- 상대방과 협상하는 이유는 무엇인가?
- 상대방의 목표는 무엇인가?
- 상대방은 무엇을 요구할 것인가?
- 상대방은 숨겨진 의제를 가지고 있는가?
- 자신의 목표는 상대방의 목표와 무엇인 같은가?
- 자신의 목표는 상대방의 목표와 어떻게 다른가?
- 상대방의 협상 스타일과 욕구에 관한 것을 탐지한다.
- 사안을 예측하고 우선순위한다.
- 대안을 만든다.
- BATNA[11)]를 설정한다.
- 전략을 개발한다.
- 승-승 전략을 개발한다.

2) 탐색단계

탐색단계에서는 자신의 입장과 관심을 표현하고, 상대방의 견해를 경험함으로써 상대방의 입

11) BATNA(Best Alternative to Negotiated Agreement): 협상안에 대한 최선의 대안.

장을 확인한다. 협상에 착수하기 전에 어떤 과업을 평가하는 이유를 찾는다. 협상 시작에서는 상대방의 관점에 관해 아는 것이 거의 없다. 협상하기 위해 만났을 때 협상 과정에서 사안에 관한 자신의 입장을 표현하는 것으로 시작한다. 탐색단계에서 양자의 목적은 합의에 이르는 방법을 찾기 위해 상대방의 입장을 충분히 이해하는 것이다. 상대방과 협력하여 협상의 기본 규칙과 절차를 정의한다. 일반적으로 이 단계에서는 당사자들이 초기 입장을 교환한다. 다음은 상대방과 합의할 사항이다.

- 협상을 수행할 사람은 누구인가?
- 협상에 참여할 사람이 있는가?
- 협상은 어디에서 이루어지는가?
- 협상 과정에 시간 제약이 있는가?
- 협상에 제한 사항이 있는가?
- 합의에 도달할 수 없는 경우 특정한 과정이 있는가?

탐색은 상호이해와 협력적인 과정이다. 상대방이 입장을 경청하고, 상대방의 진술을 공격하지 않아야 한다. 상대방의 말을 명확하게 이해하기 위해 질문을 한다. 충분히 경청하고 이해를 명확하게 했을 때 자신의 언어로 상대방의 입장을 재진술한다. 협상의 탐색 과정에서 적극적이고, 헬리콥터 관점(helicopter view)[12]을 갖고, 공동의 목표를 설정하고, 솔직성을 유지한다. 적극성은 토론의 협력적인 자세를 강조하고 합의를 찾는 것이다. 헬리콥터 관점은 다툼, 문제와 차이를 넘어 헬리콥터를 타고 위에서 아래를 보듯이 모든 것이 한눈에 들어오는 넓은 시각을 갖고 장기적인 이익을 강조한다.

공동의 목표설정은 공동의 이익이 있는 영역을 찾고 어려움을 함께 협력적으로 해결해 나가는 과정이다. 자신의 입장을 표현하고 상대방의 입장을 탐색할 때 솔직하고 진실한 자세를 취할 수 있다. 자신이 말하는 것에 관하여 솔직하고 진지하게 협상 자세를 보여주어야 상대방도 역시 솔직하고 진지하다. 따라서 탐색의 중요한 기술은 준비, 발표와 경청이다. 다음은 탐색단계에서 해야 할 주요 행동 과업이다.

12) GE 사가 인재교육할 때 헬리콥터에서 지상을 내려 보는 것처럼 적당한 위치에서 전체를 바라볼 수 있는 능력을 말한다.

- 자신의 입장을 확고하게 말한다.
- 상대방의 입장 뒤에 있는 사실, 사안과 관심을 탐색한다.
- 상대방의 신체언어를 해석한다.
- 정보를 적극적으로 경청한다.
- 욕구의 관점에서 자신의 관심을 설명한다.
- 문제에는 어렵게 사람에게는 유연하게 협상한다.

3) 협상단계

협상은 주고받는 것이다. 양 당사자의 이익을 충족시키는 것을 주고받으면 지속적인 관계와 유익한 결과를 얻을 수 있다. 협상단계에서는 계속해서 가치를 창출하고 거래와 함께 가치를 창출한다. 협상단계는 사안에 대한 제의를 하는 과정이다. 탐색하는 동안에 나타난 것과 제의하는 과정에서 나타난 것을 구별하는 것이 중요하다. 탐색하는 동안 상대방은 전반적인 목적, 희망과 제안에 관심이 있지만, 제안하는 동안에는 구체적인 제의에 관심이 있다. 제의는 명확하고, 확고하고, 변명 없이 이루어져야 한다. 다음은 협상단계에서 해야 할 주요 과업이다.

- 주도권을 확보한다.
- 상대방이 협력적이 되도록 자극한다.
- 갈등이 있을 때는 창조적으로 대한다.
- 가설적인 제안을 제시한다.
- 새로운 생각과 가능성을 열어놓는다.

다양한 협상전략을 사용하여 준비 및 계획 중에 설정된 목표를 달성한다. 준비 및 계획 과정에서 수집한 모든 정보를 사용하여 논증을 제시하고 입장을 강화하거나 상대방의 주장이 건전하고 합리적일 경우에는 입장을 변경할 수 있다. 적극적인 청취와 피드백의 의사소통 기술은 협상 당사자들을 우호적으로 만들 수 있다. 가치를 창출하기 위해 옵션을 탐색할 때 의사소통 기술이 중요하다. 감정은 통제되어야 한다. 감정은 진행을 돕거나 방해할 수 있기 때문이다.

객관적인 토론이 이루어져야 한다. 제안이 요구를 충족시킬 때 협상은 성공할 것이다. 협상은 상대방의 제의를 변경하는 대가로 자신의 제안을 변경하는 방법이다. 수정된 제안은 상대방이 수용할 수 있어야 한다. 협상에서 가장 중요한 원칙은 수직적이 아니라 수평적으로 이동하는 것이다. 예를 들면, 가격, 배달과 지급조건에 관하여 토의한다면 다른 측면을 거래할 수 있다. 결국 당사자들은 합의에 도달해야 한다. 다음은 자신의 제안을 변경하는 원칙이다.

- 일방적으로 자신의 제안을 변경하지 않는다.
- 제안 변경은 상대방의 제안 변경에 상응해야 한다.
- 제안 변경의 보조는 상대방과 같게 한다.
- 상대방에게 양보가 중요한 것으로 보이도록 한다.
- 목표의 범위 내에서 변경은 유연해야 한다.

[표 2-3] **협상에서 해야 할 것과 하지 말아야 할 것**

해야 할 것	하지 말아야 할 것
자신의 감정을 숨긴다.	모두 이길 것으로 기대한다.
전문가를 활용한다.	협상 중단을 두려한다.
문제를 공격한다.	상대방을 공격한다.
항상 주도권을 유지한다.	승리를 보인다.
서면으로 작성한다.	어림수로 다룬다.
권위자를 사용한다.	사전에 태도를 보인다.
현금 지불시 할인을 요청한다.	손바닥의 불룩한 부분을 후빈다.
협상에서 구매신호를 식별한다.	위험을 두려워한다.
초조해 하지 않는다.	위험한 언어에 굴복한다.

4) 종결단계

종결단계는 합의에 도달하는 시점이다. 종결단계는 도달한 합의를 요약하는 기회를 나타내고, 전문성, 신뢰와 존경의 근거로 사업관계를 향한다. 협상단계가 진전될 때 당사자들의 입장은 서서히 종결로 이동한다. 전반적인 합의가 보일 때이다. 합의가 가시적일 때 당사자들의 활기가 상승한다. 이러한 활기의 상승은 짧다. 합의가 신속하게 이루어진다면 모든 것은 좋다. 그러나 합의를 너무 서두르지 않고, 너무 많은 것을 끼워 넣으려고 하지 않는다.

이제는 공통의 이익을 서면으로 작성하고 계약에 대한 포괄적인 요약을 작성해야 한다. 때로는 약속을 지키기 위한 전략을 고려해야 한다. 합의에 이르면 합의 사항을 요약한다. 양자가 합의한 내용을 정확하게 이해하는 것을 확실히 한다. 종결단계에서 너무 많은 것을 하려고 한다면 활기는 다시 급속하게 냉각되고 협상은 결렬될 것이다. 마지막으로 관계관리를 위해서 합의에 도달하지 않더라도 상대방의 협상 의지에 대해 감사하는 것을 잊지 않는다.

5) 평가단계

계약이 충족되면 계약 조건을 이행하고 추적하기 위한 절차를 개발한다. 협상의 최종 과정은 계약의 이행이다. 평가는 협상 결과가 올바르게 실행되도록 하는 것을 확실히 하기 위해 중요하다. 이 단계는 다음 협상 기회를 위한 준비이다. 관계를 강화하고 신뢰를 구축하기 위해 약속을 준수한다. 다른 쪽에 대해 더 많이 배우게 된다. 이것은 다음에 더 쉬운 협상으로 이어질 것이다.

평가단계는 협상을 종결한 후 성공적인 상생협상을 유지하기 위해 협상 과정에서 학습한 것을 이해하고, 만족했던 것과 불만족했던 것을 발견하는 과정이다. 추적 단계는 협상 결과가 지속되고, 장기적인 사업관계가 확립되는 것을 확실히 하는 기회를 나타낸다. 실행 중에 예기치 않은 사건, 성능 실패 등이 발생하여 불가피한 변경이 있을 수 있음을 기억한다. 협상 과정에서 경험한 사항은 지식이다. 이러한 지식을 평가하여 기록한다면 미래에 유용한 정보가 될 것이다. 다음은 마지막으로 고려해야 할 사항이다.

- 무엇이 잘 되었는가?
- 왜 잘 되었는가?
- 무엇이 잘 안 되었는가?
- 왜 잘 안 되었는가?
- 충분히 준비했는가?
- 결과에 만족하는가?
- 다음에 어떻게 하겠는가?

손자병법(孫子兵法): 상대방의 심리 파악법

知彼知己 百戰不殆(지피지기 백전불태)

상대를 알고 자신을 알면 백 번 싸워도 위태롭지 않다.

辭卑而益備者 進也(사비이익비자 진야)

상대방이 겸손한 어투로 말하며 방비를 강화하는 것은 공격하려는 의도이다.

辭强而進驅者 退也(사강이진구자 퇴야)

상대방이 강한 어조로 이야기하는 것은 후퇴하려는 의도이다.

無約而請和者 謀也(무약이청화자 모야)

상대방이 궁지에 몰리지 않았음에도 화평을 요청하는 것은 음모가 있다.

半進半退者 誘也(반진반퇴자 유야)

상대방이 협상 조건을 수시로 변경하는 것은 타결을 도모하려는 의도이다.

제3장

청취기술

석세스
시크릿

1. 청취의 이해

듣기는 모든 효과적인 의사소통의 열쇠이다. 성공적인 지도자와 기업가는 그들의 성공을 효과적인 듣기 능력으로 인정한다. 효과적으로 들을 수 있는 능력이 없으면 메시지를 쉽게 오해할 수 있다. 청취는 상대방의 소리나 행동에 주의를 기울이는 것이다. 사람들은 들을 때 다른 사람들이 하는 말을 듣고 그 의미를 이해하려고 한다. 이러한 듣는 행동에는 복잡한 정서적, 인지적, 행동적 과정이 포함된다. 따라서 듣기는 커뮤니케이션 과정에서 메시지를 정확하게 받고 해석할 수 있는 능력이다.

1) 청취의 개념

사람들은 경청하지 않고도 감각기관을 통해서 무엇인가를 들을 수 있다. 사람들은 기억할 수 있는 것 이상으로 청각을 사용한다. 심지어 태어나기 전부터 어머니 몸 밖에서 나는 소리를 듣는다. 청취에는 듣기와 경청이 있다. 듣기(hearing)는 잡음과 어조를 자극으로써 받아들이는 특별한 감각으로 음파를 분별없이 모으는 감각적 경험이다. 듣기는 음파가 뇌의 신경을 자극하여 소리를 신체적으로 받아들이는 생리적 활동과 무의식적인 과정이다.

경청(listening)은 소리에 단순히 반응하는 것 이상의 심리적이고 자발적인 과정이며, 이해, 분석, 평가와 반응을 포함한다. 메시지는 언어와 비언어를 포함한다. 효과적인 청취자는 이해, 분석, 평가와 반응하기 위해서 청삭을 더 많이 사용한다. 경청은 심리적이고 의도적인 과정으로 이해, 분석, 평가와 반응을 포함한다. 따라서 경청은 집중을 필요로 하고, 마음에 핵심 아이디어를 갖는 것을 의미한다. 사람들은 짧은 주의 시간, 관심의 부족과 약한 집중이 있을 때 메시지를 축소하고 잘 듣지 않는다. 적극적인 경청(active listening)은 감정이입적으로 듣는 것을 의미한다. 따라서 듣기는 무의식적이지만 경청은 의식적인 주의를 필요로 한다.

[표 3-1] 청취와 경청의 비교

듣기(Hearing)	경청(Listening)
무의식적, 본능적	자발적
수동적	활동적
생리적(physiological)	심리적(psychological)
의식적 노력 불필요	노력과 집중 필요

언어의 기술은 듣기, 말하기, 읽기와 쓰기 등이 있다. 경청은 개인의 적극적인 관여이다. 경청은 발신인, 메시지와 수신인을 포함하고, 구어와 비언어 메시지를 듣고, 의미를 구축하고, 반응하는 심리적 과정이다. 경청은 소리를 구별하고, 단어를 인식하고, 의미를 이해는 것 이외에 다음과 같은 핵심요소가 있다.

- 단어의 인식과 의미의 이해
- 단어의 문법적 분류 확인
- 의미를 창조하기 위해 표현과 발언의 확인
- 언어 단서를 비언어와 준언어 단서와 연결
- 의미를 예측하고 확인하기 위한 배경지식의 사용
- 중요한 단어와 아이디어의 회상

2) 청취의 중요성

집단 청취는 말하는 것보다 청취에 더 많은 시간을 소비하기 때문에 중요하다. 다른 집단 구성원의 주의를 얻기 위해 집단 대화가 종종 경합적인 측면 대화이거나 다수의 화자를 포함하기 때문에 집단 상호작용은 복잡하다. 청취의 기본 원칙은 집단에서 좋은 청취자가 되는 것이다. 기업 상황에서 훌륭한 청취기술은 작업자들을 더욱 생산적으로 만든다. 신중한 청취능력은 팀원, 상사, 부하, 고객과의 관계를 향상하고, 이해를 증진한다. 또한 능숙한 청취는 개인적이고 전문적인 성공을 증진한다. 집단에서 청취는 왜 중요한가?

- 더 좋은 방식으로 과업을 이해한다.
- 동료, 상사, 부하와 고객과의 라포를 형성한다.

- 이해관계자들에게 지지를 보인다.
- 팀 기반의 환경에서 최적으로 작업을 한다.
- 고객, 동료와 상사와 문제를 해결한다.
- 질문에 답한다.

3) 청취과정

듣기는 단순히 소리를 신체적으로 듣지만, 경청은 소리에 단순히 반응하는 것 이상의 심리적이고 자발적으로 발신자의 메시지에 대한 의미를 해석하는 과정이다. 이러한 청취과정은 이해, 분석, 평가와 반응을 포함한 5단계 과정을 따른다.

[그림 3-1] **청취과정**

☑ 듣기

듣기는 귀의 감각기에 자극을 주는 음파에 의해서 발생하는 반응이며, 신체적인 반응이다. 즉, 듣기는 음파의 지각이다. 두뇌는 집중하기 위해 선택된 소수만을 자극하고 허용한다. 이러한 선택적 지각은 효과적인 청취를 위한 중요한 필요사항인 집중과 주의이다.

☑ 이해

이해는 보고 듣는 상징을 학습하는 단계이다. 지각한 자극의 의미를 이해하고, 상징적 자극은 단어뿐만 아니라 박수처럼 들리고, 청색 유니폼처럼 보인다. 이러한 상징에 붙은 의미는 과거 연상과 상징이 나타나는 맥락이다. 성공적인 대인 커뮤니케이션을 위해 청취자는 발신인이 가정한 의도된 의미, 맥락과 상징의 의미를 이해해야 한다.

☑ 기억

기억은 개인이 메시지를 수신하고 해석할 뿐만 아니라 기억 장치에 추가하는 것을 의미하기 때문에 중요한 청취과정이다. 청취할 때 기억이 많기 때문에 주의는 선택적이다. 그러나 기억된 것이 원래 듣거나 본 것과 다를 수 있다.

☑ 평가

적극적인 청취자는 청취할 때 평가단계에 참여한다. 적극적인 청취자는 메시지에서 증거를 비교평가하고, 의견으로부터 사실을 분류하고, 편견이나 선입관의 존재 여부를 판단한다. 이러한 단계를 메시지가 완료되기 전에 시작하는 것은 들어오는 메시지를 듣지 않고 주의하지 않는 것이다. 결과적으로 청취과정은 종결된다.

☑ 반응

반응은 수신인이 언어와 비언어 피드백을 발신인에게 보내는 반응이다. 발신인은 수신인이 메시지를 수신할지를 파악하는 다른 방법이 없기 때문에 이러한 반응은 발신인이 메시지를 전달할 때 성공의 정도를 판단하는 명백한 수단이 된다.

4) 지각의 역할과 평가

지각(perception)은 감각기관을 통해서 외부의 사건, 사물 또는 타인이 뇌에 전달되고, 이를 선택, 조직화 및 해석하는 심리적 과정이다. 메시지를 받은 사람이 다소 다르게 지각한다면, 메시지가 전달되었을 때 무슨 일이 일어났는지를 고려한다. 메시지는 모호하고, 수많은 방식으로 해석되기 때문에 종업원들 간에 논쟁과 불안정의 원천이 된다.

☑ 지각의 역할

커뮤니케이션할 때 다른 사람의 가능한 지각적 틀에 접근하는 것이 중요하다. 수신과 주의는 지각에 중요한 요소이다. 수신은 청각과 시각적 자극의 신체적 과정이다. 듣기와 보기는 어느 정도 수신한 정보의 양과 유형을 결정한다. 예를 들면, 청각이 손상되거나 맞춤 안경이 도수조절을 해야 한다면 정보를 놓칠 것이며, 메시지를 부정확하게 지각할 것이다. 그러나 수신이 완벽하다 해도 어느 정도 의미 있는 메시지만 처리될 수 있다. 주의는 메시지를 지각하기 위해 의미 있는 정보를 선택하고, 다른 것은 무시하는 인지적 능력이다. 메시지에 대한 선택적, 그리고 집중된 주의는 정확한 지각과 훌륭한 청취에 중요하다. 좋은 청취자가 되는 것은 주의 집중을 필요로 한다. 불편한 의자나 긴급한 시간제한과 같은 외적 요인, 피로나 정서적 상태와 같은 내적 요인으로부터 주의산만이 클수록 화자가 말하는 것에 집중하기가 더욱 어려워지고 청취가 더욱 빈약하게 된다.

☑ 지각의 평가

지각은 세상을 이해할 때 필요한 요소이다. 지식과 경험에 따라서 메시지를 분류할 수 없다면 모든 메시지는 이해하기가 어렵다. 잘못된 인상이나 범주 체계가 사람이나 사건의 해석을 왜곡할 때 지각의 문제는 발생된다. 어떤 인상은 긍정적이거나 부정적인 방식으로 지각을 왜곡한다. 극단적인 경우에 지각은 편견으로 대체된다.

편견은 개인적 수용을 어렵게 하고, 또한 메시지의 해석에 영향을 미친다. 편견과 편향은 효과적인 청취를 방해한다. 성별, 연령, 성적 취향, 종교적 관점과 윤리적 환경 등에서 차이가 발생한다. 따라서 편견은 효과적이고 공개적인 교환에 대한 장벽으로 작용한다. 따라서 편견을 극복하는 방법은 메시지와 화자의 분리와 집중, 청취순위 설정과 정서통제 등이 있다.

■ 메시지와 화자의 분리와 집중

메시지와 화자의 분리와 메시지 집중은 편견을 극복하는데 도움이 된다. 기존의 신념을 확인하는 자신의 기대는 메시지의 지각을 한쪽으로 치우치게 한다. 그러므로 기대를 경계하고, 메시지와 기대를 분리하려는 것이 필수적이다.

■ 청취순위 설정

청취순위를 발견하는 것이다. 청취순위는 사람과 환경 가운데에서 다소 변할 수 있다. 어떤 사람들은 가족, 친척, 친구와 동료와 같은 친절한 대인관계에 청취순위를 높게 둔다. 어떤 사람들은 사무실, 이웃, 지인과 같은 사회적 환경에 청취순위를 높게 둔다. 어떤 사람들은 보고나 브리핑과 같은 직업적이거나 전문적인 문제에 청취순위를 집중한다.

■ 정서통제

자신의 정서를 통제하는 것이다. 정서적으로 열정적인 말이 사람과 아이디어의 지각에 어떻게 영향을 주는지를 고려하는 것은 좋은 생각이다. 이러한 의견은 문제의 기대나 지식으로부터 유래되는 강한 정서적 에너지에 의해 동반된다. 그러나 정서가 메시지 대신에 열정적인 말에 집중한다면 청취에 장애가 되고, 정보를 객관적으로 처리할 수 없다. 효과적으로 청취하기 위해 다른 사람의 관점을 인지하고 자신의 정서를 통제하는 것이다.

☑ 타인의 지각평가

공감(sympathy)은 다른 사람의 느낌을 동일시하는 것이지만, 감정이입(empathy)은 다른 사람의 느낌을 공유하는 행동이다. 즉, 감정이입은 자신의 감정을 자연계나 타인에게 무의식적으로 투사하고, 자신과 같은 감정을 가지고 있는 듯이 느끼는 것을 의미한다. 공감과 감정이입은 타인의 감정과 동일시하거나 공유하는 것으로 지각의 중요한 요소이다. 화자와 동일한 방법을 느끼기 위해 주의함으로써 메시지를 더 잘 이해할 수 있다.

그러나 개인들은 사물을 다르게 주관적으로 지각하기 때문에 모든 감정이입이 불가능하다. 누구도 다른 사람의 정확한 느낌을 공유할 수 없다. 정서적 표현이나 음성과 같은 단서를 오해하지 않도록 주의해야 한다. 어떤 사람이 "행복하다, 슬프다, 화났다" 등으로 말하는 것을 들었다 하더라도 그 이유를 안다고 단정하지 말아야 한다. 감정이입의 가장 중요한 부분은 다른 사람에 대한 진실한 관심이며, 다른 사람이 말하는 것에 대한 존경이다.

2. 청취기술과 전략

훌륭한 청취는 상대방의 이야기, 어조, 몸짓 등 언어와 비언어 방식에 주의를 기울이는 것이다. 그것은 언어적 메시지와 비언어적 메시지를 모두 듣고, 보고, 이해하는 것을 의미한다. 또한 청취는 수동적인 과정이 아니다. 실제로, 청취자는 적어도 화자만큼 대화 과정에 참여할 수 있으며 그렇게 해야 한다. 능동적 청취는 완전히 대화에 관여하는 과정이다. 훌륭한 청취 기술로 고객 만족도가 향상되고 실수가 적어 생산성이 향상되며 정보 공유가 향상되어 보다 창의적이고 혁신적인 업무로 이어질 수 있다.

1) 청취문제

청취문제는 화자에게 주의 깊게 청취하지 않을 때 발생한다. 효과적으로 청취하지 못하는 것은 당황스런 순간을 야기할 수 있다. 가장 주의(fake attention)는 청취실패만큼 해롭고 황당할 수 있다. 불충분한 청취가 직장이나 조직에서 문제를 발생하는 부분은 비지적인 인식, 자원의 손실과 성공기회의 제한 등이 있다.

[그림 3-2] **비효과적 청취의 결과**

비지적인 인식	자원의 손실
성공 기회의 제한	

☑ 비지적인 인식

불충분한 청취자는 덜 지적인 사람으로 인식된다. 다른 사람들이 주의 있게 청취하지 않는 것을 인식할 때 첫 반응은 듣고 있는 것을 처리할 수 없는 사람이라는 것이다. 이것은 불충분한 청취가 습관적일 때 특히 사실이다. 사람들은 가장 단순한 정보조차도 다루는데 서툰 청취자의 능력을 경계하고, 그 결과 관계가 부정적일 수 있다.

☑ 자원의 손실

불충분한 청취는 자원의 손실이 크다. 손실이 큰 비효과적인 청취의 하나는 바로 시간 낭비이다. 회복하기 위해서는 많은 시간이 필요하지민, 적은 노력과 훈련으로 청취기술을 향상할 수 있다. 현재 과업이 신속한 반응을 요한다면 반복적인 정보는 시간이 낭비되고, 문제를 야기한다. 불충분한 청취는 비용이 많이 들 수 있다. 정보를 정확히 청취하지 못하는 것, 오해와 물리적이거나 정신적 혼란은 비용을 발생하는 청취문제이다. 예를 들면, 여행할 때 불러주는 비행기 번호를 듣지 못한다면 다음 비행기에 탑승해야 하기 때문에 시간과 돈을 낭비하게 될 것이다.

☑ 성공 기회의 제한

불충분한 청취는 성공기회를 제한한다. 사람들의 직장생활은 대부분 특정한 목표를 성취하기 위해 과업을 수행한다. 종업원들이 중요한 분야에서 능력을 입증한 후에 승진, 인정, 급여인상과 보상이 가능하고, 성과평가는 종종 효과적인 청취능력과 직접적으로 관련된 다. 사람들이 말하고 있는 것에 집중하면 질문이 필요하지 않다. 청취는 기회를 활용할 수 있고, 잠재적인 문제를 회피할 수 있다. 평균적인 청취능력만 있는 전문가는 아마도 직장생활에서 평균적인 성공만을 달성할 수 있을 것이다. 그러나 뛰어난 직장성공을 거두는 사람들은 청취가 경력수단을 상승하는 전략의 중요한 요소라고 말할 것이다.

2) 청취장벽

효과적인 청취는 쉽지 않고, 빈약한 청취는 많은 자원의 낭비와 성공의 기회를 놓칠 가능성이 높다. 따라서 청취장벽을 파악하면 청취기술을 향상하는데 도움이 된다. 사업장 내외에서 효과적인 청취를 방해하는 많은 장벽이 있다. 다음은 이러한 청취장벽이다.

- **신체적 장벽**: 어떤 사람들에게 청취를 방해하는 진짜 장벽은 청각 문제나 신체적 결함이다. 이러한 사람들은 정보처리나 정보기억에 문제를 갖고 있을 수 있다.
- **물리적 장벽**: 에어컨의 소음, 담배 연기나 지나치게 더운 방과 같은 환경에서의 주의산만 등 환경 장벽이 있다. 이러한 물리적 장벽은 정보과부하 형태가 되어 청취과정을 방해한다. 예를 들면, 관리자와 회의하고 있을 때 전화가 울리는 경우이다.
- **태도적 장벽**: 개인적이거나 일과 관련된 문제에 몰두하면 화자가 말하고 있는 것에 전적으로 집중하는 것이 어렵다. 또 화자로부터 배울 새로운 것이 없다는 신념이나 자아중심이다. 닫힌 태도를 갖고 있는 사람들은 매우 불충분한 청취자이다.
- **잘못된 가정 장벽**: 커뮤니케이션이 발신인의 유일한 책임이고 청자가 할 역할이 없다고 가정하는 것은 옳지 않다. 이러한 가정은 청취의 큰 장벽이다. 예를 들면, 화려한 연설이나 발표는 아무리 잘 전달되더라도 수신인이 듣고 있지 않다면 낭비이다. 설명을 구하고 피드백을 주는데 주의함으로써 성공적인 청취가 된다.
- **문화적 장벽**: 억양은 단어의 의미를 이해하는 능력을 방해하기 때문에 청취의 장애가 된다. 억양의 문제는 다른 문화뿐만 아니라 같은 문화에서도 발생한다.
- **성적 장벽**: 성은 청취장벽이 된다. 남자와 여자는 매우 다르게 또 다른 목적으로 청취한다. 여자는 화자의 단어 뒤에 있는 정서를 더 많이 청취하지만, 남자는 사실과 내용을 더 많이 청취하는 경향이 있다.
- **교육의 부족**: 청취는 타고나는 기술이 아니다. 사람들은 타고난 훌륭한 청취자가 아니다. 연습과 훈련을 통해서 개발된다. 청취기술의 훈련부족은 중요한 장벽이다.

• 나쁜 청취습관: 대부분의 사람들은 듣기 어렵고 청취 장벽에 따라 행동하는 서툰 청취습관을 갖고 있는 평균적인 청취자들이다. 예를 들면, 청자에게 듣는 인상을 주고 주의하고 있는 것 같은 가장 주의(fake attention)의 습관이 있다. 그래서 가장 주의 습관이 있는 사람들은 중요한 요점을 놓친다.

3) 청취기술의 이점

학생에게 교수의 강의나 공공 스피치의 청취가 중요하고, 미래 직원에게 취업면접의 청취가 중요하다. 미래의 직장에서 필요로 하는 팀에서 일하기 위해 청취기술을 개발하는 것은 중요하다. 청취는 초보 전문인에게 가장 중요한 기술이다. 효과적인 청취는 경력향상의 성공에 매우 중요하다. 많은 사람들은 청취를 통해서 많은 수입을 얻는다. 의사, 심리치료사와 변호사들은 요구한 서비스를 제공하기 위해 환자와 고객에 주의 깊게 귀를 기울여야 한다.

☑ 청취기술의 이점

효과적인 커뮤니케이션은 발신인이 의미를 정확하게 전달하고, 수신인이 발신인이 전달한 메시지를 정확하게 이해하는 것이다. 수신인이 효과적인 청취기술을 배우면 다음과 같이 의미정확, 오해방지, 관계향상과 개인적인 성장과 발전의 이점이 있다.

[그림 3-3] 청취기술의 이점

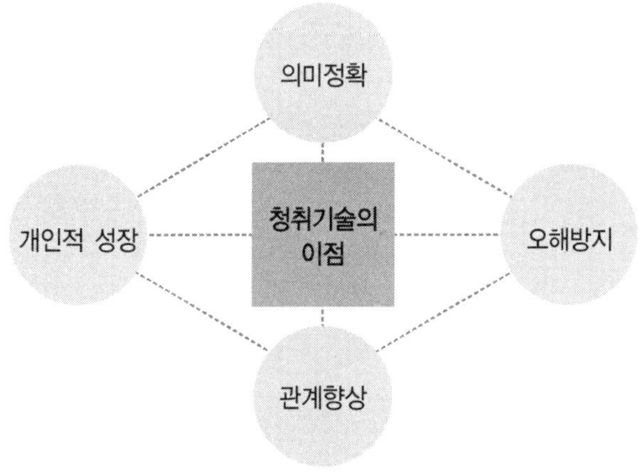

- **의미정확**: 분명하고 간결한 정보의 전달은 효과적인 인간 상호작용의 중요한 요인이다. 명확하고 간결한 문서나 구두지시가 발신인의 책임이지만, 메시지를 듣고 사실대로 이해하는 책임은 청자에게 있다.
- **오해방지**: 메시지의 명확성과 관계없이 효과적인 청자는 잘못 전달되는 오해를 적극적인 청취로 방지하고 구조할 수 있다.
- **관계향상**: 사적인 대화에서 감정을 상하고, 사업거래에서 오해로 손해를 입을 수 있다. 다른 사람들이 말하는 것을 가치 있게 평가는 것은 매력적이고 강한 관계가 된다.
- **개인적 성장**: 다른 사람의 관점을 청취하고 이해하고, 충돌되는 견해를 탐구함으로써 배우고 성장한다. 효과적인 청취기술은 발전의 도구이고, 새로운 생각을 탐구하는 도구이다.

☑ 청취의 일반적인 실수

동일한 메시지를 전달하더라도 듣는 사람에 따라서 의미가 다르게 지각된다. 커뮤니케이션을 하는 동안에는 발신인과 수신인 간의 메시지 일치가 일어나지 않는 경우가 많다. 어떤 사람들은 청취하는데 서툴 뿐만 아니라 커뮤니케이션의 과정에서 바람직하지 않은 행동을 한다. 다음은 청취하는 동안 개인들이 하는 일반적인 실수이다.

- **화자의 말 중단**: 수신인이 화자가 말하는 것을 중단하게 한다.
- **화자의 말 완성**: 수신인이 화자가 말하는 것을 미리 완성한다.
- **서투른 환언**: 자신의 말로 바꾸거나 경시한다.
- **대화주도**: 대화를 주도하는 사람들은 대체로 상기의 모든 실수를 범하고, 전혀 청취하지 않는 경향이 있다.

3. 청취전략

효과적인 청취를 위해서는 청취 전에 준비와 점검사항이 있다. 사전에 충분한 점검을 한 후 청취를 한다. 사전에 환경이나 정서적 주의산만 요소를 줄이고, 메시지 내용을 이해할 수 있는 상호작용의 자세가 청취자에게 필요하다. 이러한 과정이 바로 청취준비가 된다. 청취과정은 목표확인, 화자의 커뮤니케이션 유형과 청취유형 파악과 에너지 창출을 포함한다.

1) 청취준비

가능한 많이 상황적 세부사항을 고려하는 것은 청취자가 커뮤니케이션 대면을 효과적으로 준비할 수 있다. 외적 요인은 화자의 커뮤니케이션 유형, 다양한 환경적 주의산만, 정서와 심지어 메시지 자체를 포함한다. 화자의 커뮤니케이션 유형은 청취능률에 영향을 주는 많은 상황 요인 중의 하나이다.

☑ 환경적 주의산만 요소 제거

커뮤니케이션 환경은 다양한 주의산만 요소를 포함한다. 잡음, 다른 사람의 출현이나 사람에 귀 기울이는 것은 청취능력을 감소한다. 커뮤니케이션 행사를 잡음이 적은 곳이나 주의가 덜 산만한 곳으로 이동한다. 혼잡한 방이라면 비교적 조용한 코너를 찾을 수 있는지를 살핀다. 친숙하지 않은 사무실이라면 보다 더 편안한 상황을 상상한다. 청취와 커뮤니케이션의 행동은 많은 주의를 요구한다.

☑ 정서적 주의산만 요소 제거

전달자의 정서는 수신인의 청취 결과에 미치는 중요한 요인이 된다. 정서적으로 각성된 사람은 침착한 사람과 달리 커뮤니케이션 상황에서 정서석으로 반응한다. 부정적으로 각성되었다면 효과적으로 청취하지 않고, 이미 갖고 있는 문제를 더 복잡하게 한다. 정서적인 화자에 귀를 기울일 때는 전달 과정보다는 메시지의 내용에 집중한다. 완전한 메시지를 들을 때까지 정서적 충동을 통제한다. 또한 청취할 때 논쟁의 요점을 요약하고, 화자의 장점과 약점을 평가한다.

☑ 메시지 내용

메시지 자체는 청취에서 중요한 역할을 한다. 커뮤니케이션의 결과가 중요할 때 대부분의 사람들은 효과적으로 청취하도록 동기화 된다. 발표, 강의나 면접과 같은 공식 상황은 보통 체계적인 청취와 정확한 이해를 필요로 한다. 이러한 상황은 동기화가 매우 높다. 그러나 상황이 비공식적이라면, 또는 화제가 특별한 의미를 갖지 않는다면 청취노력은 그다지 높지 않다. 청취상황의 모든 결과를 예측하는 것은 불가능하다고 명심할 필요가 있다.

상호작용 청취는 진행 중인, 복잡한, 그리고 역동적인 과정이다. 청취로부터 얻는 이점은 메시지 내용의 정확한 이해, 자신과 타인의 평가, 피드백과 언어적 격려이다. 모든 감각을 통해 청취한다면 매우 잘 청취할 수 있다. 언어와 비언어적 행동의 요소는 청취 상황에서 최대한의 정보를 처리할 수 있도록 한다. 상호작용이 더 잘 되기 위해 대화 시간을 절약하고, 질문을 사용하고, 다른 사람을 돕고, 비언어적 행동의 전략적 측면을 사용한다.

말하면서 동시에 청취한다는 것은 어렵다. 훌륭한 청취자는 명성이 있는 사람으로 존경받는다. 그들의 주요 기술은 화자가 말할 때 조용히 하는 듣는 능력이다. 청취전략으로써 많은 커뮤니케이션 상황에서 침묵을 지킨다. 대화 상대방이 침묵한다면 화자는 추가적인 정보를 자주 정교화하거나 제공한다.

2) 청취과정

회의에서 말하기, 동료와의 대화, 인터뷰와 같은 중요한 커뮤니케이션 활동에서 청취준비는 최선의 청취를 가능하게 해준다. 특정 목표를 확인하고, 화자의 커뮤니케이션 유형과 청취유형을 파악하고 청취한다면, 회의나 발표 참석은 더욱 유익하다.

☑ 목표확인

목표를 설정할 때 가치 있는 질문이 있다. 나는 그 상황에서 무엇을 얻으려고 하는가? 필요한 배경정보를 구하고, 기본적인 목표를 확인한다. 청취상황에서 얻을 수 있는 추가적인 이점을 확인한다. 모든 커뮤니케이션 목적과 같이 가용자원과 능력이 주어진다면, 청취목적은 구체적이고, 적절하고, 현실적으로 얻을 수 있어야 한다.

[표 3-2] 좋은 청취자와 나쁜 청취자

좋은 청취자	나쁜 청취자
지속적인 시선접촉 유지	말 중단과 간섭
화자에게 주의집중	부주의와 산만
자세와 행실을 빈틈없이 유지	부정적 비언어 사용
비언어 단서 사용	주제 전환
바꾸어 말하기	가장청취와 가장주의
감정이입 표현하기	비판적
인내	초조
주목의 대상 공유하기	대화 가로채기
공개적인 마음 나타내기	낙담하기
화자를 위해 질문 남기기	만능 해결사(Mr. Fixit) 역할하기
내용과 의도에 귀 기울이기	상대방이 다음에 말할 것을 생각

☑ 화자의 커뮤니케이션 유형 파악

화자의 커뮤니케이션 유형에 따라 청취 고려 사항이 다르다. 어떤 사람들은 빠르게 말하고, 지나치게 몸짓을 보이거나 메시지를 산란하게 하는 경향이 있다. 또는 표정이 없거나 천천히 말한다. 이런 유형은 해석하는데 불충분한 단서이고, 말의 의미를 탐구하는데 많은 시간을 갖기 때문에 메시지의 의미를 추측할 수 있다.

특이한 방언이나 억양은 청취의 어려움을 야기한다. 이러한 사람과 커뮤니케이션할 때 신중하게 청취하고, 적게 말하고, 철저하게 집중함으로써 극복할 수 있다. 화자가 말한 것을 반복하거나 천천히 말하도록 요청한다. 공손하고 예의 바른 목소리로 표현된다면 그러한 요청으로부터 많은 것을 얻을 것이다. 최악의 반응은 화자를 이해할 수 없다는 것을 결정하는 것이고, 노력을 멈추는 것이다.

☑ 청취의 유형

비즈니스 발표는 식별적이고 분석적인 청취를 필요로 한다. 청취상황의 인지는 목적을 확인하고, 동기를 설정하고, 효과적인 청취유형을 적용하는데 도움이 된다. 어떤 사람은 느낌을 말하는 상황보다 정보가 교환되는 상황에서 청취하는 노력을 많이 한다. 어떤 사람은 감상적 청취보다 식별적 청취가 시작될 때 효과적인 청취자가 되는 것에 더 많은 관심이 있다. 자신의 청취유형에 대해 많이 아는 것은 동기향상에 도움이 된다. 몇 가지 청취유형이 있다. 감상적, 감정이입적, 식별적, 분석적, 수동적, 그리고 부정적 청취유형이다.

- **감상적 청취:** 공중연설, 연극, 또는 희극처럼 듣고 심미적으로 판단하는 것이며, 대부분 오락이 해당된다.
- **감정이입적 청취:** 메시지보다 화자의 느낌이나 태도에 집중되고, 친구의 문제에 귀 기울일 때처럼 느낌을 발견하는데 사용된다.
- **식별적 청취:** 청각 단서로부터 추론하기와 메시지에 대한 이유를 평가하는 것을 포함한다.
- **분석적 청취:** 내용 집중, 메시지의 이해, 해석과 분석을 포함한다. 이런 유형은 스탭 회의처럼 정보나 아이디어의 교환에 유용하다.

감상적, 식별적, 감정이입적, 그리고 분석적 청취유형의 적절성은 상황에 달려있다. 어떤 경우에는 수동적, 부정적 청취는 바람직하지 않은 유형이다. 수동적 청취는 수신자가 메시지에 집중하지 않고, 결과적으로 많은 의미를 놓치게 된다는 것을 의미한다. 부정적 청취는 방어적이다. 수신자는 송신자를 비난하기 위해 청취하거나 들은 바를 공격하기 위해서 청취한다. 때때로 유형은 중첩되기도 한다.

☑ 에너지의 창출

효과적인 청취는 노력을 필요로 한다. 청취자가 몰입하고 정열적일 때 대화나 발표는 성공적이 된다. 어떤 커뮤니케이션 상황은 다른 것보다 더 많은 에너지를 요구한다. 중요한 것은 정력적으로 활동하는 것과 상황을 가장 잘 이용하는 것이다. 청취에는 신체적이고 정신적인 에너지를 필요로 한다. 피로는 청취력에 아주 강력한 영향이 있지만, 많은 사람들은 이러한 요소를 간과한다. 피로는 감각을 둔화하고 정보처리능력을 저하한다.

3) 청취전략

청취전략은 청취의 이해와 회상에 직접적으로 원인이 되는 기법이나 활동이다. 청취전략은 청자가 정보입력을 진행하는 방법으로 분류한다. 하향전략은 청자에 기반을 둔 것이다. 청자는 주제, 상황이나 맥락의 배경지식, 문장과 언어의 유형을 활용한다. 배경지식은 청자가 들은 것을 해석하고, 다음에 진행될 것을 예상하는데 도움이 되는 기대를 활성화한다. 청취의 상향전략은 메시지에 기반을 둔 것이다. 청자는 메시지에 있는 언어를 신뢰한다. 즉, 의미를 창조하는 소리, 단어와 문장을 결합하여 청취한다. 하향전략과 상향전략은 다음과 같은 사항을 포함한다.

[표 3-3] 하향전략과 상향전략

하향전략	상향전략
주제, 상황이나 맥락의 배경지식 예측과 추론 요약	메시지와 구체적인 사항의 청취 내용과 의미 어순 형태의 인식

4. 적극적 경청

적극적 경청의 뿌리는 Carl Rogers(1951)의 고객중심치료와 비지시적 상담이다. 이것은 반영적 경청(reflective listening)의 개념에서 영향을 받아 Thomas Gordon이 치료 상황에 사용한 커뮤니케이션 기술이다.[13] 정보를 수집하고 문제를 해결하는 다양한 맥락에서 널리 알려진 기술이다. 적극적 경청은 발신자의 관점에서 커뮤니케이션하는 것을 청자가 포착하는 것이다. 청자는 왜곡을 최소한 줄이고, 이해의 정확성을 계속적으로 확인하고, 그래서 적극적 경청은 들은 것에 대한 느낌을 포착한다. 따라서 적극적 경청은 전체 의미를 듣고, 느낌에 반응하고, 모든 단서에 주의를 기울이는 것이다.

1) 적극적 경청의 개념

듣기는 노력하지 않고 듣는 것이지만, 적극적 경청(active listening)은 화자의 생각, 신념과 느낌까지 듣는 것이다. 적극적 경청은 다른 사람이 말하는 것에 집중하고 정확한 이해를 위해 메시지에 근거한 내용, 정서와 느낌의 이해를 확인하는 청취의 한 방법이다. 적극적 경청은 목적을 갖고 듣는 것이다. 소리를 지각하는 행동인 듣기 이상이다. 소리나 잡음을 들을 때 청각자극을

13) Rautalinko and Lisper(2004).

받고 있다. 경청은 청각자극을 수신하고, 해석하고, 소리로부터 의미를 창조하는 것이다. 경청기술은 불필요한 갈등을 최소화하거나 회피하는데 도움이 된다. 대화와 상호작용을 이해하고 명확성을 가져온다. 적극적인 경청은 말하는 것을 준비하지 않고, 청취에 집중한다.

적극적 경청이 개인의 성격에 뿌리를 두고, 촉진적인 어떤 요소나 기법을 포함한다. 적극적인 경청이 유익한 결과를 나타내기 위해서 청자는 감정이입적인 이해, 수용과 조화를 유지하고, 커뮤니케이션하는 것이 필요하다. 적극적인 경청에 사용되는 기법은 환언하기, 감정표현, 질문, 요약, 명료화, 격려와 균형이다.[14] 적극적인 경청의 이점은 여러 가지가 있지만, 다음은 그 중에서 가장 중요한 것이다.

- 오해 방지: 자신이 이해하는 것을 확인하여 오해를 예방한다.
- 신뢰감 형성: 관계를 촉진하고 신뢰감이 드러난다.
- 존경표시: 발신자에게 청취 가치가 있다는 느낌과 존경을 준다.
- 문제의 핵심제기: 표면적인 문제에만 주의하는 것이 아니라 핵심문제를 제기한다.
- 책임감: 독립적인 생각을 촉진하고 해결책을 스스로 찾는다.
- 태도변경: 청자의 태도를 변경하는 경향이 있다.

2) 경청의 유형

적극적 경청은 관심을 보여주고 지속적인 말하기를 장려하는 청취이다. 감정이입적 경청은 매우 적극적이고 어려운 과업을 필요로 한다. 화자의 정서적 측면에 주의를 기울이는 것을 나타내는 기술이다. 관심, 느낌, 지각과 태도가 사실적이고 중요하게 받아들인다. 반영적 경청은 화자의 이야기에 주의를 기울이는 것을 보이는 언어적 표현이다. 청자가 경청의 목적과 청취의 과정에 반응하는 방법이 다르다.

14) Decker(1989).

[표 3-4] 청취의 유형

유형	설명
적극적 경청	관심을 보여주고 지속적인 말하기를 장려하는 청취이다.
감사 경청	칭찬할 기회를 찾거나 즐거움을 위한 청취이다.
세심한 경청	관심을 보임으로써 신중하고 분명하게 청취한다.
편향적 경청	듣기 원하는 것만을 듣는다.
건성 경청	확실하게 주의를 보이지 않고 청취한다.
가장 경청	듣는 척하지만 실제로는 전혀 듣지 않는다.
이해 경청	의미를 찾고 이해하기 위해 청취한다.
비판적 경청	상대의 메시지를 수용하거나 거부하기 위해 청취한다.
심층적 경청	개인, 성격, 의미와 동기를 이해하려고 한다.
변별적 경청	차이를 구별하기 위하여 구체적인 것을 청취한다.
감정이입 경청	다른 사람이 느끼는 것을 이해하려고 한다.
평가적 경청	다른 사람이 말하는 것을 평가하기 위해서 청취한다.
소극적 경청	듣는 척하지만 실제로는 다른 생각한다.
판단적 경청	다른 사람이 말하는 것을 판단하기 위해서 청취한다.
부분적 경청	다른 생각을 하는데 시간을 어느 정도 보낸다.
반영적 경청	다른 사람이 말한 것을 청취하고, 사려 깊게 생각한다.
관계적 경청	사람과의 관계를 지지하고 개발하기 위해 청취한다.
공감적 경청	다른 사람과 의견에 동의하면서 청취한다.
완전한 경청	적극적인 청취로 주의를 기울이고, 깊은 의미를 찾는다.

3) 적극적 경청기법

적극적 경청(active listening)을 할 때 청자가 다른 사람이 생각하고, 느끼고, 원하는 것이나 메시지가 의미하는 것을 이해하는데 관심이 있다. 새로운 메시지에 반응하기 전에 이해를 확인한다. 적극적인 경청은 경청의 확장이다. 청자는 메시지의 의미를 재진술하거나 다른 말로 바꾸어 표현하고, 확인하기 위해 발신인에게 되돌아가 심사숙고한다. 확인이나 피드백 과정은 적극적 경청을 구별하고 효과적으로 하는 것이다.

[표 3-5] 적극적 청취기법

기법	방법	사례
환언	수신한 정보를 자신의 단어로 재진술한다.	~ 라는 말씀이지요?
질문	질문한다.	귀하는 신제품 아이디어를 어떻게 찾나요?
요약	주요 생각과 느낌을 재진술, 제시와 요약한다.	이것들이 핵심 아이디어로 보입니다.
명료화	모호한 표현을 질문한다. 잘못된 해석을 재진술한다.	귀하의 생각은 제품의 감성적 편익인 거죠?
장려	다양한 음성을 사용한다.	그것에 관심이 있죠. 예, 알지요. 그렇죠.
균형	질문한다.	귀하는 불편하게 인식했나요?

4) 청취기술의 향상법

청취학습은 커뮤니케이션 기술을 향상하는 확실한 방법이다. 듣기와 경청은 다른 활동이다. 듣기는 수동적이지만 경청은 적극적이다. 경청은 심리적 과정으로 규칙적인 실천으로 향상될 수 있다. 경청기술을 향상하는데 도움이 되는 비법이 있다.

☑ 경청자세

직장생활에서의 개인적인 능력과 탁월성은 말하기로 평가된다. 화자가 무엇을 알고 있는지와 어떻게 분명히 표현할 수 있는지를 다른 사람에게 보여주는 것이다. 많은 경우 탁월성은 효과적인 청취로 보여준다. 가장 역량이 있다고 인정되는 관리자는 직원을 잘 알고, 직원의 아이디어와 관심사에 민감한 사람들이다. 이러한 관리자는 조직에서 가장 훌륭한 청취자이다. 미국의 경영학자 맥그리거의 Y이론에 의하면 동료와 관리자가 아이디어와 생각을 청취할 때 근로자들은 격려에 반응하고 자극을 받는다. 미래 관리자나 종업원으로서 그리고 학생으로서 청취능력을 개발하는 것은 성공의 중요한 부분이 될 것이다.

☑ 메시지 수신의 장벽 제거

유능한 청취는 메시지 수신의 장벽을 청취에 효과적인 방식으로 제거한다. 가장 공통적인 청취 문제는 산만(distraction), 방향성 상실(disorientation)과 방어성(defensiveness)의 3D이다. 산만은 주의의 집중을 메시지로부터 이동한다. 방향성 상실은 의미를 메시지에 할당하는 정신과 정서적 과정의 붕괴이다. 방어성은 어떤 문제나 사람에 관한 과도한 정서적 느낌 때문에 메시지에 관한 편견이 있는 판단을 낳는다.

3D를 회피하는 방법은 청취 동안 자신에 대하여 질문함으로써 생각을 청취하는 것이다. 화자의 관점이 논리적인지, 동의하는지, 듣는 바가 자신의 견해와 부합하는지 또는 충돌하는지를 자신에게 질문하는 것이다. 3D를 방지하는 방법은 메모하는 것이다. 요점을 적거나 화자가 사용하는 조직 패턴을 확인하는 것이다. 예를 들면, 많은 사람들은 아이디어 목록을 작성하고, 시간순으로 사건을 정리하고, 문제와 해결책을 확인하고, 관점과 상반되는 입장을 제시한다.

[표 3-6] 메시지 수신장벽의 3D

문제	구성요소	결과	행동
산만	정신적 환경	필요 정보 상실, 무관심	화자에게 강조, 산만 억제
방향성 상실	혼돈, 권태, 자아성찰	혼미, 멍함, 동요, 자기중심	정보 단순화, 요점 집중
방어성	화자 혐오, 상황분개	편향적 판단, 대안 축소	과도한 편견과 편향 인정

☑ 권태방지

권태방지는 유능한 청취 기술이다. 인간의 두뇌는 매우 효율적으로 정보를 처리하기 때문에 청취자가 흥미를 쉽게 잃는다. 인간의 두뇌는 1분에 400~800 단어를 처리하지만, 평균사용 언어는 분당 150 단어이다. 화자가 말하는 것보다 다른 것을 생각하는데 두뇌 시간이 더 남아 있다. 일상적인 일이고 흥미가 적어 권태가 오지만 이런 상황은 가장 위험하다. 권태를 감소하거나 중요한 정보를 유지하기 위한 상황으로 만든다. 청취상황에서 권태를 최소화 방안이 있다.

- 정보를 획득하기 위한 목표를 설정한다.
- 상실된 정보와 관련된 비용을 생각한다.
- 메시지의 내용에 집중한다.
- 정보를 자신의 현재 지식수준과 관련시킨다.
- 메시지의 중요 관점을 확인하고 기억한다.

☑ 청취기회 활용

청취기회 활용은 상황과 기술을 개선하는 것이다. 잘 듣기 위해서 사무실 가구를 이동하고, 의자를 화자에게 향하게 함으로써 커뮤니케이션의 환경을 개선할 수 있다. 청취를 관리하는 것은 중요한 기술이다. 다른 사람들이 토의하는 장소에서 강력한 의견을 유지한다면 대화 속으로 더 뛰어 들어가는 충동을 느낄 것이다. 화자가 끝날 때까지 인내심 있게 기다리는 것은 문제의 다른 측면을 더 잘 알게 하고, 정당한 반박을 형성할 시간을 준다.

[표 3-7] **청취환경의 개선**

증진분야	요인	기법
상황통제	배경	의자배열 개선 쾌적한 수준의 실내온도 조정 경합적 메시지 축소 필요한 자료에 대한 사전 접근 확보 적절한 조명
	시간/타이밍	과도한 일정 약속 금지 갑작스런 상황 대피 위한 충분한 시간 확보 사전 필요한 자료 준비 불충분하게 때에 맞춘 상황 회피
개인적 통제	정서	성급한 일반화 회피 상황을 구체화함으로써 정서 통제
	인내	사실이 널리 알려질 때까지 인내 말하는 것을 기다리는 동안 화자의 요점 분석

☑ 적절한 질문

상호작용 청취는 단지 메시지를 수신하는 것보다 더 많은 것이 수반된다. 커뮤니케이션 과정에서 청취자에게 중요한 점에 반응한다. 질문기법은 화자를 더 효과적으로 말하게 함으로써 청취를 향상할 수 있다. 청자와 화자가 화제, 결과와 언어 사용에 동의할 때 청취의 효과성은 크게 향상한다. 종결, 공개, 탐사와 질문 유도는 말하기와 청취과정을 향상한다. 각 유형은 청취상황에 달려 있고, 다른 목적을 위해 사용된다. 질문기법은 화자를 유도하는데 특히 유용하다. 화자는 궤도를 벗어날 수 있고, 목적이 없고, 무용한 정보를 오도하거나 제공할 수 있으며, 심지어 청취자를 속일 수 있다.

[표 3-8] **질문기법**

유형	목적	예
종결	짧고 구체적인 응답 얻기	올 회계연도 또는 다음 회계 연도를 의미합니까?
개방	응답 시 자유와 선택 허용	원가 회계에 관한 당신의 태도는 무엇입니까?
탐사	왜-유형을 사용함으로써 화자에게 주제를 정교화 하도록 격려	당신은 왜 그렇게 느끼시나요?
유도	질문 시 기대반응 암시	당신은 우리 컴퓨터의 성능향상이 필요하다고 말하는 것입니까?
반영	화자에게 감정이입 표현	더 많은 시간을 마치거나 초과 근무수당을 얻기 때문에 당신은 흥분하였나요?

☑ 비언어적 행동 사용

메시지에서 정보의 최적량을 수신하기 위해 화자의 비언어적 단서를 정확하게 해석하는 것이 중요하다. 청자는 메시지를 이해하고 있다는 것을 보여주기 위해 화자에게 비언어적 단서를 준다. 물론 청취하고 있다는 것을 다른 사람이 지각하는 것은 더욱 중요하다. 머리 끄덕임, 앞으로 몸 기울이기, 몸짓과 미소 등은 듣고 있는 것에 관심이 있다는 것을 화자에게 알려주는 중요한 단서이다. 비언어적 단서는 이해, 동의, 감정이입과 정서적 반응을 나타낼 수 있다. 예를 들면, 얼굴을 찌푸리는 것은 불일치나 오해를 나타낸다. 고개를 끄덕이는 것은 동의나 이해를 의미한다. 어깨 으쓱하기는 관심의 부족이나 모호성을 나타낸다. 비언어적 커뮤니케이션이 특정한 상황에서 커뮤니케이션에 어떠한 영향을 미치는지를 아는 것이 중요하다.

[표 3-9] **비언어적 행동과 상호작용 청취**

행동	기능
시선응시, 눈 접촉	타인의 대화 촉진
제스처	추가적 정보 촉진
준언어(음 고저)	명료화 촉진
공간학(거리)	다른 사람을 편안하게
접촉	신뢰감 구축
신체 지향	중요성 제공
고개 끄덕, 악수	느낌에 관한 정보 제공
자세(꾸부정, 머리 숙임)	주의 표시
안면표정(미소, 찌푸림)	관심 표시

5) 청취특성

아래의 설문지에 있는 6가지 경청 요소의 각 문항에 답변한다. 즉, 청취, 이해, 기억, 해석, 평가, 반응 등이다. 설문을 읽은 후 잘할 수 있는 것을 하나 생각하고, 질문에 답한다. 어느 부분에서 가장 최저로 점수를 매기는가? 5점 척도로 청취행동을 측정한다. 각 측정문항에 대해 1~5점으로 체크한 후 6개 영역에 대하여 청취특성 평가도를 그려본다.

☑ 5점 척도

① 전혀 아니다.
② 가끔 아니다.
③ 때때로 아니다.
④ 종종 그렇다.
⑤ 확실히 그렇다.

☑ 청취특성에 관한 설문 사항

1. 나는 사람과 환경이 시간에 따라 변한다는 것을 언제나 알고 있다.
2. 나는 청취할 때 화자의 개인적이고 문화적인 관점을 고려한다.
3. 나는 내 주위에서 일어나는 중요한 일에 주의를 기울인다.
4. 나는 나에게 말한 것을 정확하게 듣는다.
5. 나는 화자의 어휘를 이해하고, 나의 이해는 화자와 다르다는 것을 안다.
6. 나는 특정한 상황의 필요에 따라서 반응을 조정한다.
7. 나는 결정하기 전에 모든 증거를 비교 평가한다.
8. 나는 결론 전에 상대방의 논리의 타당성을 분석하는데 시간이 걸린다.
9. 나는 심지어 스트레스를 받을 때에도 들은 것을 기억해낼 수 있다.
10. 나는 긍정적인 태도를 갖고 커뮤니케이션을 시작한다.
11. 나는 화자를 이해하려고 관련된 질문을 하고, 나의 인식을 재진술한다.
12. 나는 분명하고 직접적인 피드백을 다른 사람에게 제공한다.
13. 나는 나의 감정이 결정을 방해하지 않도록 한다.
14. 나는 화자의 안면표정, 신체자세와 다른 비언어 행동이 언어 메시지와 어떻게 관련이 있는

지를 기억한다.

15. 나는 어떤 사람이 말할 때 대화, 주변소음과 전화와 같은 주의 분산을 극복한다.
16. 나는 들을 때 주요 생각과 입증 자료를 구별한다.
17. 나는 커뮤니케이션 상황에서 화자의 말투에 민감하다.
18. 나는 화자의 견해에 강하게 동의하지 않을 때조차 말하는 것을 경청하고, 정확하게 기억한다.

☑ 항목별 영역 계산

① 청취영역: 4번 문항 + 10번 문항+ 15번 문항
② 이해영역: 5번 문항 + 11번 문항 + 16번 문항
③ 평가영역: 1번 문항 + 7번 문항 + 8번 문항
④ 기억영역: 3번 문항 + 9번 문항 + 18번 문항
⑤ 해석영역: 2번 문항 + 14번 문항 + 17번 문항
⑥ 반응영역: 6번 문항 + 12번 문항 + 13번 문항

☑ 청취특성 평가도

항목별 영역의 응답값을 계산한다. 최고 점수와 최저 점수는 어느 영역인가? 이러한 경청 행동은 동료, 부모, 상사나 고객과의 상호작용에 어떠한 영향을 주는가? 항목별 영역 점수를 집계하여 청취특성 평가도에 그려본다. 각 축은 만점이 15점이다. 자신의 강점과 약점을 분석하여 강점은 적극 활용하고, 약점은 개선하는데 활용한다.

[그림 3-4] **청취특성 평가도**

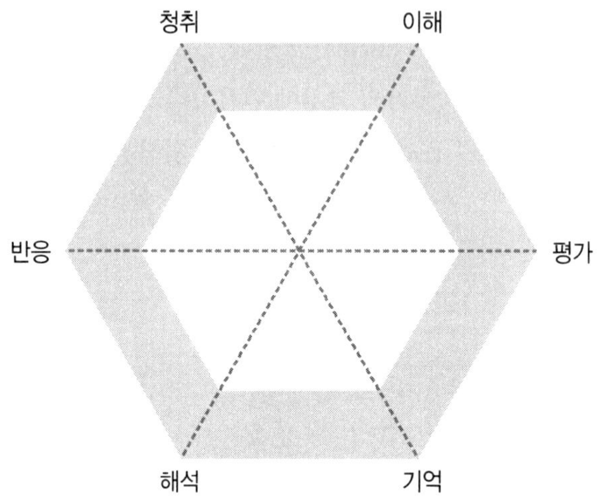

제4장

논증의 원리

석세스
시크릿

1. 논증의 특징

논리(logic)는 추론의 형태를 체계적으로 연구하는 학문이다. 논리는 논증의 분류, 구조의 체계적인 설명, 연역적 추리의 타당성과 건전성, 귀납적 추론, 형식적 증거와 추론을 포함한다. 따라서 논리는 분류와 판단뿐만 아니라 생각과 의견을 형성하기 위해 인간의 추론 행위를 요구한다. 논리적 논증의 기초는 전제 또는 명제이다. 전제는 주장을 세우는 데 사용되는 제안이다. 그런 다음 전제에서 추론이 이루어지고 마지막으로 결론이 도출된다.

1) 논증의 개념

논증은 하나 이상의 전제와 하나의 결론으로 구성된다. 전제는 주장하고 있는 결론을 뒷받침하는 진술(참 또는 거짓 문장)이다. 논증(argument)은 결론이 참이라는 것을 믿을 이유를 제공하는 전제가 하나 이상의 문장으로 구성된다. 진술문(statement)은 참 또는 거짓을 선언하는 문장이다. 문장(sentence)은 문법적으로 정확한 문자열이며 진술문 외에 문장의 종류가 다양하다. 의문문, 명령문과 감탄문은 모두 문법적으로 정확한 문장이다. 문장과 진술문은 상호 교환적으로 사용된다. 다음은 논증의 구조적 특징이다.

- 전제와 결론으로 구성된다.
- 전제와 결론은 하나 이상이다.
- 결론은 전제에 의해 뒷받침된다.

논증은 다른 사람을 설득하거나 주장을 정당화하기 위해 근거를 제시하여 주장이 타당하다는 것을 논리적으로 증명하는 방식이다. 논증의 중심은 근거와 주장이다. 근거는 주장을 뒷받침하는 이유이며 주장은 의견 제시이다. 따라서 주장과 근거를 논리적이고 타당하게 연결하여야 한다. 논증은 전제와 결론으로 구성되어 전제가 결론을 증명하는 증거로 사용된다. 다음은 논증의 내용적 특징이다.

- 명확하고 근거가 있는 의견

- 논점에 대한 설득력 있는 주장
- 근거와 주장을 논리적으로 연결한 진술

2) 논증의 구조

논리는 논증이나 추론을 분석하고, 그것이 맞는지 아닌지를 알아내는 데 사용된다. 논증은 지지하는 진술, 즉 전제를 가진 결론이다. 따라서 논증은 두 개 이상의 명제들이 모여서 어떤 주장을 제시하는 진술이다. 논증에서 결론은 주장을 나타내는 명제이다. 전제는 결론을 뒷받침하기 위하여 사용된 명제이다. 논증에서 발생할 수 있는 오류를 최소화하기 위해 규칙이 사용된다. 논리적(logical)이라는 말은 이미 알고 있는 사실과 주장하는 새로운 사실과 관련이 깊다는 의미이다. 판단이 상호 모순되지 않고, 질서 정연한 방식으로 추론을 사용할 수 있을 때 논리적이라고 말한다. 논증이 성립할 수 있는 요건은 전제, 인과관계와 결론이다.

- 전제: 결론을 뒷받침하는 명제
- 인과: 전제와 결론 간의 인과관계
- 결론: 주장을 나타내는 명제

☑ 명제

문장은 생각이나 감정을 언어로 표현한 것이다. 논증을 구성하는 문장은 모두 명제이다. 명제(proposition)는 내용이 참인지 거짓인지를 판별할 수 있는 문장이나 식이다. 즉, 결론을 이끌어 내는 기초가 되는 가정이다. 따라서 명제는 신념, 주장, 판단, 지식, 식견 등을 표현한 문장이다. 문장의 의미가 참이거나 거짓인 속성을 포함하지 않는다면 명제가 아니다. 예를 들면, "아리스토텔레스는 철학자이다"는 명제이다.

명제는 사실 명제, 가치 명제와 정책 명제 등으로 구분한다. 사실 명제는 어떤 것이 참인지 거짓인지를 표현한 문장이다. 사실 명제를 지지하기 위해서는 주장에 사용된 객관적인 사실은 논리적이어야 한다. 가치 명제는 어떤 것이 좋은지 나쁜지, 옳은지 그른지, 바람직한지 바람직하지 않은지를 판단하는 문장이다. 가치 명제는 청중들의 정서에 호소하거나 전문가나 변호사의 증언을 인용한다. 정책 명제는 어떤 것을 허용하거나 제한하는 것을 옹호하는 문장이다.

☑ 전제

전제(premise)는 결론에 대한 이유 또는 근거를 제공하는 가정이다. 이는 근거가 되는 진술로 논거(論據)라고도 한다. 전제는 적어도 증거나 이유를 제시해야 하며 증거나 이유가 뒷받침되거나 암시하는 주장이 있어야 한다. 즉, 전제란 결론을 받아들일 수 있게 하는 증거나 이유로 제공된 논증의 진술이다.

전제는 근거를 포함한다. 근거는 주장을 뒷받침하는 데 사용된 이유, 증거, 사실이나 자료이다. 이유는 주장을 뒷받침하는 진술로서 근거를 바탕으로 도출해 낸 논리이다. 증거는 전제가 참이라는 것을 입증하는 구체적인 자료이다. 이유, 증거, 사실이나 자료인 전제에는 사실 전제와 소견 전제가 있다. 사실 전제는 명제를 뒷받침하기 위해 구체적이고 현실적인 사례를 근거로써 제시한 전제이다. 상식, 사실, 통계수치나 자료, 경험이나 실험결과 등이 해당된다. 소견 전제는 권위 있는 사람이나 전문가의 의견을 인용해서 주장의 근거로 삼는 전제이다.

☑ 추론

추론(inference)은 하나 또는 이상의 근거를 전제로 새로운 판단을 이끌어내는 사고방식이다. 이미 알려진 이유, 증거, 사실이나 자료를 근거로 하여 새로운 사실을 이끌어 내는 것이다. 즉, 특정한 명제에서 다른 명제를 이끌어내는 사고과정이다. 추론에서 전제는 이미 알고 있는 지식이나 믿음이고, 결론은 그 전제로부터 도출되는 새로운 지식이나 믿음이다. 따라서 추론은 이미 알고 있는 전제들에서 어떤 결론을 이끌어 내는 과정을 말한다. 추론을 시작하는 명제는 전제이고, 추론을 통해 이끌어내는 명제는 결론이다.

☑ 결론

결론(conclusion)은 전제에 의해서 뒷받침되는 주장하는 내용이다. 즉, 추론에 의해 전제로부터 유도되는 명제를 말한다. 하나의 논증에서 전제는 다수일 수 있으나 결론은 하나이다. 주장(claim)은 다른 사람이 받아들이기를 원하는 결론이다. 주장은 결론에 해당하지만 특정한 문제에 대한 해결책이다. 주장을 지지하려면 논리적인 전제가 필요하다. 주장은 사실 주장과 추론 주장이 있다. 사실 주장이란 문장이 실제로 참인 주장을 말하고, 추론 주장이란 알려진 정보를 근거로 판단을 이끌어낸 주장을 말한다.

- 결론: 전제에 의해서 뒷받침되는 주장하는 내용

- 사실 주장: 문장이 실제로 참인 주장
- 추론 주장: 알려진 정보를 근거로 판단을 이끌어 낸 주장

2. 논증의 종류

논증이란 근거를 수반한 주장이다. 상대방을 설득하기 위해 근거와 주장의 연결은 타당해야 한다. 바로 논증은 자신의 주장이 타당한 이유나 근거를 제시하는 방법이다. 논증은 다른 사람을 설득하거나 정보를 제공하기 위해 근거를 사용하여 결론을 추론하는 과정이다. 근거를 제시하는 방법은 논증의 목적에 따라 다소 다르다. 이러한 논증은 목적에 따라 대화 논증, 수학적 논증, 심리적 논증, 과학적 논증, 법적 논증과 정치적 논증 등으로 구분된다.

1) 대화 논증

대화 논증은 일상 대화를 연구하는 분야이다. 대화 논증은 현재 사회학, 인류학, 언어학, 커뮤니케이션이나 심리학에서 확립되었다. 이러한 학문 분야뿐만 아니라 사회언어학, 담화 분석이나 담론 심리학에 특히 영향이 크다. 음성학자들은 소리의 미세한 발음을 탐색하기 위해 순차 분석의 기술을 사용한다.

2) 수학적 논증

레오나르도 다 빈치는 "수학적 논증을 허용하지 않는다면 어떤 조사도 엄밀하게 과학적이라고 말할 수 없다"라고 말한다. 수학적 진실은 순전히 논리적인 공리에서 파생될 수 있고, 결국 논리적 진실이다. 논증이 기호 논리의 문장 형태로 변환될 수 있으면 수용된 증명 절차를 적용하여 검증할 수 있다. 수학적 논증은 참인 전제와 거짓인 결론을 갖지 않는다는 것을 보여줄 때만 타당하다.

3) 심리적 논증

심리적 논증은 심리학적 지식을 근거로 받아들일 수 있는 증거로 뒷받침되는 논증을 형성하

기 위해 지식에 대한 심리적 접근법을 사용한다. 인간 행동의 패턴에 대한 관찰 가능한 예를 반영하는 증거로 논증을 입증한다. 일반적으로 개인적인 의견이나 개인적인 일화는 심리적인 논증에서 적절한 증거가 아니다.

사람들은 듣고 싶은 것을 듣고 보고 싶은 것을 본다. 기획자가 어떤 일이 일어나길 원한다면 일어날 가능성이 있는 것으로 생각한다. 그들이 무엇인가가 일어나지 않을 것으로 희망한다면 그들은 일어날 것 같지 않은 것으로 본다.

4) 과학적 논증

과학적 지식은 공동의 검증 방법이 신뢰할 수 있는 경우에만 구체적인 권위를 갖는다. 기존의 기대와 관련된 과학적 아이디어와 실제적인 관찰에 의해 형성된 기대는 과학적 논증이다. 이것은 무엇을 생각하고, 왜 생각하는지에 관한 논리적 기술이다. 과학적 논증은 과학적 아이디어가 정확한지 여부에 대해 증거를 사용한다. 때때로 현상을 관찰하고 특정한 아이디어를 창안한다. 증거로 아이디어를 검증하는 것은 간단한 상식처럼 보이지만 핵심적이다.

5) 법적 논증

법적 논증은 특색 있는 다양한 분야의 탐구이다. 법적 논증은 항소 법원에서 판사나 변호사 또는 당사자가 승소해야 하는 법적 이유를 제시하는 것이다. 항소 수준에서의 구두 논증은 서면 보고서를 수반하며, 법정 분쟁에서 각 당사자의 주장을 진전시킨다. 최후 논증이나 최후 변론은 사실을 판결하기 위한 중요한 논증을 재촉하는 각 당사자의 변호인의 최종 변론이다.

6) 정치적 논증

정치가들은 복합적이거나 이질적인 청중을 다루어야 할 경우가 많다. 정치적 논증은 정치적 사건에 대해 논평하고 이해하기 위한 논증이다. 대중의 합리성은 중요한 질문이다. 정보가 부족한 유권자는 투표 결정을 정치 평론이나 수신된 전단지에 기초할 수 있다. 이러한 정치 평론이나 수신된 전단지는 후보자에 대한 정치적 입장을 제시할 수 있다.

3. 논증의 유형

논증은 설득력 있는 증거로 뒷받침되는 주장이다. 전제와 결론 간의 관계에 따라 논증의 형식은 연역적 논증과 귀납적 논증으로 나눌 수 있다. 모든 논증은 이 두 논증 중 하나이다. 연역적 논증은 타당성과 건전성을 확보하는 것을 목표로 하는 반면, 귀납적 논증은 일반화와 예측을 목표로 한다. 논증자는 논증 자체가 연역적인지 귀납적인지를 알려주지 않는다. 논증이 연역적인지 귀납적인지는 논증자가 사용하는 추론의 유형에 달려있다.

1) 연역적 논증

연역적 논증(deductive argument)은 전제에서 결론을 필연적으로(necessarily) 이끌어내는 논증이다. 결론에 의해서 표현된 정보는 전제에 의해서 표현된 정보를 충분히 포함한다. 결론의 진릿값을 알 수 있는 경우는 건전한 논증(sound argument)이다.

연역적 논증은 전제에서 결론을 연역하는 것을 의미한다. 즉, 이미 알려진 일반적인 원리나 법칙에서 구체적이고 개별적인 결론을 이끌어 내는 논증 방식이다. 결론에서 주장하는 내용은 모두 전제에 이미 포함되어 있다. 이를 전제가 결론을 함축하고 있다고 표현한다. 결론은 전제와 관련된 새로운 지식을 생성하는 것을 의미하는 것이 아니라 전제가 제시하는 것을 재기술하는 것이다. 다음은 연역적 논증의 전형적인 예이다.

- 전제: 모든 사람은 죽는다.
- 전제: 소크라테스는 사람이다.
- 결론: 따라서 소크라테스는 죽는다.

2) 귀납적 논증

귀납적 논증(inductive argument)은 특정한 사례의 관찰에서 일반적인 결론을 이끌어내는 논증이다. 귀납적 논증은 전제에서 결론을 개연적으로(probably) 이끌어내는 논증이다. 전제가 모두 참이면 결론이 개연적으로 참이라고 주장한다. 귀납적 논증의 목적은 완전한 확실성이 아니라 개연성을 갖는 결론을 확립하는 것이다. 즉, 결론을 받아들이기에 좋은 이유를 갖는다는 것을 보여주기 위한 것이다. 그러나 귀납적 논증은 결론이 참이라는 것을 보증하기 위한 시도가 아니다.

개연성(probability)은 50% 이상의 가능성을 의미한다. 이것은 어떤 사건이 실제적으로 발생할 수 있는 가능성이나 정도를 의미한다. 즉, 개연성은 현실화될 수 있거나 참이 될 수 있는 가능성이다. 그러나 결론이 참일 개연성을 계량화하는 것은 쉽지 않다. 결론이 개연성을 갖고 이끌어낼 수 있는 논증이라면, 즉 논증들을 각각 계량화할 수 있다면 다른 논증보다 더 좋거나 더 나쁜지에 관하여 논할 수 있다. 다음은 귀납적 논증의 예이다.

- 우리 개는 흰색이다. 옆집 개는 흰색이다. 따라서 모든 개는 흰색이다.
- 날씨가 연속적으로 한 달 동안 맑았고, 하늘에는 구름이 없었다. 따라서 내일도 맑을 것이다.
- 봉주는 3년 동안 마라톤 경기에서 우승했다. 따라서 봉주는 내일 마라톤 경기에서도 우승할 것이다.

4. 논리적 오류

오류라는 용어는 거짓 신념을 나타내고, 불합리한 주장이거나 관련이 없는 주장일 수 있으며 주장을 뒷받침하는 증거가 없다. 오류는 그릇되어 이치에 맞지 않는 일이지만 논리학에서 오류는 논리적 규칙을 지키지 않음으로써 저지르게 되는 잘못된 추리이다. 오류는 비의도적으로 만들거나 다른 사람을 속이기 위해 의도적으로 만들 수 있다. 어떤 사람이 입장을 채택하거나 잘못된 추론을 근거로 입장을 수락하도록 설득할 때 오류가 발생된다. 수락될 수 없는 전제, 관련이 없는 전제, 불충분한 전제를 포함한다면 논증은 잘못된 것이다.

1) 논리적 오류의 의미

논리적 오류는 논증의 논리를 손상시키는 추론의 오류이다. 논리적 오류는 사실에 대한 잘못된 사실적 오류(factual error)와 다르다. 논리적 오류는 결론을 내리기 위해 주어진 전제가 결론을 지지하는 데 필요한 정도를 제공하지 않는 논증이다. 연역적 오류는 타당하지 않은 연역적 논증이다. 귀납적 오류는 연역적 오류보다 덜 형식적이고, 전제는 결론에 대한 충분한 지지를 제공하지 않는다. 전제가 참이더라도 결론은 참이 아닐 가능성이 높다.

■ 사실적 오류의 예

용인시는 한국의 수도이다.

■ 연역적 오류의 예

- 전제: 용인이 경기도의 도청 소재지이면 경기도에 있다.
- 전제: 용인은 경기도에 있다.
- 결론: 용인은 경기도의 도청 소재지이다.

(용인은 경기도에 있지만 경기도의 도청소재지가 아니다. 용인은 경기도에 있는 도시이다.)

■ 귀납적 오류의 예

- 전제: 방금 설악산에 도착한 나는 흰 다람쥐를 보았다.
- 결론: 모든 설악산 다람쥐는 흰색이다.

(설악산에는 많은 다람쥐가 있지만, 흰 다람쥐는 매우 드물다).

☑ 논리적 오류를 배우는 목적

오류는 합리적이거나 사실처럼 들릴 수 있지만 실제로 결함이 있거나 부정직한 진술이다. 청중들이 이것들을 감지할 때 논리적 오류는 청중들이 논증자가 비지능적이거나 기만적이라고 생각하게 하여 역효과를 초래한다. 자신의 주장에서 오류들을 피하는 것이 중요하며, 다른 사람들의 주장에서 오류들을 발견할 수 있는 것도 중요하다. 따라서 이것이 지적 자기 방어의 기술이다. 그렇다면 왜 논리적 오류를 배우는가? 몇 가지 이유를 생각할 수 있다. 즉, 올바른 의사소통, 상대방의 입장 간파, 완벽하게 좋은 주장 및 다른 사람들의 신념 분석 등이 있다.

■ 올바른 의사소통

첫째, 올바른 의사소통을 위해 논리적 사고가 필요하다. 상대방의 주장을 더 잘 이해할 수 있고 재빠르게 대응할 수 있다. 논리는 자신의 신념을 이해하고 전달하기 위해 필요하다. 합당한 방어를 할 수 있는 준비를 갖추게 될 것이다.

■ 상대방의 입장 간파

토론은 상대방을 설득시키기 위하여 근거를 제시하여 논리적으로 주장하는 말하기이다. 토론에서 상대방의 입장을 간파하여 말려들지 않는다. 토론자는 원래의 주장이 다른 문제와 비교하여 설득적이지 못한 이유를 보여주는 반론을 진술함으로써 논증에 승리할 수 있다. 상대방의 논증이 실제로 논리적 오류를 범한다는 것을 보여줄 수 있다면 상대방이 주장을 이어갈 수 없다.

■ 완벽하게 좋은 주장

논리적 오류를 배우면 의도적으로 또는 비의도적으로 저지르거나 잘못된 주장을 완벽하게 좋은 주장으로 바꾸는 방법을 찾는 데 유용하다. 따라서 실수를 저지르는 것을 피할 수 있다.

■ 다른 사람들의 신념 분석

다른 사람들의 신념을 분석하려면 논리가 필요하다. 논리적 오류는 사회 어디에나 있다. 자녀가 듣는 논리적 실수를 감지할 수 없다면, 누가 옳은지를 어떻게 분별할 수 없다. 논리적 오류에 대한 연구는 다른 사람들의 주장을 비판적으로 추론하는 데 중요하다.

토론은 논리가 이니라 설득, 재치, 수사에 대한 행동이다. 모든 제안이 명확한 전제에서 정확하고 엄격하게 따르기를 기대하는 것은 반드시 합리적이지 않다. 대신 토론자들은 다른 사람들이 공유하거나 수용하도록 설득할 수 있는 다양한 사실, 통찰력 및 가치를 한데 모아 그 아이디어가 결론에 이르렀을 가능성이 있음을 보여 주어야 한다. 따라서 논리적 오류는 사실 오류가 아니며 의견도 아니다.

2) 논리적 오류의 유형

논증에는 형식적 오류와 비형식적 오류가 있다. 형식적 오류는 논증의 형식에서 빗어지는 오류이나 비형식적 오류는 논증의 내용에서 빗어지는 오류이다. 비형식적 오류의 특징은 명제에 대한 주장을 논리적으로 하지 않고 모호한 언어 사용, 감정 의존, 비약적인 판단에 따르는 오류

등이 있다. 이와 같이 형식적 오류는 전적으로 논리적 형식에서, 비형식적 오류는 논증의 내용에서 발생한다.

- 형식적 오류: 논증의 형식에서 빗어지는 오류
- 비형식적 오류: 논증의 내용에서 빗어지는 오류

☑ 형식적 오류

형식적 오류는 논리적 오류로서 형태나 구조에서 나타나는 오류이다. 반면, 논증의 전제가 수락성이나 관련성이 부족하다면 비형식적 오류이다. 형식적 오류는 논증의 형태, 배열이나 기술적 구조에 있는 오류이다. 이것은 추론의 타당한 규칙을 잘못 적용하고 명백하게 타당하지 않은 규칙을 따를 때 나타난다. 형식적 오류가 의심되면 추론이 타당하지 않은 규칙과 반례를 제시함으로써 논증 자체가 타당하지 않다는 것을 확인하는 것이 중요하다.

오류 판단의 중요성은 결론이 참 또는 거짓인지 여부가 아니라 논증의 형식이 정확하거나 부정확한지, 타당하거나 타당하지 않은지 여부이다. 논증이 형식적으로 타당하지 않더라도 논증의 결론 진술은 참일 수 있다. 이와 달리 논증이 형식적으로 타당하더라도 결론 진술이 거짓일 수 있다. 이처럼 논증에는 형식적으로 타당한 논증과 타당하지 않은 논증이 있다.

전제가 실제로 결론에 필요한 정도를 지지한다면 논증은 좋은 것이다. 연역적 논증이 좋은 논증이 되려면, 즉 타당(valid)하려면 모든 전제가 참이 되고 결론이 거짓이 되는 것은 절대적으로 불가능해야 한다. 즉, 타당한(valid) 논증으로 모든 전제가 참이라면 결론은 참이어야 한다. 논증이 부당하거나(invalid) 하나 이상의 거짓 전제가 있으면 불건전하다(unsound). 전제의 참은 결론의 참을 수반한다. 다음은 연역적으로 타당한 논증의 전형적인 예이다.

① 모든 사람은 죽는다.
② 소크라테스는 사람이다.
③ 그러므로 소크라테스는 죽는다.

①과 ②가 모두 참(true)이고 ③이 거짓(false)일 수는 없으므로 이 논증은 연역적으로 타당하다. 이 기준을 충족시키지 못하는 연역적 논증은 논리적 오류를 범하므로 기술적으로는 잘못된 것이다. 여기에는 좋은 논증으로 받아들일 많은 주장, 즉 결론일 가능성이 높지만 확실하지 않은

주장이 포함된다. 이러한 종류의 논증, 연역적으로 타당하지 않은 논증을 형식적 오류(formal fallacy)라고 한다.

☑ 비형식 오류

형식적 오류는 연역적 논증에서만 발생하지만 비형식적 오류는 연역적 논증과 귀납적 논증에서 모두 발생할 수 있다. 비형식적 오류는 언급된 전제가 제안된 결론을 뒷받침하지 못하는 논증이다. 제시된 이유가 실제로 결론을 뒷받침하지 않는 경우 논증은 오류를 범한다. 숨겨진 공동 전제가 있기 때문에 종종 연결이 끊어진다. 예를 들어, 관련성의 오류는 결론에 대한 진실을 믿는 적절한 이유를 제시하지 못한다.

귀납적 추론은 표본의 특성에서 전체 모집단의 특성으로 추론하는 것으로 구성된다. 모든 귀납적 추론은 표본과 모집단의 유사성에 달려 있다. 전체 모집단과 동일할수록 귀납적 추론은 더 신뢰할 수 있다. 반면에 표본이 모집단과 관련이 없는 경우 귀납적 추론을 신뢰할 수 없다. 그러나 완벽한 추론은 없다. 전제가 사실이지만 결론은 거짓일 수 있다. 그럼에도 불구하고 좋은 귀납적 추론은 결론이 사실이라고 믿는 이유를 제공한다.

인식하든 아니든 매일 귀납적 추론의 영향에 둘러싸여 있다. 귀납적 추론은 모집단에서 표본을 선택하여 전체 모집단에 대한 일반화를 연구한다. 귀납적 추론의 예는 1,000명에게 좋아하는 음료수에 대해 조사하고 전체 인구를 대상으로 답변을 추정하는 것이다. 이처럼 전체에 대한 부분의 비교가 정확하지 않으면 귀납적 오류가 발생한다. 통계적 삼단논법, 사례논증, 인과추론과 귀납적 일반화 등이 있다. 예를 들면, 첫날 치룬 논리학의 중간고사가 쉬웠다. 그러므로 모든 중간고사가 쉬울 것이다.

귀납적 논증이 좋은 논증이 되기 위해 연역적 논증만큼 엄격할 필요는 없다. 귀납적 논증에 필요한 기준을 충족시키지 못하는 논증은 형식적 오류와 더불어 오류를 범한다. 모든 귀납적 논증이 기술적으로 타당하지 않기 때문에 좋은 귀납적 논증과 나쁜 귀납 논증을 구별하기 위해 다른 용어가 필요하다. 좋은 귀납적 논증과 나쁜 귀납적 논증을 구별하기 위해 가장 자주 사용되는 용어는 "강하다(strong)"와 "약하다(weak)"이다. 좋은 귀납적 주장은 설득적(cogent) 귀납적 논증이다. 전제가 참이라면 결론이 참일 가능성이 높다. 귀납적 논증의 예를 들면, 오늘에 이르기까지 중력의 법칙이 주장되고 있다. 따라서 중력의 법칙은 내일도 주장될 것이다.

좋은 귀납적 논증은 결론을 뒷받침하지만, 전제가 참이더라도 결론이 사실이라고 100% 확신할 수는 없다. 심지어 참된 전제에 대한 귀납적 논증조차도 잘못된 결론을 내릴 수 있다. 좋은 논증은 전제가 참이고 결론이 아마도 참일 것임을 확립할 뿐이다. 따라서 모든 귀납적 논증, 심지어 좋은 논증은 연역적으로 타당하지 않으며, 엄밀한 의미에서 잘못된 주장이다. 귀납적 논증의 전제는 논증의 결론에 대한 진실을 수반하지 않으며, 의도된 것이 아니며, 따라서 가장 귀납적 논증조차도 연역적 타당성이 떨어진다. 귀납적 논증의 성공은 논증의 시작이나 구조가 아니라 결론을 뒷받침하는 증거에 달려있다. 결론을 뒷받침하는 증거에 대해 생각할 때 세 가지 명백한 질문에 대해 생각해야 한다.

- 충분성: 증거가 충분한가?
- 관련성: 증거가 결론과 관련이 있는가?
- 명확성: 증거는 분명한가?

3) 비형식적 오류의 종류

논증의 내용에서 빚어지는 오류의 특징은 명제에 대한 주장을 논리적으로 하지 않고 모호한 언어 사용, 감정 의존, 비약적인 판단에 따르는 오류 등이 있다. 형식적 오류는 전적으로 논리적 형식에서, 비형식적 오류는 논증의 내용에서 발생한다. 논증은 전제, 추론 및 결론으로 구성된다. 잘못된 추론을 포함하는 논증, 즉 전제가 도출된 결론에 대해 적절한 지원을 제공하지 않는 추론은 확실히 오류라고 할 수 있다.

- 관련성의 오류: 잘못된 증거
- 기대 오류: 주관적인 희망에 의한 추론
- 불완전한 귀납 오류: 증거의 부족
- 추정의 오류: 증거가 지지하는 것에 대한 혼란
- 모호성의 오류: 증거의 의미에 대한 혼란

제5장

관련성의 호소

석세스
시크릿

논증은 결론과 관련이 있는 증거나 사례가 제시되어야 하지만 그렇지 않은 경우가 많다. 관련성 오류는 현재 논증의 전제가 결론과 논리적으로 관련이 없는 증거나 사례에 호소할 때 발생하는 오류이다. 즉, 잘못된 증거로 주장하는 오류이다. 관련성의 오류가 발생하면 전제는 논리적으로 결론과 관련이 없다. 그러나 전제는 결론에 심리적 또는 감정적으로 관련이 있으나 전제와 결론 간의 관계는 논리적이지 않다.

1. 관련성의 호소

관련성의 오류(fallacies of relevance)는 전제와 결론 간의 부적절의 관계라고 할 수 있다. 즉, 논증의 전제와 결론 사이에 어떤 실질적인 연관성이 없음을 지적한다. 논리적 연결이 없기 때문에 전제는 결론의 진실을 확립하지 못하지만 전제는 심리적으로 관련이 있고, 독자들에게 어떤 정서적 영향을 준다. 심리적으로 호소할 목적으로 독자의 감성을 자극하여 전제와 결론의 비관련성을 연결하는 흔한 오류의 하나이다.

관련성의 오류는 실제로 전제에서 결론에 대한 확실한 증거를 제공하지는 않지만 전제에서 결론이 나오거나 따른다. 우수한 논증에서 전제는 결론을 지지하는 진정한 증거를 제공한다. 반면 관련성의 오류를 범하는 논증에서 전제와 결론 간의 연결은 심리적이거나 감성적이다. 관련성의 오류를 확인하기 위해 진정한 증거와 정서적 호소의 다양한 형태를 구별해야 한다. 관련성의 주요 유형으로는 감정과 사람에 관한 호소가 있다.

☑ 관련성 호소의 구조

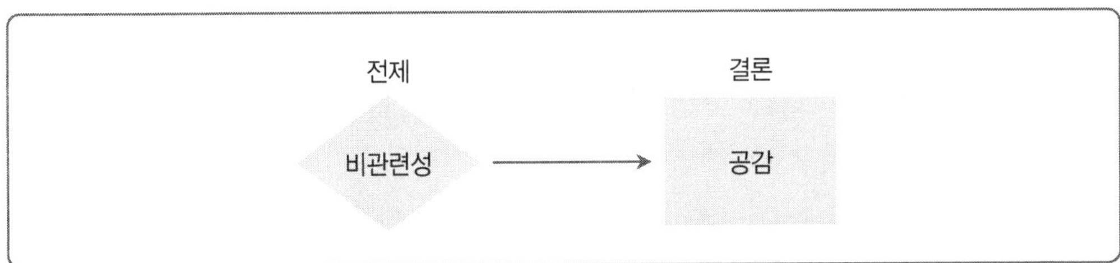

2. 감정 호소

열정, 경험, 고통이나 감정을 뜻하는 pathos는 강하고, 강력하고, 비극적이며, 평등, 자유 및 자유가 있다. 이 단어는 연설에서 청중에게 감정적인 호소력을 강화하기 위해 사용된다. 감정 호소는 특히 사실적인 증거가 없는 경우 논쟁을 이기기 위해 청중의 감정을 조작하는 논리적 오류이다. 즉, 사실적 증거 대신 비관련 증거를 사용하는 주장이다. 파토스는 사람들의 동정심이나 분노와 같은 감정을 불러일으킨다. 예를 들면, 우리가 빨리 움직이지 않으면 우리 모두 죽게 될 것이다.

☑ 감정 호소의 원리

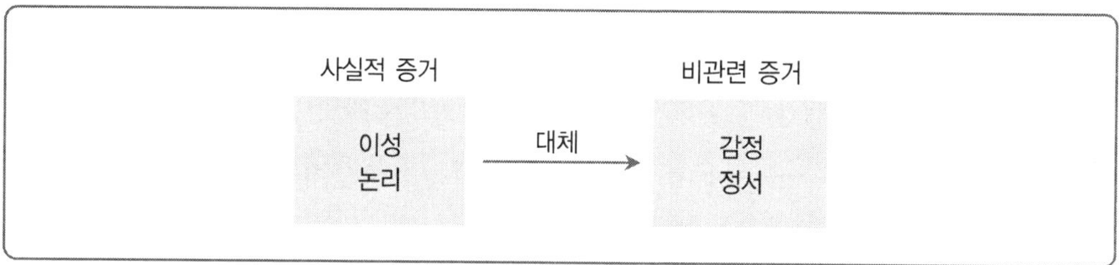

감정 호소에는 두려움, 시기, 증오, 동정, 교만 등이 있다. 논리적 논증 대신 감정을 사용하거나 자신의 입장에 대해 강력한 합리적인 이유가 존재하지 않는다는 사실을 모호하게 하면 문제와 오류가 발생한다. 이것은 매우 흔하고 효과적인 논증 전술이지만 궁극적으로 결함이 있고 부정직하며 상대방을 감정적으로 만드는 경향이 있다.

- 파토스는 청중의 감정에 호소한다.
- 타당한 논리가 아닌 감정의 조작을 사용한다.
- 감정적 반응을 시도하여 논쟁에서 이기려는 논리적 오류이다.
- 청취자의 편견에 호소하는 논리적 주장으로 부정직하다.

감정에 근거한 주장은 매우 설득력이 있으나 전제의 타당성은 입증할 수 없다. 감정에 대한 호소는 두려움, 동정심, 기쁨과 같은 내적 감정을 이끌어내어 잘못된 주장에 제시된 진술이 사실임을 설득하기 위한 감정 언어가 사용된다. 감정(emotion)은 사랑, 공포, 애국심, 애교심, 애사심, 죄악감, 증오나 기쁨이다. 감정에 대한 호소는 사람들이 경험하는 모든 유형의 감정을 포함할 수 있으며 감정에는 두 가지 주요 유형이 있다.

- **긍정적 감정:** 기쁨, 희망, 용기, 친절, 동정심, 공감, 신뢰, 존중, 감사, 애정, 사랑
- **부정적 감정:** 분노, 증오, 분개, 질투, 질투, 허영, 불신, 동정, 혐오, 죄책감, 불안, 공포, 절망, 무관심, 좌절, 슬픔, 수치심

논증에서 이기기 위해 사실이나 증거에 의존하지 않고 다른 사람의 감정을 조작한다. 감정 호소(appeal to emotion)는 이성적 · 논리적 판단이 필요한 부분을 감정으로 호소하는 경우이다. 사실적 증거가 없는 경우 논쟁에서 이기기 위해 사람의 감정을 조작하는 논리적 오류이다. 그러나 이러한 호소는 결론의 진실과 아무런 관련이 없다. 이 오류는 모든 오류 중에서 가장 나쁘지만 가장 흔한 오류의 하나이다. 청중들의 감정에 호소하는 선동가와 선전가가 신뢰하는 도구이다.

☑ 감정 호소의 유형

- 동정 호소
- 공포 호소
- 사적 관계 호소
- 아첨 호소
- 유머 호소
- 조롱 호소
- 악의 호소
- 분노 호소
- 죄책감 호소

☑ 감정 호소의 구조

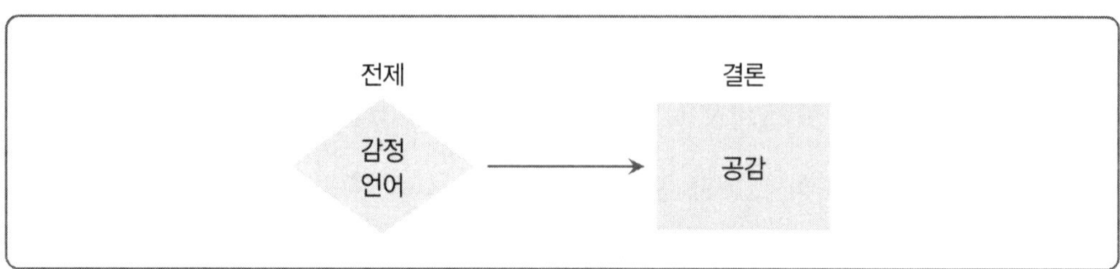

감정 호소는 증거와 합리적 논증 대신에 어떤 주장에 대한 열정을 자극하기 위해 표현 언어와 다른 수단에 의존한다. 예를 들면, 감정을 자극하기 쉬운 것은 애국심으로, 히틀러(Adolph Hitler)는 참혹한 학대와 불의를 애국심의 이름으로 저질렀다. 애국심은 명예로운 감정이지만 독재자들은 애국심에 호소하여 권력을 유지하려는 최후의 피난처를 찾는다. 감정에 호소하는 오류는 동정이나 연민, 공포나 증오, 쾌락이나 유머 등의 감정 자극, 사적 관계 호소, 아첨 등이 있다. 논증의 형식은 다음과 같다.

● 논증의 형식

- 호의적인 감정은 X와 관련이 있다.
- 따라서 X는 참이다.

감정 호소는 사람들의 감정을 조작하여 주장이 사실로 받아들이게 한다. 이러한 추론은 주장에 대한 증거 대신 강력한 감정을 생성하는 다양한 수단을 대체한다. 감정에 호소하여 누군가가 무언가를 믿거나 행동하도록 설득할 수 있다. 감정 호소는 정치에서 매우 일반적이며 현대 광고의 많은 부분의 기초가 된다. 정치 연설은 사람들의 감정을 불러 일으켜 감정이 특정 방식으로 투표하거나 지지할 수 있도록 한다. 광고는 사람들이 특정 제품을 구매하도록 영향을 줄 수 있는 감정을 불러일으키는 것을 목표로 한다. 대부분의 경우 연설과 광고에는 실제 증거가 없는 것으로 악명이 높다. 다음은 비형식적 오류에서 자주 사용하는 공통적인 감정언어이다.

공통적인 감정언어

- 공포(fear)
- 희망(desire)
- 분노(anger, outrage)
- 유머(humor, laughter)
- 수치심(guilt, shame)
- 자부심(pride)
- 분노(indignation)
- 동정(pity)
- 무례(disrespect)
- 경건(reverence)
- 보답(reciprocation)
- 복수(revenge)

감정 호소의 예

- 나에게는 언젠가 청와대에서 모든 노동자의 아들들과 모든 기업가의 아들들이 공영의 식탁에 함께 앉을 수 있다는 꿈이 있습니다.
- 시청자들에게 후원금을 기부받기 전에 이번 여름 태풍으로 파괴된 지역 사회의 처참한 모습을 보여준다.
- 한 여당의원은 야당이 국민에 대한 재난기본소득 예산을 삭감할 것이며 영세 자영업자와 취약계층들에게 생계위협의 부정적인 영향을 미칠 것이라고 주장한다.
- 기자와 의원의 회견

  기자: 의원님은 당 대표의 혐의에 대해 어떻게 생각하십니까?

  의원: 오, 정치 검찰의 쿠데타이고 명백한 인권과 정당 탄압입니다. 그래서 검찰 개혁이 필요한 겁니다.
- 딸과 어머니의 대화

  딸: 엄마, 나는 배가 너무 불러 더 이상 먹을 수 없습니다.

  어머니: 충분한 음식이 언제나 없는 아프리카 어린아이를 생각하고, 접시에 있는 모든 음식을 언제나 먹어야 한다.

감정 호소는 동정, 공포, 사적 관계, 아첨, 유머, 결과, 조롱, 악의에 찬 호소 및 희망적인 사고를 포함하는 논리적 오류이다. 감정호소와 다른 오류와 구별하는 것이 어려울 수 있으며, 여러 오류가 발생할 수 있다. 인신공격 호소는 감정 호소와 매우 유사하며 경우에 따라 두 가지 오류가 모두 발생한다. 예를 들어, 지도자는 자신의 추종자들이 정적의 주장을 거부하기 위해 정적에 대한 증오심을 불러일으킬 수 있다.

1) 동정 호소

동정 호소(appeal to pity)는 이유보다는 상대방의 동정심이나 연민에 호소하는 주장이다. 불행한 결과를 지적함으로써 상대방을 설득하려는 시도로 전제의 진실은 결과의 진실과 아무런 관계가 없다. 이성에 의존하기보다는 동정과 연민의 감정을 자극하여 자신의 주장을 지지하려는 방식이다. 동정, 사랑, 존중, 자비, 애도와 같은 감정에 호소하는 데 사용될 수 있는 논증이다. 이러한 오류는 흔한 오류의 하나이고, 판사 앞에서 피의자나 변호사가 자주 사용한다.

☑ 동정 호소의 구조

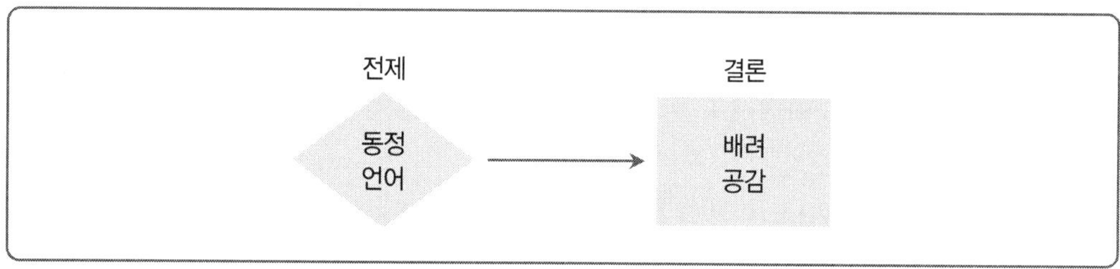

동정 호소는 증거를 제공하는 대신 상대방의 동정심이나 죄책감을 이용하여 논증을 시도할 때 발생하는 논리적 오류이다. 동정 호소에서 동정심이나 연민이 증거로 사용된다. 실제로 동정심을 믿게 하는 경우지만 동정심은 여전히 증거가 아니다. 동정 호소는 개인이 논증에서 증거에 대한 동정심을 조성하기 위해 주장을 대체하는 오류이다. 논증의 형식은 다음과 같다.

논증의 형식

- X가 동정을 만들려는 의도로 제시된다.
- 따라서 주장 X는 참이다.

주장의 관점을 지지받기 위해 동정이나 죄책감을 조작한다. 그러나 감정은 관점의 정확성이나 가치와 관련이 없다. 동정 호소는 슬픔이나 고통을 유발하여 사실이라고 주장할 때 발생하는 논리적 오류이다. 그 반대는 증오 호소이다.

동정 호소의 예

- 당신의 죄로 죽으셨기 때문에 당신은 예수를 믿어야 합니다.
- 경찰이 과속의 남자에게 속도위반 스티커를 발급하려고 한다. 경찰관이 면허증을 요구하자 그 남자가 다음과 같이 말한다.
  "저는 이번에 실직했습니다. 근로복지공단에 가서 실업수당을 신청하려고 합니다. 실직자의 고통을 생각해 주시지 않겠습니까?"
- 판사님! 피고인은 노부모와 5명의 자식을 부양하고, 막노동으로 생계를 유지하고 있습니다. 이런 처지를 참작하시어 피고인을 석방해 주십시오.
- 교수님, 저는 이미 학사경고 상태입니다. 이 과정을 통과하지 못하면 제적 상태가 되어 학교를 떠나야 합니다. 따라서 성적을 높여주십시오.
- 나는 당신이 나의 결정을 따라야 한다고 생각합니다. 당신의 어머니는 그것을 원했을 것입니다. 그녀는 이 세상의 다른 무엇보다도 당신을 사랑했습니다.
- 사장님, 저는 이 직장이 간절하게 필요합니다. 아내와 세 자녀를 부양해야 합니다.

2) 공포 호소

사람들의 태도와 행동은 어떻게 변화될 수 있을까? 종종 태도와 행동에 영향을 미치는 한 가지 감정은 공포이다. 공포는 캠페인이나 마케팅에서 강력한 도구가 될 수 있다. 공포 호소는 메시지의 추천을 수락하지 않을 경우 발생할 수 있는 잠재적 피해에 대해 사람들을 설득하려고 하는 메시지이다. 예를 들면, 사회적 배제에 대한 언급, 직장에서 해고, 흡연으로 인한 암 유발 또는 자동차 사고 등이 있다. 공포 호소는 조작이며, 주장된 위험이 증가할 때 설득의 수준이 항상 증가하는 것은 아니다.

공포 호소(appeal to fear)는 상대방에게 공포나 협박 등 강압적인 수단을 동원하여 자신의 주장을 받아들이게 하는 오류이다. 동의를 얻기 위해 공포나 협박을 주어 개인의 신변을 겨냥하는 위협을 사용한다. 공포 호소는 합리적인 논증이나 증거가 없거나 통하지 않을 때 사용된다. 예를 들면, 대화하다가 소통이 안 되면 "너 자꾸 그러면 맞는다"고 협박하는 경우이다.

☑ 공포 호소의 구조

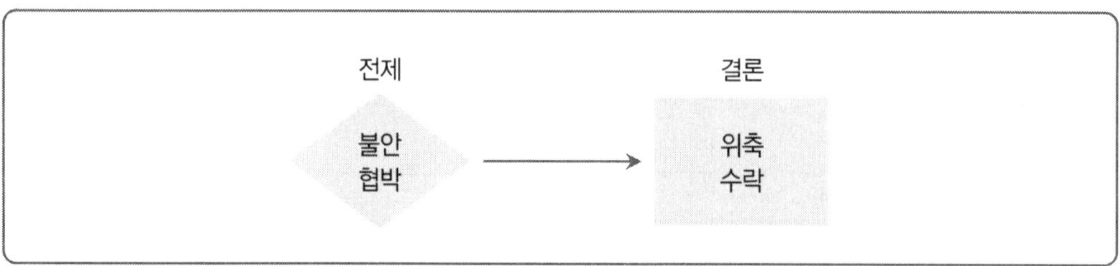

전제는 결론과 관련이 있지만 꼭 필요한 주장은 아니다. 사람들에게 공포를 심어주는 것은 주장에 대한 증거가 되지 않기 때문에 이 추론은 오류이다. 공포 호소는 겁 전술 사용으로 위협을 강조하거나 가능한 위험을 과장한다. 예를 들면, 보험 가입을 요청할 때 "추가 보험 없이는 보상을 다하지 못해 파산하고 노숙자가 될 수 있습니다"라고 부연 설명하면 거절하기 힘들다. 합리적 근거는 주장을 객관적이고 논리적으로 뒷받침하는 증거이지만 신념 근거는 주장의 참이나 거짓과 관련이 없는 외부 요인으로 인해 받아들이는 이유이다. 예를 들어, 회장의 아들이 나의 직장 생활을 힘들게 만들 것이라는 두려움 때문에 신중하게 행동할 수 있다. 그러나 이것은 아들이 경영을 잘 할 자격이 있다는 주장에 대한 증거를 제공하지는 않는다. 논증의 형식은 다음과 같다.

● 논증의 형식

- X를 사실로 수락하지 않으면 끔찍한 일이 발생할 것이다.
- 따라서 주장 X는 사실이다.

증거나 이성이 아닌 공포는 사람들이 생각, 제안 또는 결론을 받아들이게 하는 주요 동기로 사용되는 경우 오류이다. 누군가가 대안을 두려워하면 논쟁에서 편을 선택할 가능성이 더 크다. 그러나 이것은 견해를 뒷받침하는 논리적 이유가 아니라 두려움의 감정에 근거한다. 대안을 두려워하면 논쟁에서 패배할 가능성이 크다. 이것은 견해를 뒷받침하는 논리적 이유가 아니라 두려움의 감정에 근거한다.

공포 호소의 예

- 하나님을 믿지 않으면 영원히 지옥에서 불타게 될 것입니다.
- 한 시민단체는 불법 입국자나 체류자를 추방하지 않으면 테러 단체에게 우리나라의 안전을 맡기는 꼴이라고 주장한다.
- 멕시코가 사람들을 미국으로 보낼 때, 그들은 선량한 사람을 보내지 않습니다. 그들은 많은 문제를 가진 사람들을 보냅니다. 그들은 마약을 가져오고 있습니다. 그들은 범죄를 가져오고 있습니다. 그들은 강간범입니다. 도널드 트럼프(2015, 캠페인 집회에서)
- 조업을 하면 급료를 지급하고, 파업을 하면 형사고발과 민사소송을 제기하겠다.
- 이민자들을 더 많이 우리나라에 입국시키면 그들은 우리의 직업을 빼앗을 것이고 아름다운 나라의 문화를 파괴할 것입니다.
- 마스크를 착용하지 않고 학생들이 학교에 가는 개학일은 치명적인 전염병 전파 위험이 있을 것이다. 개학일자를 또 다시 연기한다.
- 당신은 신이 존재한다고 믿어야 합니다. 결국 당신이 하나님의 존재를 받아들이지 않으면 지옥의 공포에 직면하게 됩니다.
- 방사능 피해 주민의 사진을 보여주면서 원자력발전소를 폐쇄하지 않으면 끔찍한 비극이 온다고 홍보한다.
- 북한의 요구를 들어 주어야 합니다. 그렇지 않다면 북한은 도발할 것입니다. 여러분은 전쟁을 선택하실 것인가? 평화를 선택하실 것인가?

3) 사적 관계 호소

사적 관계 호소는 혈연, 지연, 학연, 정당, 종교, 단체나 개인적인 친분 관계를 내세워 자신의 주장을 수용하도록 하는 주장이다. 즉, 사적 관계로 인해 발생하는 소속감, 동질성이나 정에 호소해서 주장을 받아들이게 하는 오류이다. 예를 들면, 정치권에서 유행했던 “우리가 남인가?”는 지역감정을 부추키어 소속감을 갖게 하는 오류이다.

☑ 사적 관계 호소의 구조

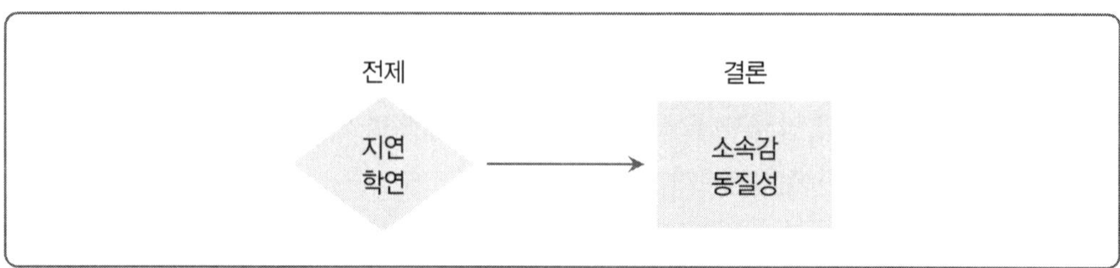

사적 관계 호소는 주장의 근거를 사적인 관계, 즉 지연, 혈연, 학연, 종교, 단체에 둘 때 일어나는 오류이다. 논증을 주장할 때 타당한 이유가 없는데 사적 관계를 논증의 전제로 만들려고 하는 것은 오류이다. 논증을 주장할 때 종종 사적 관계는 상대방의 이성을 무디게 하여 감성적인 결정을 하게 하는 오류를 발생시킨다. 특히 집단주의 문화가 강한 사회에서는 효과가 더욱 강하다. 어떤 관련성은 추론의 이유가 되지 못한다. 논증의 형식은 다음과 같다.

● 논증의 형식

- A는 X 관련성을 주장한다.
- 따라서 X는 참이다.

● 사적 관계 호소의 예

- 고향 선배님 아니신가요? 선배님을 또 뵙게 되어 영광입니다. 능력이 있을 때 고향 후배 좀 끌어주십시오.
- 너는 나의 둘도 없는 친한 친구잖아? 이번 사업에 네가 날 도와주지 않는다면 누가 날 도와준단 말인가?
- 이번에 어떤 일이 있었더라도 우리는 황자랑 후보를 밀어야 합니다. 무엇보다도 우리 고향에서 나온 첫 대통령 후보가 아닌가?
- 같은 당원이시군요. 방금 당에서 결정한 정책입니다. 같은 당원이니까 적극적으로 지지할 거로 봅니다.
- 알고 보니 동문이시네요. 그래서 이번 첫 거래를 믿겠습니다.

4) 아첨 호소

아첨은 남의 환심을 사거나 남에게 잘 보이려는 말이나 행동이다. 때로는 아첨이 사람의 눈과 귀를 멀게 하고 바보로 만든다. 어리석고 오만한 자일수록 아첨을 특히 좋아한다. 아첨은 사실 주장에 대한 증거가 아니기 때문에 이러한 추론은 오류이다. 아첨 호소(appeal to flattery)는 상대방에게 아첨이나 아부하여 자신의 주장을 받아들이게 하는 주장이다. 아첨 호소의 예는 예를 들면, 상사가 이발한 것이 매우 멋진 인상을 준다고 알려주는 것이다. 아첨이나 아부를 진정한 칭찬으로 착각하고 과시하는 심리를 이용하는 것이다. 이러한 주장은 상대방이 현실을 정확하게 판단하지 못하고 자신을 과대평가하도록 하는 데 목적이 있다.

☑ 아첨 호소의 구조

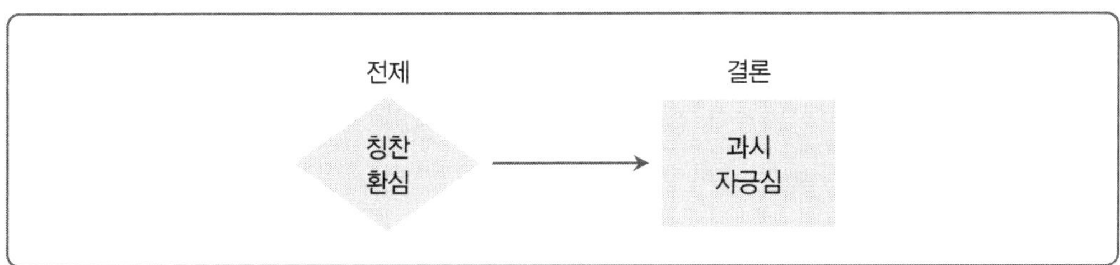

논증의 힘이 아니라 논증을 받아들이려는 사람들에게 아첨을 사용하여 논증을 지지하려고 시도하려는 주장이다. 이 주장은 사람들이 실제로 원하지 않는 일을 하도록 속이는 것이다. 아첨은 아이디어나 제안의 진정한 의도를 숨기는데 사용된다. 칭찬은 판단력을 약화시킬 수 있는 순간적인 개인적인 주의분산을 제공한다. 논증의 형식은 다음과 같다.

● 논증의 형식

- A는 B에게 아첨한다.
- A는 X를 주장한다.
- 따라서 X는 참이다.

아첨 호소의 예

- 당신과 같은 지적이고 분별력 있는 사람은 자연스럽게 내 주장이 설득력 있다는 것을 알게 될 것입니다.
- 자선단체 광고에서 공통적인 현상은 끝에 청취자들이 관대하다는 가정으로 감사하는 것이다. 그리고 청취자들에게 존경을 표시한다.
- 이 넥타이는 손님에게 너무 잘 어울리시네요. 넥타이가 주인을 기다렸군요. 매우 지적이고 세련되어 보입니다.
- 구매를 유도하기 위해 엄마들의 육아에 대한 노력에 깊은 찬사를 보내고 특정 기저귀 브랜드를 광고한다.
- 어떤 가전회사가 구매를 유도하기 위해 현명한 사람만이 특정한 브랜드를 구매한다고 방송에 광고한다.
- 나를 위해 이것을 가지고 다닐 수 있는 강한 힘이 있습니까?
- 교수님의 수업은 독창적으로 훌륭한 아이디어였습니다. 플라톤의 입장에 대해 분명하고 웅변적인 강의를 들은 적이 없습니다. 마음에 들으면 저의 과제는 이것을 근거로 수행하겠습니다. 조금 추가적인 배려를 주십시오.

5) 유머 호소

유머는 오락의 원천이자 어렵거나 어색한 상황과 스트레스가 많은 사건을 대처하는 수단이다. 유머는 가벼운 형태에서 터무니없는 형태에 이르기까지 사회적 유대를 형성하거나 긴장을 풀거나 이성을 유인하는 데 중요한 역할을 한다. 좋은 유머는 예상치 못하고 부적절해야 한다. 같이 속하지 않은 것들을 함께 모으면 재미있어 보인다. 매우 재미있는 것이 경험에 더 개방적이며 더 호기심이 간다. 다음은 유머가 일상생활에 미치는 영향이다.

- 유머는 갈등을 분산시킬 수 있다.
- 웃음은 면역 체계, 혈압 및 혈류를 개선할 수 있다.
- 재미있는 근무 환경은 직원의 이직과 소진을 줄일 수 있다.
- 유머는 지도자에게 바람직한 특성이다.

유머는 상황에서 재미있는 것을 인식하고 더 밝은 면을 제공한다. 유머는 사회적 상호작용에 중요한 윤활제이며 팀 구성 또는 집단 목표 달성에 기여할 수 있다. 유머는 고통스러운 상황에 대처하는 귀중한 방법이고, 다른 사람들을 웃게 하는 능력과 관련이 있다. 한 사람에게 유머러스하게 보이는 것은 다른 사람에게는 유머러스하지 않을 수 있다. 웃음은 우리에게 유익하기 때문에 유머는 건강에 중요한 역할을 할 수 있다. Ronald Riggio 교수는 유머를 네 유형으로 구분한다.

- 친화성 유머: 상대방을 기분을 좋게 하는 유머이다. 목표는 친교, 행복 및 복지 감각을 창조하는 것이다. 동물이나 일상적인 사건에 대한 농담을 좋아한다면 친화성 유머를 사용한다. 이것은 상대방을 즐겁게 하고 관계를 촉진하며 대인관계 긴장을 완화시킨다.
- 공격성 유머: 개인을 겨냥한 비하, 야유, 조롱, 조소, 멸시나 모욕이 포함된다. 마음에 들지 않는 다른 사람들을 괴롭히기 위해 사용하거나 타인을 위협하거나 심리적으로 해를 입히려는 의도이다. 상대방과의 관계를 희생시키면서 자신을 고양시키는 수단이 된다. 유머는 어떤 사람에게는 재미가 있지만 다른 사람들은 불편함을 감추고 웃을 수도 있다.
- 자기고양성 유머: 자신을 기분 좋게 하는 유머이다. 일상적인 상황에서 유머를 찾으려고 노력하고 자신을 유머러스한 대상으로 만든다. 스트레스에 대한 건강한 대처와 관련이 있다. 그러나 이것은 다른 사람을 불쾌하게 할 수 있다.
- 자기파멸성 유머: 공격적이거나 나쁜 방식으로 자신을 무너뜨리는 것은 자멸적인 유머이다. 즉, 자신을 조롱하여 다른 사람들을 기쁘게 하는 유머이다. 예를 들면, 나는 존경을 받지 못한다. 나는 못생긴 아기였다. 또 다른 예로는 못생겨서 죄송하다. 심리적으로, 이것은 건강에 해로운 형태의 유머가 될 수 있으며, 때로는 공격을 피하려는 시도이다.

유머 호소(appeal to humor)는 쾌락, 재미나 유머 등을 내세워 논증을 받아들이게 하는 주장이다. 쾌락이나 유머를 통해 웃는 분위기를 조성하여 상대방에게 자신의 논증을 받아들이도록 하거나 상대방을 비웃음거리로 만들어 상대방의 논증을 공격할 때 사용하는 주장이다. 예를 들면, "웃자고 한 말인데 죽자고 달려든다"처럼 좋은 의도로 한 것이기 때문에 비판해서는 안 된다는 의도가 깔려있다. 이때 웃음은 내재된 공격이다. 그러나 웃음이라는 좋은 의도가 모든 것을 정당화하지는 않는다.

☑ 유머 호소의 구조

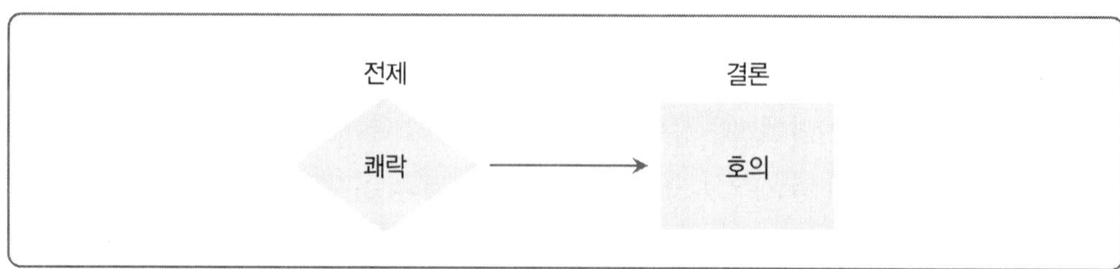

훌륭한 코미디언이 재미있는 유머를 사용하듯이 자신의 주장을 설득시키기 위해 유머를 사용할 때 발생하는 주장이다. 화자는 농담을 의식하지만 청자는 유머를 잘 의식하지 못한다. 이 주장은 좋은 유머와 웃음을 불러일으키면서 설득을 시도한다. 누군가와 함께 웃으면 자신의 입장에 동의하는 것으로 보이고 동의하는 것이 더 쉬워진다. 유머는 특정 관심사와 관련이 있을 때 효과적으로 사용할 수 있다. 논증의 형식은 다음과 같다.

● 논증의 형식

- A는 B에게 유머를 한다.
- A는 X를 주장한다.
- 따라서 X는 참이다.

● 유머 호소의 예

- 버스에서 내리기 전에 무엇을 해야 합니까? 버스에 타세요.
- 의사 선생님, 저는 손이 나으면 피아노를 칠 수 있습니까? 의사는 말했다. 물론이죠. 그러나 나는 전에 결코 피아노를 친 적이 없었다.
- 스웨터를 만드는 데 양 세 마리가 필요하다는 것을 알고 계셨습니까? 양이 스웨터를 뜨는 줄 전혀 몰랐어요.
- 두 금붕어가 탱크에 있습니다. 한 사람이 다른 사람에게 돌아서서 탱크를 운전하는 법을 어떻게 아십니까?
- 닭장에는 왜 항상 두 개의 문이 있습니까? 문이 4 개라면 치킨 세단이 될 것입니다.

- 진화에 대한 토론에서 한 사람이 다른 사람에게 물었다. 자, 당신의 조상이 유인원인 것은 당신의 어머니 쪽입니까, 아니면 아버지의 쪽입니까(wilberforce 주교)?
- 대기만성이라는 말이 있지 않습니까? 약속 시간에 늦었지만, 이것은 제가 큰 인물이 될 수 있다는 것입니다.
- 낙태를 지지하는 모든 사람들이 이미 태어났다는 것을 알게 되었습니다(로널드 레이건).

6) 조롱 호소

조롱은 비웃거나 깔보면서 놀린다는 뜻으로 이를 주장의 증거로 사용한다. 때로는 말도 안 되고 터무니없는 것을 주장한다. 조롱 호소(appeal to ridicule)는 주장을 조롱하거나 과장하여 우스꽝스럽게 보이게 하는 오류이다. 이것은 논쟁을 말도 안 되게 보이게 한다. 상대방의 주장을 터무니없고, 어리석거나, 웃기는 말이나 행동으로 간주하여 진지하게 고려할 가치가 없다. 이것은 상대방의 주장이나 견해를 조롱하고 청중에게 감정적 반응을 불러일으키고 주장의 반직관적인 측면을 강조하여 어리석고 반대되는 것처럼 보이게 하는 수사적 전술이다.

☑ 조롱 호소의 구조

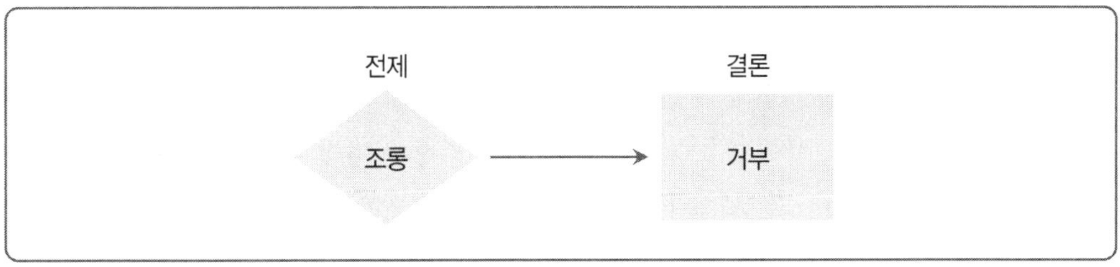

조롱 호소는 주장을 조롱하는 것이 허위임을 나타내지 않기 때문에 오류이다. 오류가 없는 논증과 같이 타당한 방법을 사용하여 주장을 거절하는 것이 때로는 합리적일 수 있다. 예를 들면, 진화는 인간이 연못 쓰레기에서 나왔다는 생각이다. 이러한 추론은 잘못된 것이다. 왜냐하면 주장을 조롱하는 것은 그것이 틀렸다는 것을 보여 주지 않기 때문이다. 정당한 방법, 즉 올바른 논리를 사용하여 주장이 터무니없음을 보여 주고, 이것은 주장을 거부하는 것을 합리적으로 만들 수 있다. 논증의 형식은 다음과 같다.

논증의 형식

- X가 사실이라고 주장한다.
- X를 잘못 해석하여 X를 말도 안 되게 만든다.
- 따라서 X는 거짓이다.

조롱 호소의 예

- 진화론은 우리가 유인원에서 왔다고 말합니다. 말도 안 됩니다.
- 도널드 트럼프는 여기에 와서 멕시코 사이에 벽을 쌓고 싶어한다. 어쩌면 우리는 그것을 증오의 만리장성이라고 부를 수 있다.
- 이제 그들은 지구 온난화가 젖소 방귀 때문에 발생한다고 우리에게 말하고 있습니다. 정말 재미있어요.
- 그는 타이어를 부풀려서 가스를 절약할 수 있다고 말했다. 그런데 여러분, 나는 이 물건을 만들 수 없었다.
- 순진한 사람들! 그들은 군비감축이 평화의 열쇠라고 생각합니다. 그런 어리석은 바보들!

7) 악의 호소

악의는 나쁜 마음이다. 악의 호소(appeal to spite)는 주장에 대해 논증이 이루어질 때 악의가 증거를 대체하는 오류이다. 즉, 상대방이 갖고 있는 기존의 쓰라린 감정, 악의 또는 불행에 대해 갖는 쾌감을 이용하여 논증에 호의를 표현하는 오류이다. 타인의 불편함에는 보편적인 기쁨이 있다. 잘못된 주장을 받아들이게 하는 다른 사람과 유대감을 형성한다.

☑ **악의 호소의 구조**

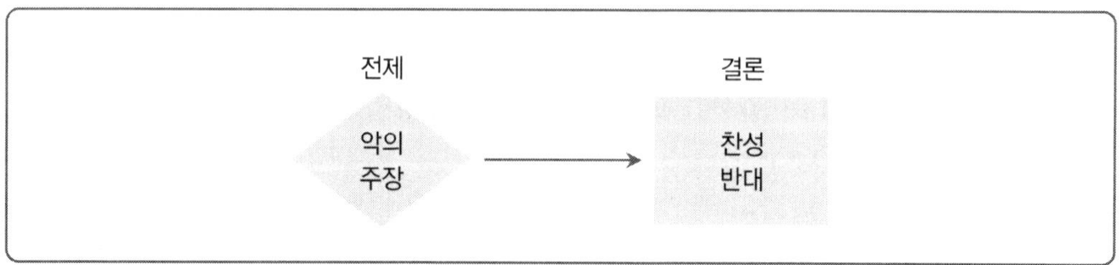

악의 호소는 논리적 오류의 한 유형이다. 누군가가 악의로 호소할 때, 주장이나 행동 과정을 반박하기 위해 악의적인 주장을 제기한다. 주장이나 행동 과정에 반대하는 대신에 그 사람은 기존의 정신적 감정을 가지고 행동함으로써 누군가가 그것에 맞서 싸우도록 시도한다. 이러한 추론은 악의적인 느낌이 주장에 대한 찬성이나 반대 증거로 간주되지 않기 때문에 오류이다. 논증의 형식은 다음과 같다.

논증의 형식

- 주장 X는 악의를 야기할 의도로 제시된다.
- 따라서 주장 C는 거짓(또는 참)이다.

악의 호소의 예

- 회장 선출에서 생긴 일

  A: 저는 C가 회장으로서 잘 해낼 거라고 생각합니다.

  B: 작년 일을 잊어 버렸나요? 작년에는 C가 당신을 추천하지 않았다는 것을 기억하세요.

  A: 당신 말이 맞아요. 나는 C를 지명하지 않을 것에요.

- 공로상 추천에서 생긴 일

  A: 저는 C의 아이디어가 정말 좋아 회사를 위해 정말 많은 돈을 절약할 것이라고 생각합니다.

  B: 작년에서 그가 당신의 아이디어에 치명적인 결함이 있다고 말한 것을 기억하세요.

  A: 나는 그것에 대해 거의 잊고 있었어요. 그렇군요. 당신 생각을 받아들여야겠군요.

- 재무부장 선출에서 생긴 일

  A: C가 단체의 재무부장이 되는 것을 투표할 것입니다.

  B: 지난해에 회의에서 지갑이 사라진 사건을 기억하십니까?

  A: 예, 기억하지요.

  B: C가 지갑과 물건을 훔쳤다는 것을 알게 되었습니다.

  A: 나는 C에게 찬성투표를 하지 않겠습니다.

8) 분노 호소

분노 호소(appeal to anger)는 분노, 증오 또는 격분의 감정이 논쟁의 증거로 대체될 때 발생한다. 상대방이 믿지 않거나 주장이 받아들여지지 않는다면 화를 낸다. 공격적인 신체 언어를 표시하는 위치를 찾고, 응시, 목소리를 높인다. 다른 사람에게 화를 낼 수 있다. 분노는 오해를 엄격하게 말하지는 않지만 논리적 이유가 없는 설득의 방법으로 의식적으로 사용된다. 두 가지 유형이 있다. 하나는 논쟁을 지지하기 위해 분노를 사용하고, 다른 하나는 논쟁을 반대하기 위해 분노를 사용한다.

☑ 분노 호소의 구조

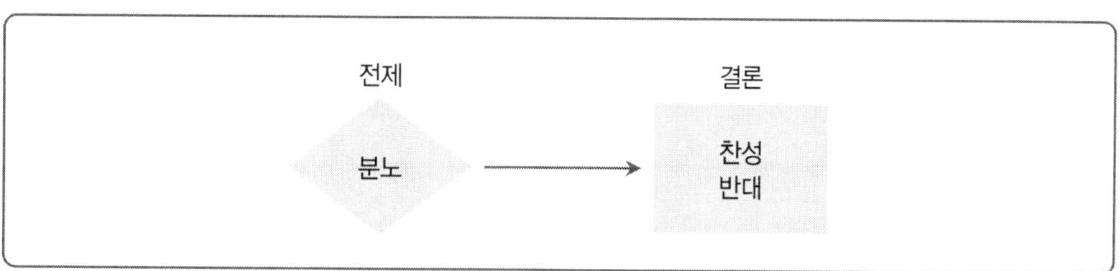

상대방이 믿지 않을 때 무시되고 불신감을 느끼게 되어 화를 내면서 반발하게 된다. 믿지 않고 동의하지 않을 때 무언가를 진실하다고 말할 수 있다. 물론 분노는 진실을 만들지 않지만 논쟁에 사용되는 매우 일반적인 기술이다. 이것은 두 가지 이유가 있다. 첫째, 분노는 자연스럽고 유쾌하지는 않지만 인간 경향이다. 둘째, 분노 감정이 자주 작동된다. 그렇기 때문에 비논리적이지만 매우 감정적인 방식으로 논쟁한다. 논증의 형식은 다음과 같다.

● 논증의 형식

- X가 참이라고 주장한다.
- 주장 X에 격분했다.
- 따라서 X는 참이다.

분노 호소의 예

- 조는 자신을 다음과 같이 생각합니다. 사람들이 저와 다르게 생각하기 때문에 분노합니다. 따라서 그들은 나처럼 생각해야 합니다.
- 감히 어떻게 그런 말을 하나요? 이제 다시 생각해보십시오. 내일 휴무를 원하십니까?
- 어떤 사람들이 너무 많은 돈을 갖고 있고 나는 없다는 것이 나를 화나게 한다. 이것은 공평하지 않으며 당신 또한 화를 내야 한다. 그러므로 부를 분산할 법을 만들어야 한다.
- 국민 여러분, 현 정부에 의해 무시되는 것에 지치지 않으셨습니까? 현 정부의 정책은 부익부빈익빈 정책으로 상위 1%를 위한 정책이 아닙니까? 오늘 투표 해주세요.
- 인간이 원숭이에서 진화했다는 말에 대해서 어떻게 생각할 수 있습니까! 내가 당신에게 원숭이처럼 보이나요?

9) 죄책감 호소

죄책감 호소(appeal to guilt/shame)는 설득될 사람이 입장을 받아들이지 않아서 죄책감을 느끼게 함으로써 설득하려고 시도하는 것이다. 즉, 주장을 받아들이도록 죄의식을 불러일으키는 방법이다. 설득시키기 위해 복잡한 주장을 할 때 이해가 부족하면 어느 정도 죄책감이나 수치심을 느끼는 것이 당연하다. 추론자가 청중이 제시된 추론을 올바르게 따르지 못한다고 비난한다. 그러나 청취자가 따라야 할 추론을 실제로 제공하지 않는다.

☑ 죄책감 호소의 구조

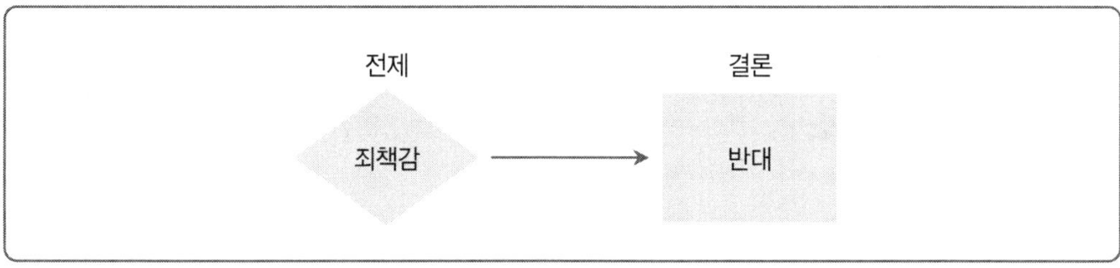

죄책감은 건설적인 행동을 불러일으키거나 부정적인 태도와 분노를 유발할 수 있다. 이 주장은 설득될 사람이 자신의 입장을 받아들이지 않아서 죄책감을 느끼게 함으로써 설득하려고 시도할 때 사용한다. 대화에서 승리하기 위해 누군가의 행동이나 주장을 부끄럽게 만드는 경우가 종종 있다. 이러한 오류는 죄책감이나 수치심이 주장을 수락하는 이유나 증거로 사용될 때 발생한다. 논증의 형식은 다음과 같다.

논증의 형식

- X를 주장한다.
- X는 수치스럽다.
- 따라서 X는 거짓이다.

죄책감 호소의 예

- 당을 위해서 헌신했는데 공천에서 탈락시키다니 믿을 수 없습니다.
- 신청서 작성 후에 차를 구매하지 않다니 이해할 수 없습니다.
- 그렇게 부도덕한 장관을 변호하고도 마음이 편안한가요?
- 그러한 생각을 갖고도 부끄럽지 않습니까?
- 의견이 거의 막말 수준이군요. 역시 당신은 막말하는 사람이군요.
- 가장 도덕적으로 타락하고, 극심하게 불안한 사람들만이 내 주장의 진실을 보지 못할 수 있습니다.
- 그런 식으로 부도덕한 범죄 혐의자를 변호하고 지지한다는 것을 어머님이 아신다면 어머니의 마음이 상할 것입니다.

3. 사람 호소

사람 호소(argument against the person)는 어떤 사람의 전제나 결론을 가지고 논박을 하는 것이 아니라 그의 성격, 약점이나 처해 있는 상황 등을 끌어내어 그의 주장이 거짓이라고 말하거나 자신의 잘못을 합리화하려는 오류이다. 즉, 논증이 누구의 것이냐에 따라 타당성을 결정하는 오류이다. ad hominem은 논증의 논리나 내용이 아닌 사람의 성격을 공격함으로써 사람의 논증에 대한 반응이다. 그러나 이러한 논증은 전반적인 주장과 관련이 없기 때문에 종종 오류이다. 진술의 진실이나 주장의 건전성을 반증하려고 하지 않고 진술이나 주장하는 개인의 성격이나 상황을 공격하는 것이다.

☑ 사람 호소의 유형

- 인신공격 호소
- 정황 호소
- 피장파장 호소
- 힘 호소
- 권위 호소
- 대중 호소
- 또래압력 호소
- 유명인 호소
- 출처 신뢰
- 대중의 믿음 호소
- 일반적 관행 호소
- 성취 호소
- 결과 호소
- 허수아비 호소
- 주의전환 호소
- 논점일탈 호소

☑ 사람 호소의 구조

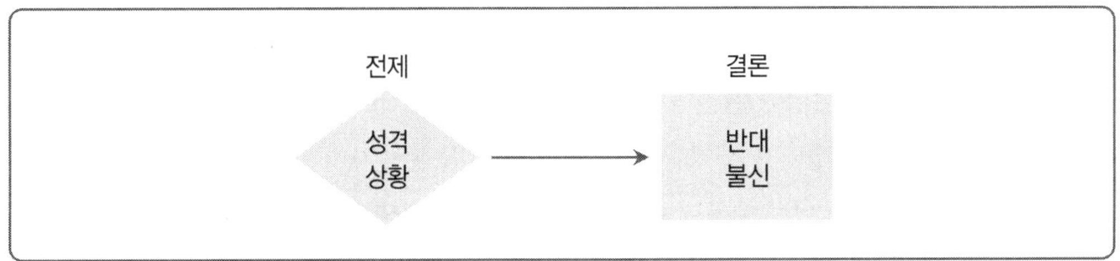

이 호소는 사람의 주장이나 관점을 반대하거나 불신하기 위해 사람의 성격이나 상황을 공격하는 주장이다. 두 가지 유형이 있다. 즉, 논쟁은 사람의 성격을 공격하거나 사람의 상황을 공격한다. 모두 주장을 공격하거나 주장에 반박하기보다는 주장의 근원을 공격한다. 주장하는 사람의 성격이나 상황을 공격함으로써 주장을 반박하려고 할 때 발생하는 비형식적 논리적 오류이다.

논증의 형식

- A가 X를 주장한다.
- B가 A를 공격한다.
- 따라서 X는 거짓이다.

사람 호소의 예

- 정치인은 그의 반대자가 낙태에 반대하는 종교적 신념이 있기 때문에 여성을 위한 좋은 선택이 될 수 없다고 주장한다.
- 검사는 피의자가 과거에 절도 전과가 있기 때문에 그가 도난에 대한 책임이 있다고 주장한다.
- 교사가 사립대학교를 졸업했기 때문에 가르치는 방법을 모른다고 학부모는 말한다.
- 어떤 어머니는 소아과 의사가 결코 어머니가 아니기 때문에 그 의사가 자신의 판단을 신뢰하지 않는다고 말한다.
- Darrell Issa 하원 의원은 백악관 대변인 Jay Carney를 유료 거짓말쟁이라고 부릅니다.

1) 인신공격 호소

인신공격 호소(ad hominem abusive)는 주장을 하는 사람의 흠집을 내어 그의 주장을 비판하는 오류이다. 즉, 주장의 진실이나 건전성을 반증하려고 하지 않고 단지 진술이나 주장을 진행하는 개인의 인품, 성격, 도덕성이나 행적을 공격하는 것이다. 논증자가 제시한 이유는 매우 사실일 수 있지만 그의 인품이나 행적 때문에 이유와 논리에 대한 그의 주장을 지지하지 않는다. 전제가 문제가 있음을 증명하는 것이 아니라 제안한 사람을 계속 공격한다.

☑ 인신공격 호소의 구조

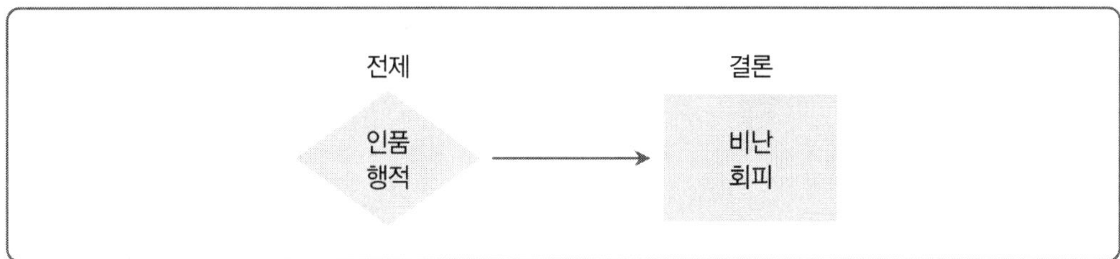

때때로 일부 옹호자의 강한 반대를 유도하기 때문에 인식공격은 심리적으로 설득력이 있다. 이러한 오류는 논증 대신 사람을 비판하여 결론을 반증하려고 할 때 발생한다. 적절한 반대 주장을 찾을 수 없을 때 만드는 인신공격 오류는 두 단계로 구성된다. 첫째, 주장하는 사람의 성격, 상황이나 행동에 대한 공격이 이루어진다. 둘째, 이 공격은 문제의 사람이 하고 있는 주장이나 논증에 대한 증거로 간주된다. 논증의 형식은 다음과 같다.

논증의 형식

- A가 X를 주장한다.
- B가 A를 공격한다.
- 따라서 X는 거짓이다.

인신공격 호소의 예

- 그는 이 분야에서 근무한 적이 없어 직무를 잘 수행할 수 없다.
- 고기를 먹고 있을 때 동물보호를 어떻게 주장할 수 있습니까?
- 토론에서 A는 대통령의 경제정책이 비현실적이라고 주장한다. 그의 반대자인 B는 그에게 그의 성격이 건전하지 못하다고 비난했다.
- 한 의원이 세금인하는 좋은 아이디어가 될 것이라고 법안을 제안한다. 이것은 사생활로 비난을 받고 있는 의원이 제안한 법안이다.
- A의 주장은 결코 사실이 아닙니다. 우리는 그가 얼마나 도덕적으로 역겨운지 알고 있습니다. 또한 그는 친일파 입니다.

- 세계암학회에서 한 의사가 발표자로 소개되었다. 나는 논문 조작자로 알려진 그가 세계 암학회에서 초대된 이유를 모르겠다.

2) 정황 호소

정황 호소(circumstantial ad hominem)는 주장하는 사람의 직책, 직업, 나이, 행적 등의 정황을 근거로 주장할 때 발생하는 오류이다. 이것은 실제로 주장이 참인지 거짓인지에 관계가 없다. 주장하는 사람이 특정 입장을 취하기 위해 편향되거나 성향이 있다고 공격한다. 이것은 상황을 받아들이게 하거나 포기하게 하는 공격이다. 주장이 참이나 거짓과 관계없이 상대방이 처한 정황을 이용하여 주장을 받아들이지 않으면 안 된다고 공격한다. 또한 상대방이 처한 특별한 상황에서 그렇게 주장할 수밖에 없을 것이라고 몰아붙이는 경우에 발생하는 오류이다.

☑ 정황 호소의 구조

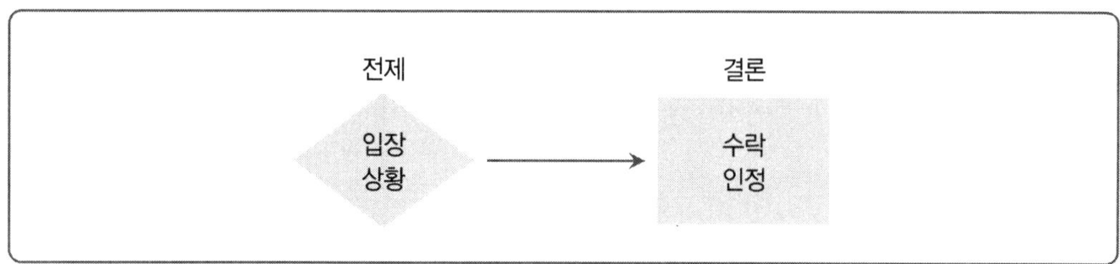

주장하는 사람의 이익에 호소함으로써 그의 입장을 공격한다. 상대방이 자신의 상황 때문에 논쟁을 받아들이거나 반박해야 한다고 주장한다. 상대방이 성직자라면 성서와 대립할 수 없기 때문에 특정한 주장을 수락하게 하는 것은 오류이다. 독자가 민주당이기 때문에 특정인을 지지하는 것은 정황 호소 오류이다. 상대방의 특수한 상황은 특정한 견해의 진실이나 거짓에 영향을 미치지 않는다. 논증의 형식은 다음과 같다.

● 논증의 형식

- A가 X를 주장한다.
- A가 X에 기득권을 갖고 있다.
- 따라서 X는 거짓이다.

정황 호소의 예

- 그 의원의 반대 주장에 실망할 필요가 없습니다. 그 의원은 다른 당 출신으로 반대만 하는 사람이에요.
- 어떤 사람이 A 장관의 결백을 믿는다고 말한다. 그가 그렇게 하지 않으면 공천에서 탈락할 수 있을 것이다.
- 그가 시민단체에 근무한다는 것을 알게 되었을 때 정부정책을 지지하는 것을 나는 이해할 수 있었습니다.
- 어느 의원은 태양광발전을 확대하는 것이 국가의 최선의 이익이라고 주장한다. 그 의원의 반대자는 자신의 지지자들이 태양광발전의 혜택을 누리기 때문에 말하는 것이라고 주장한다.
- A 학생은 교수님에게 이번 퀴즈는 성적에 포함해서는 안 된다고 말합니다. B 학생은 A가 퀴즈를 잘 풀지 못해서 그렇게 느끼는 것이라고 말합니다.

3) 피장파장 호소

피장파장(tu quoque)은 비판받는 내용이 비판하는 사람에게도 동일하게 적용될 수 있음을 근거로 비판을 모면하고자 하는 오류로 역공격의 오류라고도 한다. 상대방도 동일한 잘못을 했으니 자신을 비난할 수 없다는 논리이다. 즉, 네가 못하니 나도 못해도 된다는 논리이다. tu quoque는 라틴어로 "너도 마찬가지야(you too)"라는 의미이다. 논증을 주장하는 사람이 논증의 주장과 일치하지 않게 행동하는 것을 지적함으로써 논증이 결함이 있다는 것을 주장한다.

일관되지 않은 주장에도 불구하고 단 하나만 사실일 수 있지만 둘 다 거짓일 수 있다. 논증을 주장하는 사람이 논증의 주장과 일치하지 않게 행동하는 것을 지적함으로써 논증이 결함이 있다는 것을 공격한다. 그러나 어떤 사람의 주장이 자신의 행동과 일치하지 않는다는 사실은 그 사람이 위선자임을 나타내지만 이것이 그의 주장이 거짓임을 증명하지는 않는다.

☑ 피장파장의 구조

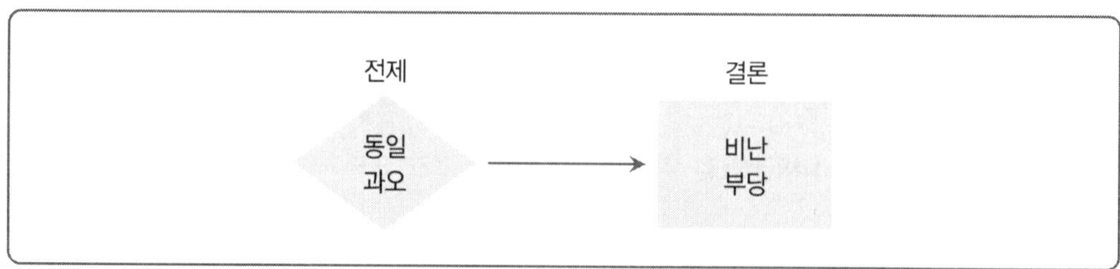

피장파장은 그릇된 논쟁자가 다른 사람의 입장, 논거 또는 결론을 무시하는 경우에 발생한다. 예를 들면, 한 친구가 "술을 끊어야 한다. 그것은 너의 건강에 해롭다"라고 말하자 "왜 내가 너 말을 들어야 하니? 너도 술을 마시잖아?"이 오류는 ① 다른 사람이 말한 내용과 일치하지 않거나 ② 자신이 말한 내용과 자신의 행동이 일치하지 않기 때문에 개인의 주장이 허위라고 결론을 낸다. 논증의 형식은 다음과 같다.

● 논증의 형식

- A가 X가 사실이라고 주장한다.
- A는 X가 사실이 아닌 것처럼 행동한다.
- 그러므로 X는 거짓이다.

● 피장파장의 예

- 똥 묻은 개가 겨 묻은 개 나무란다.
- 얘야, 그것을 먹어서는 안 된다. 고지방 햄버거를 먹는 것은 건강에 좋지 않다는 것이 과학적으로 입증되었단다. 아네요. 엄마는 항상 고지방 햄버거를 먹기 때문에 사실이 아니에요.
- 한강 주변에 조형물 건설을 반대했던 시장의 입장이 이전과 다른 입장을 취했기 때문에 공격을 받았다.
- 정치교수의 부당성은 그가 대학교수 재직 시 비판 기록이 있기 때문에 공격을 받았다.
- 지난 대선에서 도널드 트럼프의 입장은 과거의 말과 행동으로 인해 비난을 받았다. 그

가 정치 연설로 보수적인 기독교인들에게 호소할 때, 많은 사람들은 이전에 보수적인 기독교 가치가 부족해 보인다고 비난했다.

4) 힘 호소

힘 호소(appeal to force)는 어떤 결론을 받아들이도록 힘, 강압이나 권위의 위협에 호소하는 경우이다. 권력에 있는 사람이 자신의 제안에 동의하지 않는 사람에게 불행한 결과를 줄 수 있다고 위협한다. 위협의 증거는 힘, 강압이나 권위이며, 선택의 결과는 신체적, 경제적 또는 심리적 위협일 수 있다. 이것은 자신의 제안에 동의하도록 하는 데는 효과적인 방법일 수 있지만 전제가 사실이라고 믿을 증거를 제공하지 않는다. 오류는 항상 전제에 포함되어 있다.

☑ 힘 호소의 구조

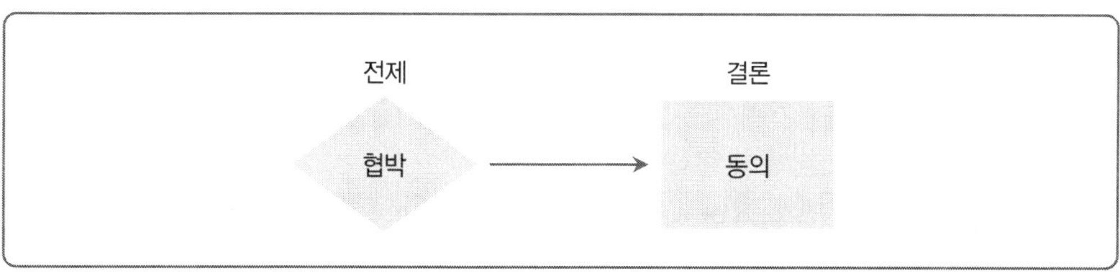

힘 호소는 결론을 정당화하려는 이유 대신에 힘, 강압이나 권위의 위협이 사용되는 경우이다. 이것은 심리적, 신체적이니 물질적 손해의 위협에 근거하고 있으며 논쟁 자체와 관련이 없는 오류 또는 잘못된 주장이다. 이유 대신에 힘이나 협박의 위협을 사용하여 다른 사람이 그들의 주장을 포기하도록 강요한다. 위협은 진술의 진실을 증명하거나 반증하지 않는다. 폭력의 위협이 있거나 암시된다. 따라서 결론을 받아들여야 한다. 예를 들면, 내 말을 믿어라. 그렇지 않으면 한 대 맞을 것이다. 논증의 형식은 다음과 같다.

● 논증의 형식

- X를 사실로 수용하라.
- 그렇지 않으면 손해를 볼 것이다.

위협이 결론과 논리적으로 관련이 있는 것은 매우 드문 일이다. 물론 합리적인 이유와 신중한 이유를 구분해야 한다. 힘 호소가 포함된 오류는 결론을 믿을 만한 합리적인 이유를 제시할 수 없다. 그러나 이것은 행동에 대한 신중한 이유를 제시할 수 있다. 위협이 신뢰할 만하고 나쁘면 마치 믿는 것처럼 행동해야 할 이유가 될 수 있다. 본질적으로 논쟁은 청취자가 피하고자 하는 일종의 두렵거나 폭력적인 결과와 관련이 있는, 바람직하지 않은 부정적 결과에 호소한다. 이러한 오류는 확실한 증거 없이 부정적인 결과가 가정될 때 발생한다. 이 오류를 이용하는 논증에서 논리는 건전하지 않으며 논증의 유일한 근거도 아니다. 대신 입증되지 않은 부정적인 감정과 가능성에 호소한다.

힘 호소의 예

- 귀하가 본사의 정책을 거부한다면 특별할인을 중단하겠습니다.
- 여러분은 근무시간을 더 많이 해 생산량을 증가해야 합니다. 그렇게 하지 않는다면 결국 직장을 잃게 될 것입니다.
- 판매신장으로 경영위기를 극복하고자 하는 새로운 시장개척에 반대하는 사람은 사임하겠다고 말하는 것으로 볼 것입니다.
- 정부정책을 찬성하지 않으면 예산이 삭감될 것입니다. 나는 예산 삭감을 싫어합니다. 그러므로 정부정책을 찬성할 것입니다.
- 산림청의 입장에 동의하지 않으면 용역을 줄일 것입니다. 산림청의 입장은 국립공원에 나무를 심으면 산불 위험이 줄어든다는 것입니다. 따라서 국립공원에 나무를 심으면 산불 위험이 줄어듭니다.

5) 권위 호소

권위 호소(appeal to authority)는 명제가 참인 것을 입증하기 위해서 그 권위를 제시하는 추론이다. 주장에 대한 타당한 권위자가 다른 근거를 제시하지 않고서도 사실이라고 말했기 때문에 주장이 사실이라고 주장하는 것은 오류이다. 그 사람이 실제로 권위자인지 아닌지에는 상관없다. 실제 증거를 제시하는 대신 주장은 권위의 신뢰성에 의존한다. 사람들이 권위를 믿는 경향이 있기 때문에 이 오류는 꽤 흔한 오류이다. 이러한 종류의 추론은 개인이 특정 상황에서 적절한 권위를 가지고 있지 않은 경우에만 오류이다.

☑ 권위 호소의 구조

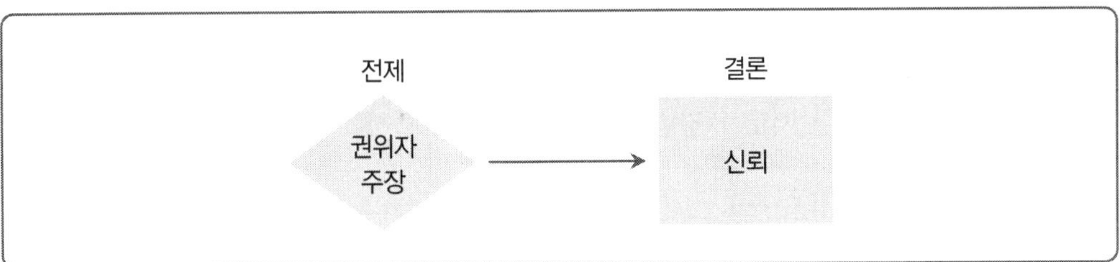

권위 호소는 문제의 사람이 해당 주제에 대한 정당한 권위가 없을 때 적용된다. 이러한 추론은 문제의 사람이 전문가가 아닌 경우에 오류이다. 자격이 없는 사람이 주장하는 것이 주장에 대한 정당성을 제공하지 않기 때문에 추론에 결함이 있다. 그 주장은 사실일 수 있지만 자격이 없는 사람이 주장했다는 사실은 그 주장을 참으로 받아들일 만한 합리적인 이유를 제공하지 않는다. 논증의 형식은 다음과 같다.

논증의 형식

- A는 주제 S에 대한 권위자이다.
- A는 주제 S에 대해 X를 주장한다.
- 따라서 X는 사실이다.

권위 호소의 예

- 이 책은 지구 온난화가 실제로 일어나지 않는다고 주장하며, 수년간 기후 변화를 연구해 온 한 환경 과학자의 연구를 인용한다.
- 경제학 박사가 주장한 바와 같이 나는 소득주도성장은 경제성장을 견인하지 못하는 수사적 표현이라고 말할 수 있다.
- 어떤 친구가 회식 자리에서 술을 마시는 것이 건강에 좋지 않다고 주장하며 한 대학병원 의사의 말을 인용한다.
- 한 어린 소년은 엄마가 강에 오염 물질이 있다고 말했기 때문에 친구들이 강에서 수영을 해서는 안 된다고 말한다.

- 한 광고는 대부분의 치과 의사가 자신의 가족이 사용하기 위해 특정 브랜드의 치약을 선택할 것이라고 주장한다.
- 한 식품학자가 우리 회사 제품을 먹으면 건강에 좋은 음식이라고 적극적으로 추천하였다. 그 식품학자는 매우 유명한 학자이다.

6) 대중 호소

대중 호소(appeal to popularity)는 어떤 주장에 대한 타당한 근거를 제시하지 않고, 대중의 감정, 군중심리, 열광 등에 호소하거나 여러 사람이 동의한다는 점을 들어 자신의 주장에 동의하도록 하는 오류이다. 모든 사람들은 다른 사람들에 의해서 사랑, 존경, 칭송, 인정받기를 원한다. 대중에 호소하는 오류는 이러한 기대를 이용하는 것이다. 많은 사람들이 믿고 있다는 이유로 명제를 참이라고 결론짓는 것을 동의하도록 한다. 널리 알려져 있다는 사실이 반드시 참은 아니므로 논리적으로 오류가 될 수 있다. 따라서 대중에 호소하는 논증은 어떤 신념이 얼마나 인정되고 있느냐는 것이지 참인지는 증명하지 않는다.

편승 오류(bandwagon fallacy)는 대다수 또는 특정 집단의 사람들의 신념에 따라 무언가가 진실이거나 선해야한다는 가정에 근거한다. 이 오류는 어떤 것이 대중적이므로 사실이라고 주장할 때 발생하는 논리적 오류이다. 편승 오류는 대중 호소, 군중 호소 등으로 불린다. 이들 용어는 종종 서로 상호 교환적으로 사용되지만 일부 용어는 약간 다른 유형의 잘못된 호소를 나타낸다. 그러나 그것들은 실제적으로 근본적으로 유사하다.

☑ 대중 호소의 구조

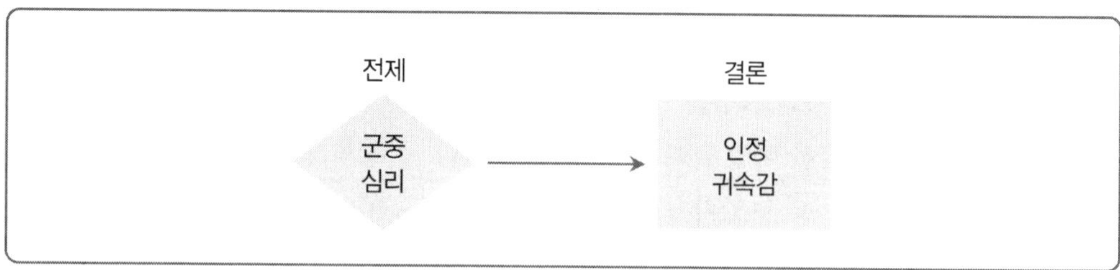

대중, 정당, 폭도 또는 집단의 감정, 편견이나 관심을 불러 일으켜 입증되지 않은 결론을 받아들이도록 하는 시도는 오류이다. 대중 호소는 많은 사람들이 그것을 하는 것에 동의하기 때문에

어떤 것이 옳거나 옳은 일이라고 주장하는 것이다. 진실성에 대한 증거로써 전제를 사용한다. 상식으로 뭔가 인기가 있다면 좋을 것이라 판단한다. 그러나 제시되는 증거는 결론과 관련이 없다. 대신 그들의 소망에 호소함으로써 결론을 따르도록 한다. 논증의 형식은 다음과 같다.

논증의 형식

- 모든 사람들이 X를 하고 있다.
- 따라서 X가 옳은 것이 틀림없다.

- X가 인기 있다.
- 인기 있는 것은 항상 사실이다(언급되지 않는다).
- 따라서 X는 참이다.

대중 호소의 예

- 모든 사람들이 이번 기회에 출마하는 것이 좋다고 말한다.
- 모든 사람들은 피고가 남편을 죽였고, 이것을 확실하다고 믿는다.
- 대부분이 위선이라고 생각하며 거짓말쟁이를 지지하지 않는다.
- 당신은 새로운 잠바를 사야한다. 모두가 그것을 입고 있다.
- 이 책은 전국 서점에서 베스트셀러이므로 좋은 책이다.
- 많은 사람들이 범죄 피의자를 수호한다고 서초동 사거리에서 데모합니다. 따라서 모든 범죄 피의자들을 수호해야 합니다.
- 이 화장품은 전세계 모든 여성들이 사용하고 있는 제품이다. 따라서 이 화장품은 모든 여성들에게 매우 우수한 제품이다.
- 선거철이 다가오니까 대권에 도전하려는 많은 정치가들이 무상 복지와 무상 수당을 국민들에게 지급해야 한다고 주장한다. 국가의 예산 조달이 중요하지만 나도 국민들에게 인기를 얻으려고 더 많은 무상 복지와 무상 수당을 주장한다.
- 교통 경찰관님, 나는 속도위반이 아니라고 생각합니다. 모두가 나처럼 도로에서 동일한 속도로 가고 있습니다. 만일 도로에서 내가 더 느리게 가면 교통 흐름을 방해해서 교통사고가 발생할 것입니다.

- 미국 성인의 약 25%가 점성술을 믿고 있기 때문에 점성술에는 진실이 있습니다. 많은 사람들이 틀릴 수 없습니다.
- 모든 문화의 사람들이 더 높은 존재를 믿기 때문에 하나님이 있어야 합니다.

7) 또래압력 호소

같은 연령의 친구들은 대체로 암묵적으로 정해진 규칙이나 지침에 따라 생각하고 행동한다. 또래압력(peer pressure)은 또래에 의한 거부의 위협이 논증에서 증거로 대체될 때 발생하는 오류이다. 또래압력은 진실에 관심이 없으나 또래들에게 적합하고 수용되는 것에 관심이 있다. 부정적인 또래압력의 예로는 누군가에게 마약, 담배, 알코올 및 성행위를 시도하도록 말하는 것이 포함된다. 또래압력의 주요 이점은 동료로부터 인정, 공감과 존경을 받는다. 동료인정, 공감과 존경은 자긍심, 자신감 및 자신이 잘하고 있다는 긍정적인 감정의 수준을 높인다.

☑ 또래압력 호소의 구조

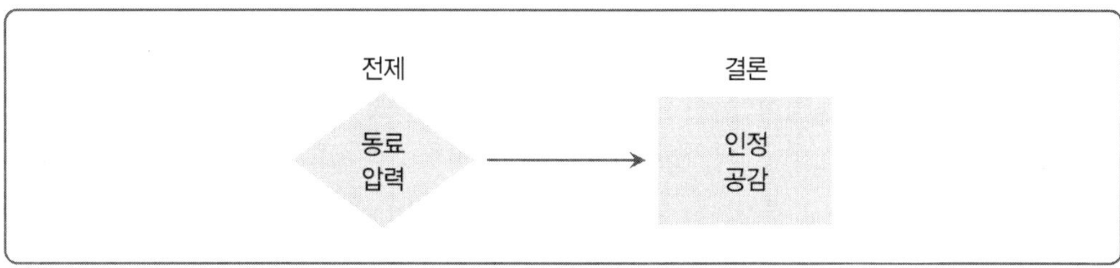

집단에 대한 충성도와 소속의 필요성은 사람들에게 집단의 견해와 입장을 준수해야 할 매우 강력한 이유를 줄 수 있다. 또한 실제적인 관점에서 집단에 속하기 위해 자신의 신념을 타협해야 한다. 그러나 이러한 충성심이나 소속의 필요성은 단순히 주장에 대한 증거가 아니다. 또래압력은 종종 부정적인 것으로 보이나 누군가에게 긍정적인 영향을 줄 수 있다. 예를 들어, 자녀가 스포츠, 학교 클럽에 가입하거나 친구 중 한 명이 성적을 높이려고 하면 자신도 성적을 높이려고 할 수 있다. 모든 연령대에서 또래압력이 발생할 수 있다. 논증의 형식은 다음과 같다.

논증의 형식

- P는 동료들에게 압력을 받거나 거절 위협을 받는다.
- 따라서 P의 주장 X는 거짓이다.

집단에 대한 충성도와 소속의 필요성은 사람들에게 그 집단의 견해와 입장을 준수해야 할 매우 강력한 이유를 줄 수 있다. 또한 실제적인 관점에서 종종 집단에 속하기 위해 자신의 신념을 타협해야 한다. 그러나 이러한 충성심이나 소속의 필요성은 단순히 주장에 대한 증거가 아니다. 성인에 대한 또래압력의 예는 다음과 같다.

- 또래집단의 구성원이 가는 특정한 식당에 간다.
- 또래집단의 구성원이 갖고 있는 고급차를 구매한다.
- 또래집단의 구성원이 입는 옷을 입는다.

고등학생의 또래압력은 십대 우울증, 스트레스, 부정적 행동 문제, 잘못된 의사결정 및 결과로 이어질 수 있어 해롭다. 또래압력은 개인의 삶에 갈등이나 충돌을 일으킨다. 부정적인 압력은 개인이 위험한 습관을 쉽게 받아들일 수 있다. 사교계에서 받아들여진다고 느끼거나 소속감을 느끼고 싶기 때문에 흡연, 음주 또는 약물 복용을 시작한다. 소위 동료들이 그들을 받아들이기를 원한다. 다음은 십대들에게 또래압력을 받는 주요 원인이다.

- 입거나 갖고 싶은 소망
- 거부를 피하고 사회적 수용을 얻으려는 욕구
- 조화로운 불일치
- 개인, 사회적 혼란 또는 불안

또래압력 함정에 빠질 위험이 높은 특성은 낮은 자존감, 자신감 부족, 또래집단 내에서 불인정에 대한 위험이 있다. 또래압력이 편안하지 않은 방식으로 행동할 것을 요구할 때, 십대는 낮은 자존감, 불안 및 우울증으로 고통을 받을 수 있다. 십대들은 종종 매우 강한 감정을 느끼고 극심한 분위기로 이어진다. 또래압력은 청소년들에게 강력한 영향을 미친다. 그 이유 중 하나는 부모보다 동료와 더 많은 시간을 보내기 때문이다. 또래압력의 증상은 다음과 같다.

- 낮은 기분, 눈물 또는 절망감
- 일반적이지 않은 공격성 또는 반사회적 행동
- 명백한 이유 없이 행동의 급격한 변화
- 수면 장애, 과도한 수면, 일찍 일어나기
- 식욕 상실 또는 과식
- 등교 기피

또래압력 호소의 예

- A는 현재 정부의 무상복지정책을 좋아하지 않는다. 그는 사람들이 자신의 복지를 위해 일해야 한다고 생각한다. 그의 친구들은 그를 비웃으며 극우파라고 비난하고 집단에서 기피했다. 그는 거절을 피하기 위해 자신의 입장을 포기하기로 결정했다.
- 친구들이 학교에서 미니스커트를 입기 시작했습니다. 나는 너무 많은 피부를 보여주는 것이 편안하지 않지만 친구들에게 이상한 피부처럼 보이고 싶지 않습니다.
- 나는 친구들과 사귀고 있으며 그들은 모두 술을 마십니다. 그들은 모두 좋은 시간을 보내고 있는 것처럼 보이기 때문에 나도 음주를 시도합니다.
- 다음은 A와 B 간의 대화이다.

  A: 나는 1 + 1 = 2라고 생각한다.

  B: 하지만 "친구들이 모두 그렇지 않다"고 주장했다.

  A: "농담이었다. 물론 1 + 1 = 2가 아니야"라고 말하고 친구들의 거절을 피하기 위해 기존의 생각을 수정하였다.

8) 유명인 호소

유명인 호소(appeal to celebrity)는 유명인이 인기로 인해 권위가 있다고 주장할 때 발생하는 오류이다. 유명인에 대한 호소는 특히 광고에서 일반적이다. 인기는 진실과 관련이 없다. 인용된 유명인이 자신의 전문지식으로 인해 유명인이 유명할 때는 예외가 된다. 예를 들면, 마이클 조던(Michael Jordan)은 농구화의 권위자일 수 있는데, 이것은 농구에 대한 전문지식 때문이다.

☑ 유명인 호소의 구조

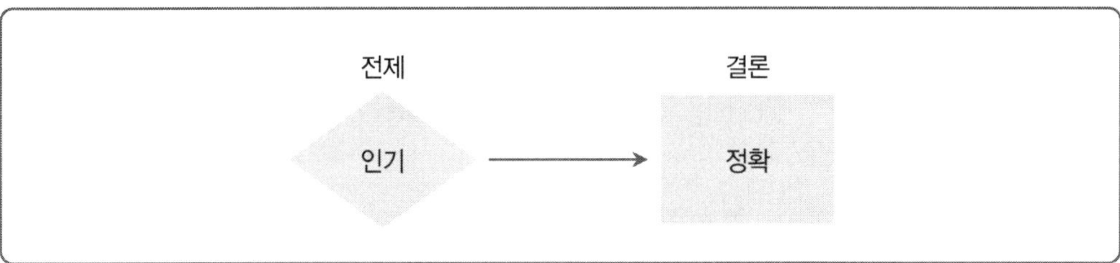

오류는 권위 호소에 속하는 오류이다. 논쟁의 힘이 아니라 유명인의 지위에 근거한 유명인의 주장을 받아들이도록 하는 호소이다. 유명인에게 호소하는 것은 권위에 대한 가장 보편적인 오류 중 하나이다. 제품에 대한 유명인의 지지는 너무 일반적이기 때문에 거의 눈치 채지 못한다. 유명인들은 제품 외에도 정치 후보를 지지하며, 대통령 선거에도 각 후보자를 돕기 위해 등장한다. 또한 유명인은 모든 정치적, 종교적, 자선적 사유를 공개적으로 지지한다. 유명인들이 좋아하고, 즐기거나 말하는 것이 일반인들도 그렇게 한다는 아이디어에 근거한다.

논증의 형식

- 유명인은 X를 지지한다.
- 유명인은 정확하다(언급되지 않는다).
- X는 정확하다.

유명인 호소의 예

- 유명 배우가 노벨 물리학상을 받은 학자의 이론을 평가한다.
- 유명 선수가 지열발전소가 지진을 유발할 것이라고 경고한다.
- 한 유명 배우가 질병 진단 제작 방법을 자세히 설명한다.
- 철학 교수님이 한 제품개발 서적을 읽을 것을 권한다.
- 유명 연예인이 대통령 선거 유세장에 나와 특정 후보를 능력이 있고 정직하고 민주적인 후보라고 강력히 추천한다.
- 유명 배우 X는 지구 온난화가 현실적이며 더 많은 관심을 기울여야 한다고 말합니다.

• 유명 배우 X는 매일 아침 특정 브랜드의 우유를 마시며 하루를 시작합니다. 그래서 유명 배우 X가 먹는 특정 브랜드의 우유는 가장 좋은 우유입니다.

9) 출처 신뢰

출처 신뢰(appeal to trust)는 출처가 신뢰할 수 있다면 해당 출처의 정보는 참이고, 출처가 신뢰할 수 없는 것으로 간주될 경우 해당 출처의 정보는 각각 참 또는 거짓이다. 이것은 각각의 주장 또는 제안이 그 자체의 장점으로 평가되어야하기 때문에 오류이다. 어떤 방식으로든 논증에서 신뢰할 수 있음을 보여주고 어떤 것에 대해서는 신뢰할 수 있기 때문에 모든 것에 대해 신뢰할 수 있다고 가정할 경우에 오류가 발생한다.

☑ 출처 신뢰 호소의 구조

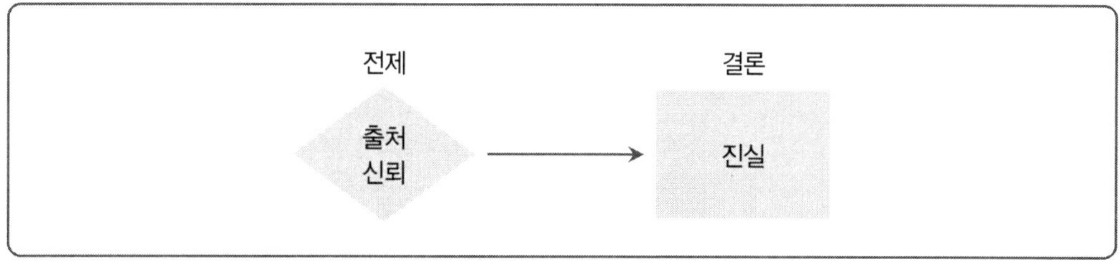

신뢰는 진실성과 정직이다. 신뢰할 수 있는 사람은 약속을 지킨다. 정직한 사람이 진실을 말한다. 신뢰 호소에는 누군가 또는 무언가를 신뢰하는 것은 포함되지 않다. 출처가 신뢰할 수 있거나 신뢰할 수 없는 것으로 간주될 경우 해당 출처의 정보는 각각 참 또는 거짓이다. 이것을 사용하기 위해서는 어떤 방식으로든 신뢰할 수 있음을 보여주고 어떤 것에 대해서는 신뢰할 수 있기 때문에 모든 것에 대해 신뢰할 수 있다는 가정이다. 예를 들면, "믿어 줘요, 저는 의사입니다"는 의사가 항상 진실을 말한다는 가정이다. 따라서 신뢰할 수 있다고 참이라 하는 것은 오류이다.

● 논증의 형식

• Y는 신뢰할 수 있는 정보이다.
• 주장 X는 Y에 의해 이루어졌다.
• 따라서 주장 X는 참이다.

출처 신뢰 호소의 예

- Y후보가 능력이 있고, 정직하다고 언론에 보도되었습니다. 당신은 그의 모습을 좋아할 것입니다. 내가 보증합니다.
- 정말로 나를 믿으면 나와 함께 강남 갈 거라고 생각할 것입니다.
- 믿어 줘요, 저는 의사입니다.
- 당신이 알다시피 나는 확실히 약속을 준수할 수 있습니다. 나에게 투자하시죠?
- 나는 오늘 경제신문에서 임야 투자는 좋은 투자라고 읽었다. 임야 매입을 위해 대출을 할 수 있습니까?
- 나는 큰 장벽을 지을 것입니다. 아무도 나보다 장벽을 더 잘 지을 수는 없습니다(도널드 트럼프, 2015, 캠페인 집회에서).
- 의학저널에 이 물질이 암의 원인을 제거할 수 있다고 기술되어 있다. 따라서 이 물질이 암을 치료할 수 있을 것이다.

10) 대중의 믿음 호소

대중의 믿음 호소(appeal to common belief)는 많은 사람이 믿고 있다는 이유로 어떤 명제를 참이라고 결론짓는 것을 의미한다. 대부분 또는 많은 사람들이 대중의 주장이 진실이라고 주장할 때 주장에 대한 증거로 제시된다. 본질적으로 많은 사람들이 무언가를 믿기 때문에 사실이어야 한다는 주장이다. 많은 사람들이 무언가를 믿었다면 사실이고, 진실 가능성이 믿는 사람들의 수에 의해 평가되는 오류이다. 이 논리는 아무리 많은 사람들이 어떤 것을 믿고 있는지에 상관없이 여전히 사실이 아닐 수 있기 때문에 건전하지 않다.

☑ 대중의 믿음 호소의 구조

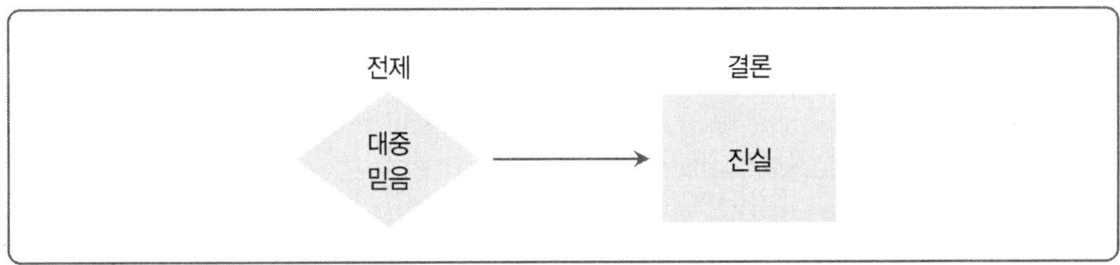

많은 사람들이 주장이 참이라는 증거를 제공하지 않기 때문에 이러한 추론 방식은 오류이다. 많은 사람들이 주장을 참이라고 인정하는 사실은 주장이 참이라는 암시이다. 사람들이 실제로 믿는 것이 주장의 진실을 결정하는 경우도 있다. 예를 들어, 예절과 올바른 행동에 대한 주장의 진실은 단순히 사람들이 좋은 예식과 올바른 행동이라고 믿는 것에 달려 있다. 또 다른 예는 대부분의 사람들이 받아들이는 기준으로 간주되는 지역사회 기준의 경우이다. 경우에 따라 특정 지역사회 기준을 위반하는 것이 음란한 것으로 간주된다. 논증의 형식은 다음과 같다.

논증의 형식

- 대부분의 사람들은 주장 X가 사실이라고 믿는다.
- 따라서 X는 참이다.

대중의 믿음 호소의 예

- 대다수의 미국인들이 하나님을 믿으므로 하나님이 존재해야 한다.
- 모두가 이것이 옳은 일이라고 말하고 있습니다.
- 당신의 가족은 모두 차를 좋아합니다.
- 한 조사에서 10명의 의사 중 8명이 신약이 위험하다고 한다.
- 많은 사람들은 가족이 여름마다 휴가를 가야 한다고 생각하므로 가족들은 여름마다 휴가를 간다.
- 대다수의 엄마들은 아이들이 밤에 일찍 자야 한다고 생각한다. 따라서 일찍 자는 것은 그들에게 좋은 것이 틀림없다.
- 많은 사람들은 선의의 거짓말을 하는 것이 괜찮다고 생각하므로 그러한 거짓말을 하는 것은 아무 문제가 없다.
- 한때 대부분의 사람들은 지구가 태양계의 중심이라고 믿었다. 당시에는 적어도 그러한 것들에 대한 믿음을 가진 사람들이 대부분이었다. (그러나 이 믿음은 오늘날에는 거짓으로 판명되었다.)

11) 일반적 관행 호소

일반적 관행 호소(appeal to common practice)는 작가나 발표자들이 일반적으로 행동하거나 대부분의 사람들이 행동하는 것은 정확하고, 도덕적이고, 정당하고, 이성적이고, 합리적이라고 주장한다. 기본 개념은 대부분의 사람들이 행동한다는 사실이나 실천을 뒷받침하는 증거로 사용된다는 것이다. 그러나 대부분의 사람들이 무언가를 한다는 사실만으로는 그것이 정확하고, 도덕적이거나, 정당하거나 합리적이라고 생각하는 것은 오류이다. 예를 들어, 사무실에서 일하는 여성은 동일한 일을 하는 남성들이 자신보다 더 많은 돈을 받는다고 말할 수 있다. 그래서 그 여성은 남자들과 동일한 급료를 받는 것은 정당하다고 말할 수 있다. 이것은 여성과 남성들 간에 능력, 경험이나 근무시간 면에서 타당한 차이가 없다면 사실일 수 있다.

☑ 일반적 관행 호소의 구조

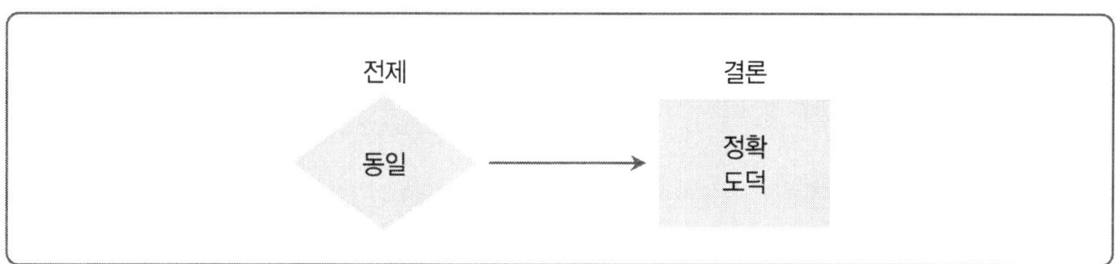

오류의 배후에 있는 기본 개념은 대부분의 사람들이 X를 한다는 사실이 행동이나 실천을 뒷받침하는 증거로 사용된다. 대부분의 사람들이 무언가를 한다는 사실만으로는 그것이 정확하고, 도덕적이며, 정당하거나 힙리적이지 않기 때문에 오류이다. 이 호소는 종종 변명할 때 사용된다. 무언가에 대해 확신이 없으면 다른 사람들에게 의지하여 그들이 하기 때문에 정확하다고 합리화하는 것이다. 또한 이것은 사람들에게 압력을 가하는 사회집단에 영향을 미치는 방법이다. 사람들이 해야 할 일이 확실하지 않은 경우, 어떤 일이 확실하지 않은 경우 일반적인 관행을 채택한다. 논증의 형식은 다음과 같다.

● 논증의 형식

- 대부분의 사람들은 X를 한다.
- 따라서 X는 정확한, 도덕적, 정당한, 이성적이다.

일반적 관행 호소의 예

- 모든 사람들이 공공기관 채용시험은 공정하지 않다고 말한다. 따라서 공공기관 채용시험은 공정하지 않다.
- 물론 어떤 사람들은 평등을 헛소리로 믿는다. 그러나 모든 사람들이 임시직보다 정규직에게 돈을 덜 준다는 것을 알고 있다. 모두가 그렇게 하므로 실제로 나쁜 것은 아니다.
- 핵심 과목을 희생하더라도 논리학 수업을 요구하는 데 아무런 문제가 없다. 어쨌든 모든 대학에서 논리학 수업을 강의하고 있다.
- 어떤 회사의 직원들은 사무용품을 개인적으로 집에 가져간다. 따라서 당신도 역시 가져갈 것이다.
- 구청 환경과장은 폐기물 관리를 담당하고 있는 사람이다. 폐기물 관리에 부패가 있는 것으로 판명될 때마다 환경과장은 이 제도에 문제가 있지만 모든 구청에서 시행되고 있다고 말한다.

12) 성취 호소

무언가를 성취한 사람은 신뢰할 수 있다는 믿음이 있다고 가정한다. 성취 호소(appeal to accomplishment)는 성취한 개인의 의견을 증거로 사용할 때 발생하는 오류이다. 즉, 제안자의 성취에 따라 주장이 참 또는 거짓으로 간주되는 경우에 발생한다. 이 오류의 형태는 논쟁 자체의 장점보다는 논쟁하는 사람의 성취 또는 성공에 대한 논쟁이 평가될 때 발생한다. 이것은 어떤 사람이 자신의 성취 수준을 결론을 뒷받침하는 타당한 전제로 제시하는 것이 아니다. 어느 누구도 적절한 성취를 가지고 있지 못해서 어떤 것이 불가능하다는 것을 증명할 수 없다는 사실에 호소하는 것이다.

☑ 성취 호소의 구조

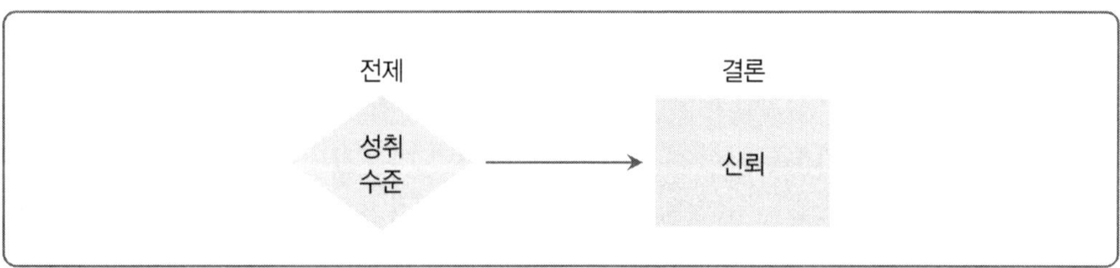

성취 호소는 누군가가 결론을 뒷받침하기 위해 타당한 전제를 제시하기보다는 성취를 전제로 사용할 때 발생한다. 제안자의 업적에 근거하여 주장이 사실로 간주되는 경우에 발생한다. 논증은 주장하는 증거와 무관하다. 논증 뒤에 숨은 미덕이나 악을 강조하는 것은 인간의 본성이다. 성취 호소는 권위에 대한 단순한 호소일 때만 오류가 된다. 필요할 때 자신의 입장을 뒷받침할 수 있는 추가적인 증거를 제시할 수 있다면 특정 수준의 교육이나 경험을 얻은 사람의 증언에 의존하는 것은 잘못이 아니다. 논증의 형식은 다음과 같다.

논증의 형식

- X가 참이라고 주장한다.
- 정말로 성취되었다.
- 따라서 X는 참이다.

성취 호소의 예

- 회장님을 어떻게 비판합니까? 여러분이 회사를 운영하는 것에 대해 무엇을 알고 있습니까?
- 교육 프로그램 제작에 대해 너무 많이 알고 있다고 생각한다면 스스로 만드십시오.
- 아이작 뉴턴은 과학에 막대한 영향을 미쳤기 때문에 그의 연금술 분야에서 그의 가치는 참으로 위대했습니다.
- 대학 연구소에는 5명의 박사가 있으며 그들은 물질변환에 관한 베스트셀러 책을 저술했다. 따라서 그들이 말하는 것은 사실이다.
- 당신이 유니콘 기업이 되었을 때 연락하십시오. 그때까지는 입다물고 조용히 있기를 바랍니다.

13) 결과 호소

결과 호소(appeal to consequences)란 전제가 바람직하거나 바람직하지 않은 결과를 초래하는지에 따라 참 또는 거짓이라고 결론짓는 잘못된 주장이다. 전제에 대한 믿음이 좋은 결과를 가져오면 사실이나 전제에 대한 믿음이 나쁜 결과를 초래하면 거짓이라고 주장하는 것은 종종 부적절하다. 예를 들면, 나는 영원히 존재하기를 원하기 때문에 내세를 믿는다. 오류는 전제의 진실 가치와 관련이 없다는 사실에 있다. 전제는 결론의 진실이 아니다.

☑ 결과 호소의 구조

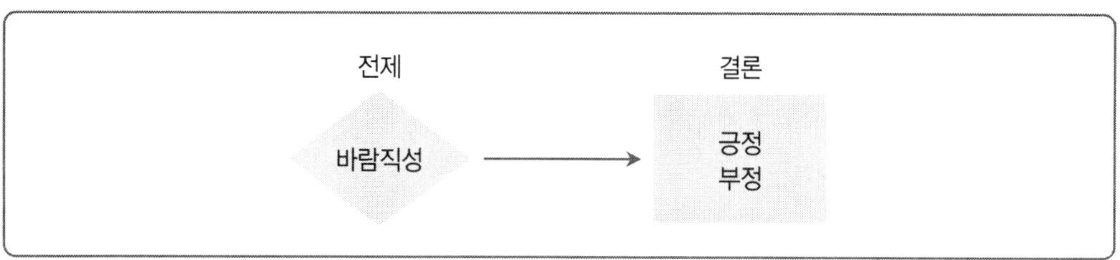

결과 호소는 전제의 진실이 결과에 따라 결정되는 논리적 오류이다. 이것은 긍정 형태와 부정 형태의 논증이 있다. 긍정 형태는 바람직하기 때문에 참이고, 부정 형태는 바람직하지 않기 때문에 거짓이다. 결과 호소에 근거한 주장은 장기적 의사결정과 추상적 윤리에서 유효하며, 실제로 많은 도덕 이론의 초석이다. 결과를 바람직하거나 바람직하지 않은 것으로 분류함에 있어서 주장은 본질적으로 주관적인 관점을 포함한다. 논증의 형식은 다음과 같다.

● 긍정 형태 논증의 형식

- A이면 B가 발생한다.
- B는 바람직하다.
- 따라서 A는 참이다.

[긍정 형태 논증의 예]

객관적인 도덕이 있다면 사망 후 좋은 도덕적 행동은 보상된다. 나는 보상을 받고 싶다. 그러므로 도덕은 객관적이어야 한다.

● 부정 형태 논증의 형식

- A이면 B가 발생한다.
- B는 바람직하지 않다.
- 따라서 A는 거짓이다.

[부정 형태 논증의 예]

객관적인 도덕이 없다면 모든 나쁜 사람들은 사망 후 나쁜 행동으로 처벌받지 않을 것이다. 나는 그것을 좋아하지 않는다. 그러므로 도덕은 객관적이어야 한다.

결과 호소의 예

- 하나님을 믿지 않으면 지옥에 갈 것입니다.
- 나는 다른 사람이 되고 싶지 않기 때문에 환생을 믿지 않는다.
- 신이 없는 삶은 무의미하다. 따라서 신은 틀림없이 존재한다.
- 나는 진화론이 참이라고 동의하지 않는다. 그러므로 진화론이 참이라면 인간은 원숭이보다 나을 것이 없다.
- 신에 대한 믿음은 자선을 증가시킨다. 그러므로 신이 존재한다.
- 다른 사람들을 사랑하고 보살피는 것을 가르치기 때문에 기독교는 사실이다.
- 종교는 천국에서 영원한 삶을 약속합니다. 자, 이제 당신은 천국에 가고 싶지 않습니까?
- X는 끔찍한 대통령이 아니다. 시민들이 그녀를 선택했고, 그녀가 실제로 나쁜 사람이었다면 그것이 우리에 대해 무엇을 말해 줄까요?
- 정부의 부동산 대책에도 불구하고 부동산 시장은 올해도 계속 상승할 것입니다. 주택 소유자는 자본 이익을 누릴 것입니다.
- 당신이 신을 믿지 않는다면 당신은 지옥에 갈 것입니다. 따라서 당신은 반드시 신을 믿어야 합니다.

14) 허수아비 호소

허수아비(strawman)는 상대방의 입장과 유사한 환상을 만들어 내고, 그 환상을 반박하는 것이다. 상대방의 입장과 주장을 문제가 있는 주장으로 변경하여(허수아비) 이를 공격하는 것이다. 허수아비는 공격하기 쉬운 가공의 인물이나 상대방의 주장을 약점이 많은 주장으로 만든 것이다. 그러나 허수아비는 상대방의 입장과 외견상으로 유사하지만 사실은 다른 명제이다. 제 아무리 공격하더라도 상대방의 본래 입장이 전혀 반박되지 않은 채 남는다. 이 오류는 전투훈련을 하면서 가상의 적인 허수아비를 만들어 공격한 데서 비롯됐다. 허수아비는 단지 훈련용 가상의 적에 불과한데도 그것에 매몰되어 적 자체에는 관심과 초점을 잃는다.

☑ 허수아비의 구조

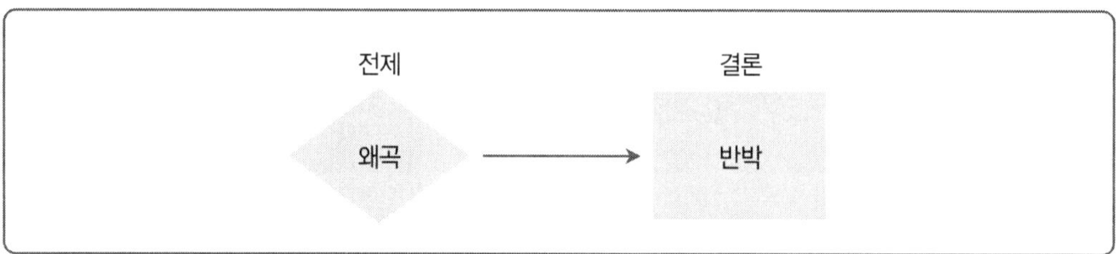

허수아비 오류는 사람이 단순히 상대방의 실제 입장을 무시하고 왜곡되거나 과장되거나 잘못 표현된 입장을 대체할 때 발생된다. 이러한 추론은 왜곡된 입장을 공격하는 것이 단순히 입장 자체에 대한 공격이 아니기 때문에 오류이다. 완전한 허상에 대한 공격이 사람을 해칠 것으로 예상할 수도 있다. 논증의 형식은 다음과 같다.

논증의 형식

- A는 X의 입장이다.
- B는 Y의 입장(X의 왜곡)을 나타낸다.
- B는 Y의 입장을 공격한다.
- 따라서 X는 거짓이다.

허수아비는 상대방의 왜곡된 주장이다. 실제로 다른 사람이 믿는 것과 다른 견해를 가지고 있다고 주장할 때 발생한다. 따라서 사람의 실제 진술이나 신념을 공격하는 대신 주장을 왜곡하여 이를 공격하는 것이다. 가장 강력한 논증을 공격하기보다는 공격하기 쉬운 약한 논증을 찾는다. 그리고 공격할 수 있는 실제 입장을 변경한다. 기본 가정은 논증의 작은 부분이 거짓으로 판명될 수 있다면, 전체적으로도 거짓이라는 것이다. 논쟁의 약한 부분을 선택하고 다룸으로써 논증의 주요 부분이 되어 주의가 산만해진다.

허수아비 호소의 예

- 점성술은 입증되지 않았지만 거짓으로 판명된 것은 아니다.
- "평화를 유지해야 한다. 따라서 전쟁을 해서는 안 된다"는 주장에 "그렇다면 적이 침입

해도 가만히 있어야 된다는 말이냐?"

- 여당의원은 국방예산을 늘리지 말아야 한다고 말했다. 야당의원은 여당의원이 국가를 무방비 상태로 두고 싶어 한다고 말했다.
- 생물교사는 모든 것이 진화한다는 진화를 가르쳤다. 학생은 단지 인간이 벌레에서 왔다는 것을 받아들일 수 없다고 말한다.
- 당신은 평범한 사람이 중요하다고 말했습니다. 그렇다면 지금 나에게 평범한 사람을 보여주세요.
- 교육에 비용을 적게 지출하고 싶습니다. 정말로 이 나라의 미래를 망치고 싶습니까?

15) 주의전환 호소

주의전환(red herring)[15]은 관련이 있거나 중요한 논점을 오도하거나 다른 데로 관심을 돌리게 하는 것이다. 즉, 엉뚱한 곳으로 관심을 돌려 논점을 흐리게 하는 것을 말한다. 이 오류는 주제를 변경함으로써 상대방의 주의를 돌릴 때 발생한다. 즉, 거짓 신호로 주의를 다른 곳으로 돌리거나 혼란을 유도해 상대방을 속이는 것이다. 따라서 사소한 문제를 크게 부각하면서 정작 중요한 문제를 감추는 경우이다. 허수아비 호소는 상대방의 주장을 적당히 왜곡해 공격하는 것인 데 비해 주의전환 호소는 주제를 다른 것으로 바꿈으로써 논점을 회피하려는 것이다.

☑ 주의전환의 구조

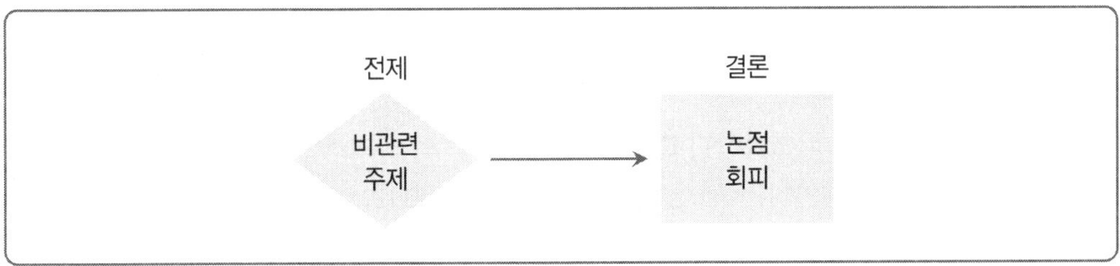

원래의 문제에서 관심을 돌리기 위해 관련이 없는 주제가 제시되는 오류이다. 사람의 주의를 다른 곳으로 돌리거나 혼란을 유도해 상대방을 속이는 것이다. 기본 아이디어는 논쟁에서 벗어

15) 독한 냄새가 있는 훈제 청어는 18~19세기에 유럽에서 여우 사냥개를 훈련할 때 개의 후각을 단련시키는 데 사용하였다. 사냥감을 쫓던 개가 그 냄새를 맡으면 혼란을 일으켜 사냥감을 놓치기도 해서 도망자들이 지니고 다녔다. 논쟁 등에서 논점을 흐리고 엉뚱한 곳으로 상대방의 관심을 돌리는 수단을 뜻한다.

나 다른 주제에 주목시켜 원래의 논점을 회피하는 것이다. 이러한 오류는 소설보다 설득력 있는 글쓰기와 연설에서 더 흔하다. 논증의 형식은 다음과 같다. 주제 Y가 우선하기 때문에 주제 X는 무시되거나 관련이 없는 다른 것으로 대체된다. 주제 Y는 주제 X와 무관하다.

논증의 형식

- A가 X를 제시한다.
- B가 Y를 제시한다(Y는 X와 관련이 없다).
- X가 버려진다.

주의전환의 예

- 말싸움을 하다가 불리해지면 "너 몇 살이야?"
- 바람핀 남자에게 옳지 않다고 그의 친구가 말한다. 그 친구는 옳고 그름을 누가 판단하는지를 말하기 시작한다.
- 은행원과 대출 요청자의 대화
  대출자: 고객에게 대출 이자 5%를 청구해서는 안 됩니다. 이것은 비윤리적입니다.
  은행원: 글쎄요, 내가 이 이자율을 청구하지 않으면 다른 직원이 할 것입니다.
- 환경보호와 관련하여 많은 동요가 있습니다. 우리는 이 세상을 에덴으로 만들 수 없습니다. 이 세상이 에덴이 되면 어떻게 될까요? 아담과 이브는 지루해지겠지요.
- 딸과 엄마의 대화이다.
  딸: 내 생일에 지갑을 선물한다고 약속했어?
  엄마: 아프리카의 굶주린 아이들에 대해 잠시 생각해봐라. 그때 너의 모든 문제는 사소해 보일 것이다.
- 이 일은 히틀러가 권력을 잡기 5년 전에 일어난 일이라고 합니다. 왜 히틀러에 매료되어 있습니까? 반유대주의자입니까?

16) 논점일탈 호소

논점일탈(missing the point)는 동문서답의 유형으로 논증과 관련 없는 이야기를 하여 논증과 무관한 결론에 이르는 오류이다. 논증의 전제가 하나의 특별한 결론을 뒷받침하지만 정확한 결론과 관련 없는 다른 결론이 도출될 때 발생하는 오류이다. 단지 논증하려고 하는 것과 외견상으로 비슷하거나 약간의 관계를 갖고 있을 뿐이다. 논점일탈 호소는 증거가 실제로 도출된 것과 다른 결론을 내릴 때 발생한다. 즉, 주장의 전제는 구체적인 결론을 지지하지만 저자가 내리는 결론은 아니다. 예를 들면, 요즘 복지제도의 남용이 만연하고 있다. 유일한 대안은 복지제도를 완전히 폐지하는 것이다.

☑ 논점일탈의 구조

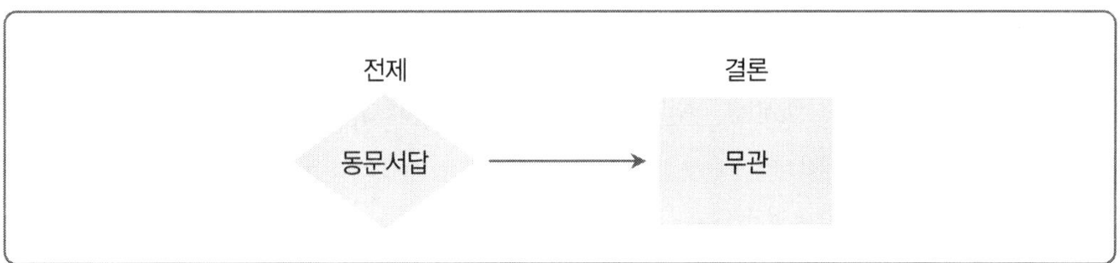

완벽하게 타당하고 건전한 결론을 도출할 수 있는 주장이 있지만, 언급된 결론은 다른 것이다. 무언가를 증명하고 싶지만 방법을 모르는 사람들이 이 오류를 사용하기 때문에 주장한 다음 원하는 결론을 바꾼다. 이것은 정치인들이 자주 사용하는 방법이다. 한 논증의 전제는 특정 결론을 뒷받침하지만 다른 모호하게 관련된 결론이 대신 변경된다. 논점일탈은 논점의 중심점을 피하고 논증과 관련이 없는 주장으로 이동하는 오류이다. 논쟁자는 전제의 논리적 의미를 오해한다. 논증의 형식은 다음과 같다.

● 논증의 형식

- A는 X를 주장한다.
- B는 관련이 없는 진술을 한다.
- 청자나 논증자는 주장 X를 잊는다.

논점일탈 호소의 예

- 금도끼를 든 산신령이 연못에 도끼를 빠뜨린 나무꾼에게 "이것이 네 도끼냐?"라고 물었다. 나무꾼은 "금도끼는 쇠도끼보다 비싸도 실용적이지 않습니다"라고 대답하였다.
- 이 지역에서 최근에 강도 사건이 증가했습니다. 왜냐하면 많은 사람들이 이 지역으로 이사왔기 때문입니다.
- 항우울제는 과도하게 처방되어 위험하므로 분명히 불법으로 해야 한다.
- 처벌의 심각성은 범죄의 심각성과 일치해야 한다. 현재 음주운전에 대한 형벌은 괜찮다. 그러나 음주운전은 무고한 사람들을 죽일 수 있는 심각한 범죄이다. 따라서 음주운전에 대한 형벌은 사형이어야 한다.
- 당신은 슬프고 나는 기쁘다. 당신은 회색 코트와 검정색 바지를 입고 있다. 그럼 차를 한 잔 할까요?
- 미국에서 많은 구직의 수혜자는 새로운 이민자입니다. 따라서 이민자 수를 대폭 줄여야 합니다.

제6장

기대 호소

석세스
시크릿

1. 기대 호소

기대 호소는 주관적인 희망에 의한 추론이다. 기대하는 것은 심리적, 지각적 인식에 영향을 미친다. Bruner와 Goodman은 경제적 지위에 따라 아이들을 빈곤 집단과 부자 집단으로 나누어 지각적 인식에 관하여 실험하였다. 두 집단 모두 조리개의 직경을 조작하여 실제 동전의 크기를 추정하도록 요청했다. 두 집단 모두 동전의 크기를 과대평가했지만 빈곤 집단은 최대 50%까지 크기를 과대평가했고, 이는 부자 집단보다 최대 30% 더 컸다. 이러한 결과로부터 그들은 빈곤한 어린이들은 돈에 대한 열망이 커져 동전을 더 크게 인식한다고 결론지었다. 물체의 주관적 경험이 그 물체의 지각적 인식에 영향을 준다고 제안하였다.

☑ 기대 호소의 구조

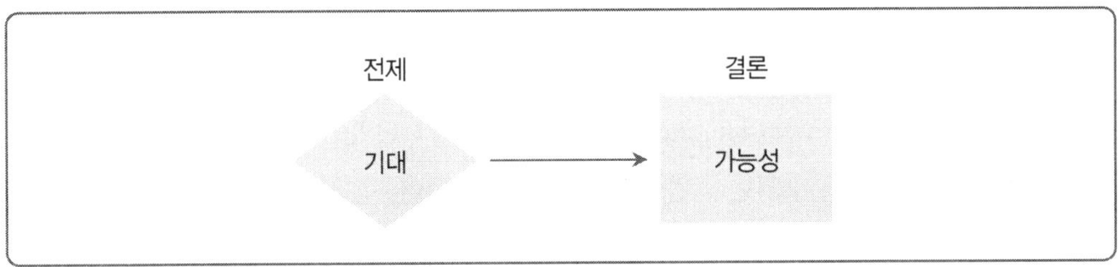

2. 기대 호소의 유형

기대 호소는 주의, 해석 또는 반응에 편향이 일어날 수 있다. 기대는 증거나 합리성을 호소하는 대신 상상할 수 있는 것에 따라 신념을 형성하고 결정을 내리는 것이다. 연구 결과에 따르면, 다른 모든 것들을 동일하게 유지하면 피험자들은 긍정적인 결과가 부정적인 결과보다 더 가능성이 높을 것으로 예상한다.

☑ 기대 호소의 유형

- 희망적 사고 호소
- 확률 호소
- 우연 호소
- 참신성 호소
- 전통 호소
- 자연 호소

● 논증의 형식

- 나는 X가 사실이기를 기대한다.
- 따라서 X는 참이다.

1) 희망적 사고 호소

심리적으로 희망적 사고(wishful thinking)는 희망으로 무언가가 이루어지길 믿는 것이다. 희망적 사고는 전제가 사실이 되는 소망을 표현하는 논증이다. 희망적 사고는 증거, 이성 또는 현실보다는 상상에 근거하여 신념을 형성하는 것을 말한다. 즉, 증거나 이성이 아니라 희망과 욕망을 불러서 설득하려고 할 때 발생한다. 따라서 희망적 사고는 무언가를 진실 또는 거짓으로 원하는 대로 가정할 때 발생한다. 원하는 욕구가 주장의 진실성에 대한 증거 대신에 사용된다. 희망적으로 사고하면 원하는 것이 사실일 것처럼 행동한다.

☑ 희망적 사고 호소의 구조

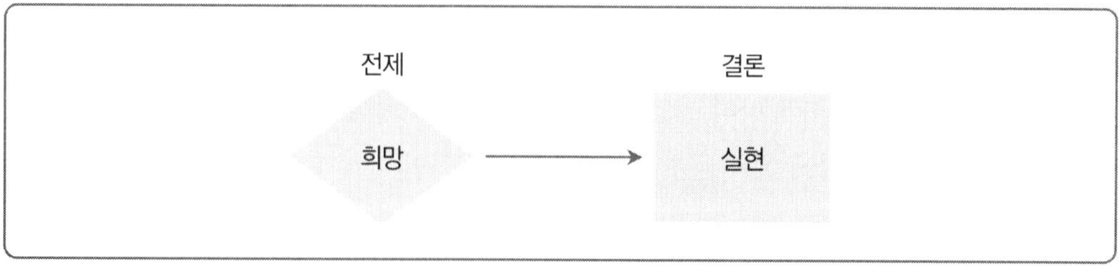

희망적 사고는 인지적 편견과 논리적 오류이다. 이것은 무언가를 믿거나 사실보다 더 가능성이 높은 것으로 믿는 것이다. 왜냐하면 그것이 참이 되기를 원하기 때문이다. 희망적 사고는 희망에 호소하고 설득하려고 할 때 발생한다. 이러한 추론이 명백한 허위에도 불구하고 자주 나타난다. 잠재적 욕구가 진리의 가정을 통해 나타나기 때문에 사람들이 자신이 하는 일을 얼마나 자주 깨닫지 못한다. 이러한 사고를 하는 사람들은 종종 공격이나 탄원과 같은 감정적 상태를 보충한다. 논증의 형식은 다음과 같다.

논증의 형식

- 나는 X가 사실이었으면 좋겠다.
- 따라서 X는 참이다.

희망적 호소의 예

- 나는 야구팀이 이번 시즌에서 우승할 것을 진심으로 알고 있다.
- 내가 쓴 책은 그것을 읽는 모든 사람에게 사랑을 받고 있다.
- 표창장을 위조하여 제출해도 위조가 적발되지 않을 것이다.
- 사후에 생명이 없다면 이 생은 의미가 없을 것입니다. 그래서 저는 우리에게 영원한 영혼이 있다고 믿습니다.
- 무신론자들은 신의 존재에 대한 어떠한 증거도 갖고 있지 않고 오히려 신이 존재하는 것을 원하지 않는다.
- 나는 죽을 때 모두에게 새롭고 젊고 완벽한 몸이 주어지고 사랑하는 사람들과 영원을 보낼 거라고 믿는다. 죽었을 때 삶의 끝이 끝난다면 그런 인생을 상상할 수 없다.
- 사람들은 지난 주 로또 복권을 통해 수십억을 받았다. 그래서 언젠가는 당신에게 일어날 수도 있다.

2) 확률 호소

확률은 동일한 원인에서 특정한 결과가 발생하는 비율이다. 확률 호소(appeal to probability)는 아마도 어떤 일이 일어날 수 있기 때문에 확실히 일어날 것이라고 가정한다. 전제에 대한 지원은 어디에도 없다. 이것은 선례에서 주어진 확률에 근거하여 어떤 확률을 가지고 있다고 결론 짓는 것이다. 이러한 주장은 전제에서 결론까지의 추론이 확률 법칙을 위반할 때 타당하지 않다. 확률 호소는 사실일 가능성이 있다고 결론을 내릴 때 발생한다.

☑ **확률호소의 구조**

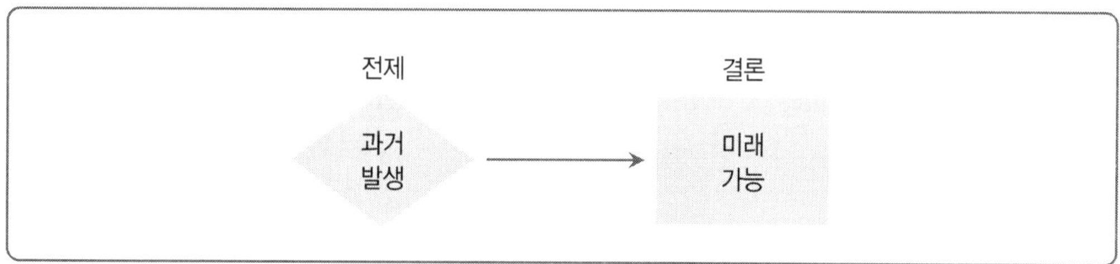

과거에 어떤 일이 일어났기 때문에 향후에도 일어날 수 있다. 어떤 일이 발생할 수 있기 때문에 그것이 발생하는 것은 불가피하다고 가정한다. 확률 호소의 예로는 머피의 법칙(Murphy's Law)이 있다. 잘못될 가능성이 있는 것은 잘못된다는 명제이다. 확률 호소는 당연한 일이거나 아마도 그럴 수 있기 때문에 당연한 것으로 취하는 논리적 오류이다. 전제가 잘못되면 결론도 잘못된다. 예를 들면, 우산을 가져 오지 않으면(전제) 비가 올 것이다(타당하지 않은 결론).

● 논증의 형식

- X는 가능하다.
- 가능한 모든 것이 확실하다(언급되지 않음).
- 따라서 X는 사실이다.

● 확률 호소의 예

- 오늘의 좋은 계획은 내일의 완벽한 계획보다 낫다.
- 인터넷에는 많은 해커가 있다. 따라서 해킹당할 것이다.
- 판매직원은 경기침체로 인해 판매둔화를 예상해야 한다.
- 마케터는 제품결함으로 출시 전략이 수정될 것을 예측해야 한다.

- 공장장은 설비고장으로 제품생산이 중단되는 것을 예측해야 한다.
- 목표에 도달하는 것이 불가능하다. 따라서 나는 결코 목표를 달성할 수 없다.
- 경영자는 최고 급여를 받기 위해 이직하는 우수 직원을 예측해야 한다.
- 방화벽을 사용하는 것이 현명하고 합리적인 방법이지만 해커가 보호되지 않은 컴퓨터를 공격하는 것은 불가피하다.
  - 이 주장에는 지지 논리가 있지만 최악의 시나리오를 과장한다.

3) 우연 호소

우연 호소(accident fallacy)는 일반적 규칙을 특수한 경우에 적용할 때 일어나는 오류이다. 일반화는 기본적인 조건들이 변하지 않을 때 성립한다. 일반적인 규칙이 전제에 인용되고, 그런 다음 결론에 언급된 특수한 경우에 적용된다. 사물의 본질적 속성과 특수한 우연적 속성을 혼동할 때 생기는 오류이다. 좋은 예는 "새들이 날 수 있다"는 것이 모든 새들에게 적용된다고 가정하고, 따라서 펭귄이 날 수 있다고 주장하거나 심지어 믿는 것이다. 새가 날 수 있다는 진술은 틀린 것이 아니지만 펭귄은 예외이다. X는 일반적으로 받아들여지는 규칙이다. 따라서 X에는 예외가 없다. 명백히 예외적인 특정 사건에 일반적인 진술을 적용하여 잘못된 주장을 구성하는 오류이다. 예를 들면, 나는 의도적으로 다른 사람을 해치지 말아야 한다고 믿는다. 따라서 나는 외과의사가 될 수 없다.

☑ 우연 호소의 구조

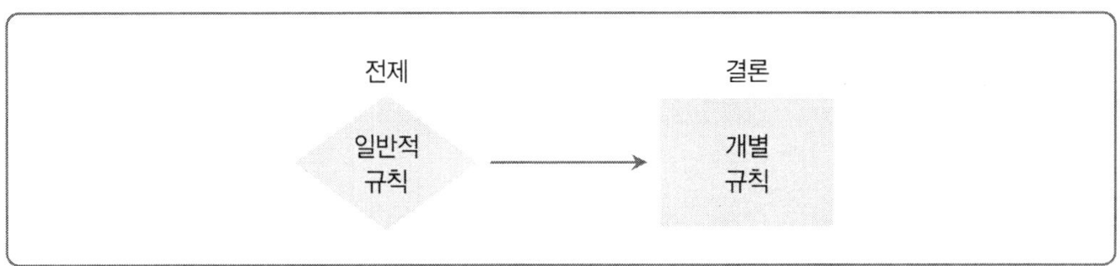

우연 호소는 일반적 규칙을 개별 규칙에 적용할 때 발생하는 논리적 오류이다. 상황에 따라 규칙에 대한 예외가 적용되어야 하는 경우 일반적 규칙이 적용된다. 규칙에 분명한 예외가 있는 경우 모든 상황에 일반적 규칙을 적용하려고 할 때 일반적 규칙에 대한 예외를 무시하면서 논증을 하는 경우에 오류가 발생한다. 사람들은 단순함을 좋아하며 합리성을 희생하면서도 단순성을 유지하려고 한다. 모든 사람 또는 모든 상황에 적용할 수 있다고 가정할 때 오류가 발생한다. 논증의 형식은 다음과 같다.

논증의 형식

- X는 일반적이고 수용된 규칙이다.
- 따라서 X에 대한 예외는 없다.

우연 호소의 예

- 새들은 날 수 있다. 펭귄은 새이다. 따라서 펭귄은 날 수 있다.
- 너희는 생물을 죽이지 말아야 한다. 따라서 집안의 흰개미를 통제하거나 국가를 위해 싸우려고 노력해서는 안 된다.
- 인간은 이성적인 동물이다. 따라서 자신이 하는 일을 즐기지 않고 추리와 사고에 더 많은 시간을 집중해야 한다.
- 거짓말은 나쁘다. 따라서 의사가 환자를 치료할 목적으로 거짓말을 하는 것도 나쁘다.
- 칼로 사람을 자르는 것은 범죄입니다. 외과의사는 칼로 사람들을 잘라냅니다. 외과의사는 범죄자입니다.
- 정숙은 지난 2년 동안 수많은 사고를 냈다. 그는 압도적인 증거가 제시되더라도 과실이 아니라 우연의 일치일 뿐이라고 주장했다.

4) 참신성 호소

새로운 것이 더 낫다(Newer is better). 참신성 호소(appeal to novelty)는 단순히 새로운 것이기 때문에 무언가가 더 좋고 옳다고 가정할 때 발생하는 오류이다. 새롭거나 현대적인 것을 주장하는 것은 독점적으로 새로운 것에 기초하여 현재 상태보다 우수하다. 참신성 호소는 무언가가 새로운 것이거나 현대적이기 때문에 우월해야 한다는 생각에 의존하는 오류이다.

☑ 참신성의 구조

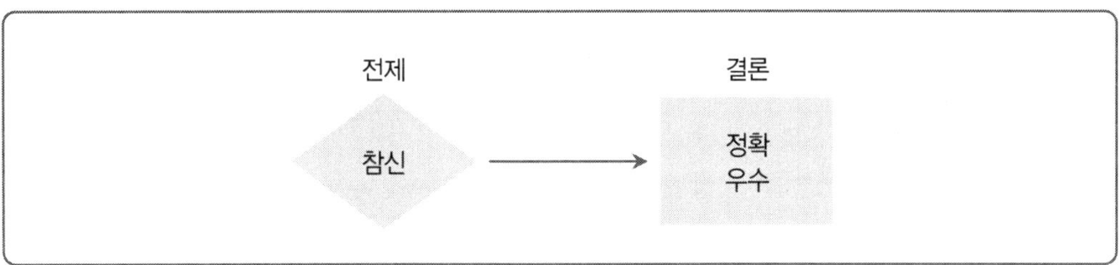

아이디어나 제안은 독점적이거나 새롭기 때문에 정확하거나 우수하다고 주장한다. 현상과 새로운 발명 사이의 논증에서 참신성 호소 자체가 타당한 주장은 아니다. 조사는 이러한 주장이 사실임을 입증할 수 있지만, 모든 참신이 좋다는 일반적인 주장에서 이를 결론짓는 것은 오류이다. 모든 사람들이 기술의 최첨단을 열망하는 현대 세계에서 참신 호소는 종종 성공한다. 또한 광고주는 구매의 이유로 제품의 참신성을 자주 내세운다. 그러나 중요한 아이디어를 먼저 보지 않고 새로운 아이디어를 순진하게 포용하는 것은 위험하다. 논증의 형식은 다음과 같다.

논증의 형식

- X는 새로운 것이다.
- 따라서 X는 정확하거나 좋거나 우수하다.

이러한 추론은 무언가의 참신이나 새로움이 오래된 것보다 반드시 좋거나 정확하지 않기 때문에 오류이다. 새롭기 때문에 더 좋다는 추론은 여러 가지 이유로 매력적이다. 첫째, 서양 문화에는 새로운 것이 오래된 것보다 낫다는 강력한 의미가 포함된다. 둘째, 진보의 개념은 새로운 것들이 오래된 것들보다 우수하다는 것을 암시한다. 셋째, 미디어 광고는 종종 새로운 것이 더 낫다는 메시지를 보낸다. 이러한 이유로 인해 사람들은 아이디어, 제품, 개념 등이 새롭기 때문에 더 낫다는 것을 종종 잘 받아들인다. 참신성은 특히 광고에서 일반적이다.

참신성 호소의 예

- 새로 부임한 사장이 전 사장보다 능력이 더 탁월하다.

- 최신 모델 차량은 백업 카메라가 있어 더 조용하고 안전하다.
- 최신 모델의 제품은 이전 모델 제품보다 우수하다고 주장한다.
- 이 운동화는 새롭기 때문에 더 좋습니다.
- 새로운 도덕성이 더 새롭기 때문에 더 낫다.
- 체중을 줄이려면 가장 좋은 방법은 최신 기구를 사는 것이다.
- 새로운 정부가 들어서 국가경제가 더 나아질 것이다.
- 이 신전략은 회사를 더 빠르고 더 수익성 있게 만들 것이다.
- 새로운 가전제품이 나오자마자 구입해야 합니다. 이전보다 훨씬 좋기 때문입니다.

5) 전통 호소

전통 호소(appeal to tradition)는 단순히 오래되거나 전통적이거나 항상 행해졌기 때문에 단순히 더 낫거나 정확하다고 가정할 때 발생하는 경우이다. 전통 호소는 항상 수행된 방식이기 때문에 어떤 것이 진실되거나 더 나은 것으로 받아들여지는 논리적 오류이다. 그것은 전통적인 믿음이나 행동 과정이기 때문에 더 낫다고 믿어진다. 주장이 과거 또는 현재의 전통에 비추어 올바르다고 보는 오류이다. 이런 추론은 나이나 오래된 것이 새로운 것보다 더 정확하거나 좋은 것은 아니기 때문에 오류이다.

이런 추론은 여러 가지 이유로 매력적이다. 첫째, 사람들은 오래되거나 전통적인 것을 선호한다. 이것은 사람들이 심리적 특성으로 주변에 있는 것들에 대해 더 편안하게 느끼기 때문이다. 둘째, 오래되거나 전통적인 것을 고수하는 것이 종종 새로운 것을 시험하는 것보다 쉽다. 사람들은 종종 게으름에서 오래되고 전통적인 것을 선호한다.

☑ 전통 호소의 구조

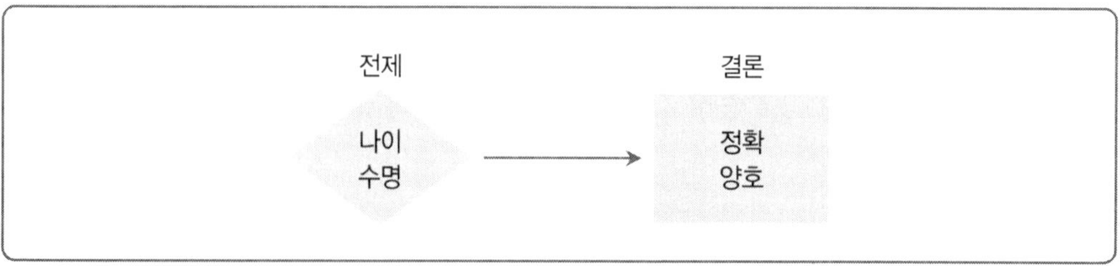

오래된 것이 새로운 것보다 더 좋아야 한다거나 새로운 것이 오래된 것보다 더 좋아야 한다고 가정해서는 안 된다. 사물의 나이는 질이나 정확성과 어떠한 관련이 없다. 전통으로 간주되기 때문에 무언가 옳다고 가정하면 추론이 좋지 않다. 오래 되었기 때문에 주장을 받아들이는 것은 비합리적이다. 따라서 주장이 존속하는 정당한 문제를 해결하고 오랫동안 타당한 검증을 통과하면 주장의 수락이 정당화될 수 있다. 그러나 단지 나이만 주장으로 받아들일 필요는 없다. 논증의 형식은 다음과 같다.

논증의 형식

- X는 오래되었거나 전통적이다.
- 따라서 X는 정확하거나 좋다.

전통 호소의 예

- 수업은 오전 9시에 시작해야 한다. 왜냐하면 오전 9시는 항상 수업을 시작한 시간이기 때문이다.
- 우리학교 응원단은 월요일에 학교에서 교복을 입어야 한다. 그것이 학교가 항상 해왔던 방식이기 때문이다.
- 우리 가정에 이혼한 사람이 지금까지 아무도 없습니다. 따라서 우리도 이혼하지 않습니다.
- 가족들은 연말에 항상 함께 음식을 먹었다. 따라서 우리도 결혼해서 가족이므로 그렇게 해야 한다.
- 물론 나는 신을 믿습니다. 사람들은 수천 년 동안 신을 믿었으므로 신이 존재해야 한다는 것이 분명해 보입니다.
- 우리 가족은 오랜 전통을 지닌 남성 변호사 집안입니다. 증조할아버지, 할아버지, 아버지는 모두 변호사였습니다. 따라서 내가 변호사가 되는 것이 옳고 유일한 선택입니다.

6) 자연 호소

자연 호소(appeal to nature)는 “자연스럽기 때문에 좋거나 부자연스럽기 때문에 나쁘다”는 수

사적 전술이다. 기본적인 가정인 "자연스러운 것이 좋다"는 전제가 관련이 없으면 나쁜 주장으로 간주된다. 왜냐하면 사실 실제로는 아무런 의미가 없기 때문이다. 자연이 특정 맥락에서 명확하게 정의된다면 자연에 대한 호소는 타당하고 강력할 수 있다. 이 오류는 자연스럽기 때문에 좋은 것이거나 부자연스럽기 때문에 나쁜 것으로 추론할 때 발생한다.

☑ **자연 호소의 구조**

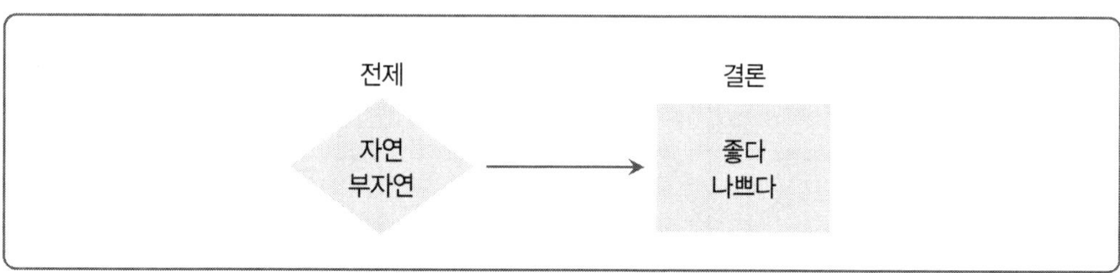

행위가 단순히 자연이기 때문에 도덕적이라고 주장하는 것은 논리적으로 일치되지 않는다. 그리고 행위가 부자연스럽기 때문에 부도덕하다고 주장하는 것은 일관성이 없다. 자연스런 것이 자연스럽지 않은 것보다 항상 더 좋다는 믿음은 오류이다. 많은 사람들이 이것을 기본 믿음으로 채택한다. 자연스런 것이 좋으나 부자연스런 것은 나쁜 믿음이 있다. 자연 호소는 '자연' 또는 '부자연'을 언급한다. 자연스런 것은 좋은 것으로 추정하고, 부자연스런 것은 나쁜 것으로 추정할 때 오류가 발생한다.

● 긍정 형태 논증의 형식

- 자연스러운 것이 좋다.
- X는 자연스럽다.
- 따라서 X는 좋다.

● 부정 형태 논증의 형식

- X는 자연스럽다.
- Y는 부자연스럽다.
- 따라서 X가 Y보다 낫다.

자연호소의 예

- 코카인은 모두 자연 제품이다. 따라서 그것은 당신에게 좋다.
- 마리화나는 천연 약물이므로 나쁘지 않다.
- 사람들은 항상 육식을 했으므로 자연스럽고 건강에 좋다.
- 백신이 부자연스럽기 때문에 자녀를 예방 접종해서는 안 된다.
- 어떤 사람들은 동성애가 매우 부자연스럽기 때문에 부도덕하다고 주장한다.
- 동물원에서 과일을 던지는 원숭이를 보았기 때문에 관광객도 과일을 원숭이에게 던지는 것은 괜찮다.
- 가난한 사람이나 약한 사람을 도와서는 안 된다. 왜냐하면 자연은 적자생존이기 때문이다.
- 많은 사람들은 자연적으로 닭과 생선을 먹는 것이 도덕적으로 허용된다고 주장한다. 그들은 인간이 이것을 먹기 위해 치아가 있고, 그것은 자연의 생명주기이거나 다른 동물들도 그렇게 하기 때문에 자연스럽다고 주장한다.

제7장

불완전한 귀납

석세스
시크릿

1. 불완전한 귀납

불완전한 귀납(defective induction)은 전제와 결론 간의 연결이 충분하지 못할 때 발생하는 오류이다. 전제가 결론을 지지하는 증거를 조금 제공하지만 합리적인 사람이 결론을 믿기에는 증거가 충분하지 않다. 그러나 관련성의 오류처럼 불완전한 귀납 오류는 결론을 믿을 수 있는 감정적 근거를 종종 포함한다. 흔히 불완전한 귀납 오류에서 논증의 전제가 약하고, 불완전하기 때문에 결론과 관련이 있더라도 결론을 믿는 것은 오류이다.

☑ 불완전한 귀납의 구조

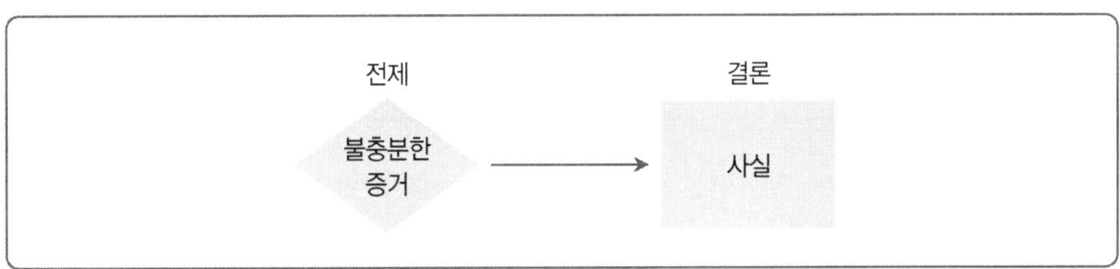

2. 불완전한 귀납의 유형

오류는 부정확한 주장으로 타당성이 부족하거나 건전성이 부족하다. 전제는 결론과 관련이 있지만 결론을 약하게 뒷받침한다. 불완전한 귀납은 논증의 전제가 강력하고 결론과 관련이 있는 것처럼 보이지만 실제로는 약하고 효과적이지 않기 때문에 발생한다. 이것은 약한 귀납적 주장이다. 귀납적 주장은 결론을 더 확실하게 하는 전제를 제공하려고 시도한다. 결론이 나올 가능성이 높을수록 전제에 주어진 논증이 강하다. 가능성이 적을수록 약하다. 약한 귀납의 오류는 자신의 결론이 그럴듯하게 결론을 내릴 수 없는 주장이지만, 그럼에도 불구하고 사람들이 자신의 결론을 설득하는데 종종 성공하는 주장이다.

☑ 불완전한 귀납의 유형

- 부적절한 권위 호소
- 무지 호소
- 성급한 일반화 호소
- 거짓 원인 호소
- 미끄러운 비탈길 호소
- 거짓 유추 호소
- 연좌제 호소

1) 부적절한 권위 호소

부적절한 권위 호소(appeal to inappropriate authority)는 자신의 주장을 뒷받침하기 위해서 부적절한 권위자의 견해를 인용할 때 발생하는 오류이다. 권위 논증은 어떤 결론을 뒷받침하기 위해 다른 사람의 권위 또는 증언을 인용하는 귀납적 논증이다. 부적절한 권위 호소는 인용된 권위나 증언이 신뢰할 수 없는 경우이다. 예를 들면, 경제학 논쟁을 해결하기 위해 르네상스 시대의 천재 예술가인 레오나르도 다빈치의 견해에 호소하는 것이나 철학에 관한 논증에서 생물학의 대단한 권위자인 멘델의 견해에 호소하는 경우이다.

부적절한 권위 호소는 자신이 주장한 권위, 주장 또는 제안에 대한 적절한 지원 없이 동의할 때 이루어진다. 적절한 권위자는 전문지식이 있고, 그 분야에서 합의가 있으며, 신뢰할 수 있다고 믿을 만한 이유가 있는 경우에만 사용해야 한다. 다수 또는 대중에게 호소하려는 시도는 부적절한 권한의 한 형태이다.

☑ 부적절한 권위 호소의 구조

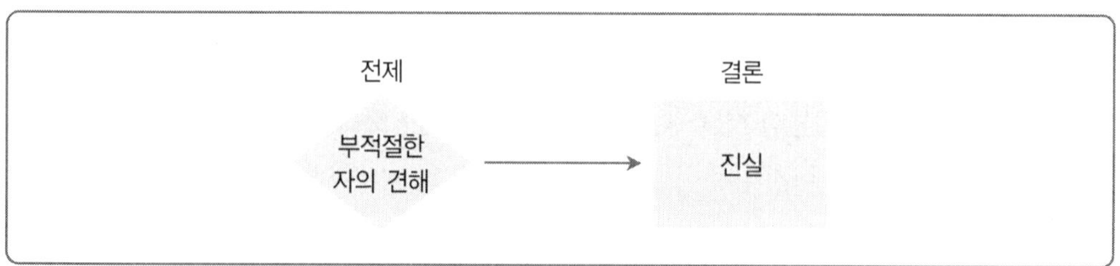

실제로 논증과 관련된 사실에 대한 권위가 없는 사람의 주장을 논증의 근거로 한다. 전문지식이 부족하고, 편견이 있을 수 있고, 거짓말하고, 잘못된 정보를 전파하고, 인지나 회상하는 능력이 부족할 수 있다. 이러한 경우에 인정받은 전문가의 판단을 받는 것이 전적으로 합리적이다. 전문가의 권위로 결론에 이를 때 결론은 정확할 수 있고 오류를 범하지 않는다. 전문가의 판단은 많은 문제해결에서 필요하다. 논증의 형식은 다음과 같다.

● 논증의 형식

- Y에 의하면 X는 사실이다.
- 따라서 X는 사실이다.

● 부적절한 권위 호소의 예

- 식물학 교수인 X는 기후 변화에 대한 영향 논문을 평가했다.
- 여론보다 더 나은 판사는 없다.
- 엄마, 왜 내 혀를 뚫을 수 없어요? 다른 사람들이 하고 있습니다.
- 유명한 물리학자 X는 연극성 정신질환을 광범위하게 연구했으며 그 질환의 발병원인을 찾았다.
- 지난해에 범죄 피의자들이나 투쟁하던 사람이 검찰개혁 방안을 제시하고 대학입학 정책을 발표하였다.
- 평화론은 훌륭한 과학자 아인슈타인이 그것을 수장했기 때문에 좋은 생각입니다.
- 유명한 피아니스트인 문호기 씨는 "플라보노이드는 항산화물질로 활성산소를 억제해서 몸속 염증을 예방하고, 체내 DNA와 세포를 보호하여 질병의 위험을 낮춰준다"라고 진지하게 설명하였다.

2) 무지 호소

무지 호소(appeal to ignorance)는 결론이 반증(反證)[16]된 적이 없기 때문에 결론을 받아들이거나 결론이 증명된 적이 없다는 이유로 거절되어야 한다는 호소이다. 따라서 어떤 명제가 아직 거

16) 어떤 사실이나 주장이 옳지 아니함을 그에 반대되는 근거를 들어 증명함.

짓으로 판명되지 않았다면 참이라고 결론을 내릴 수 없고, 어떤 명제가 아직 사실로 판명되지 않았다면 참이라고 결론을 내릴 수 없다. 물론 많은 거짓 명제가 아직 거짓으로 입증되지 않았듯이 많은 진실한 명제는 아직까지 사실로 입증되지 않았다. 지금 확신할 수 없는 사실은 참이나 거짓으로 주장할 이유가 거의 없다. 무지는 의심이 있는 명제에 대해 참이나 거짓을 주장하지 않음으로써 판단을 정지시킨다.

☑ 무지 호소의 구조

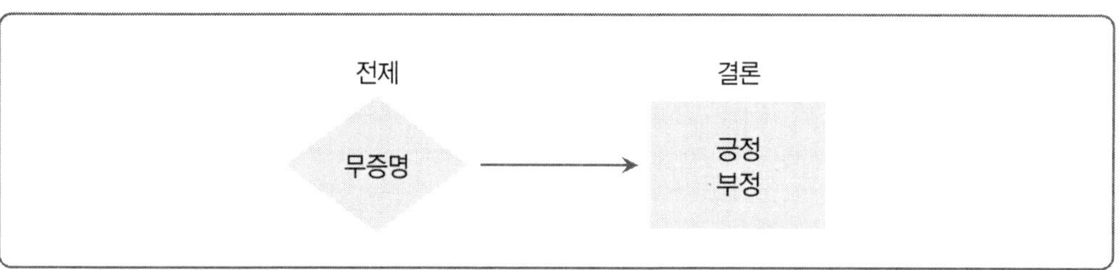

무지 호소는 증거가 없기 때문에 결론이 참이라고 주장할 때 발생한다. 즉, 아직 거짓으로 판명되지 않았기 때문에 어떤 것이 참이라고 말한다. 입증책임이 잘못된 편에 놓여있는 오류이다. 무지 논증은 전제가 지금까지 거짓으로 증명되어 있지 않은 것을 근거로 결론이 참인 것을 주장한다, 혹은 전제가 참으로 증명되어 있지 않은 것을 근거로 결론이 거짓인 것을 주장하는 오류이다. 무지에 대한 호소는 증거의 부족에 근거한 결론에 대한 논증이다. 논증이 긍정적인지 부정인지에 따라 두 가지 논증과 논증의 형식이 있다.

- **긍정**: 반대 증거가 없기 때문에 결론은 참이다.
- **부정**: 지지 증거가 없기 때문에 결론은 거짓이다.

무지 호소는 전제가 지금까지 거짓으로 증명되어 있지 않은 것을 근거로 참인 것을 주장한다, 혹은 전제가 참으로 증명되어 있지 않은 것을 근거로 거짓이라고 주장하는 오류이다. 전제가 아직 허위로 판명되지 않았기 때문에 사실이라고 주장하거나 전제가 아직 입증되지 않았으므로 거짓이라고 주장한다. 이것은 증거가 없기 때문에 결론이 맞아야 한다고 주장할 때 발생한다. 논증의 형식은 다음과 같다.

긍정 논증의 형식

- X는 거짓이라고 증명된 적이 없다.
- 따라서 X는 사실이다.

- 위약을 복용했는데 증상이 완전히 사라졌다. 따라서 위약이 증상을 치료했다.
- 우리는 빨간 양말을 신고 야구 경기에서 이겼다. 따라서 빨간 양말이 야구경기에서 이기는 데 도움이 되었다.
- 아이스크림 판매가 증가하면 살인 사건도 증가하므로 아이스크림이 많을수록 살인 사건이 더 증가한다. 그러나 아이스크림 판매가 아닌 고온은 더 많은 살인 사건이 발생한다.

부정 논증의 형식

- X는 사실이라고 증명된 적이 없다.
- 따라서 X는 거짓이다.

- 외계인의 증거가 없기 때문에 외계인이 존재하지 않는다.
- "나는 그것을 증명할 수 없지만"으로 시작하는 진술은 종종 어떤 종류의 증거 부재를 언급하고 있다.
- 환자가 하루 동안만 항생제를 복용하고 효과가 없다고 느끼기 때문에 항생제 복용을 중지했다. 그러나 일주일 동안 복용했을 때 약물 효과가 있었다.

무지 호소의 예

- 당신이 결백하다는 것을 증명할 수 없으므로 죄가 있습니다.
- 신이 존재하지 않는다고 증명한 적이 없다. 따라서 신은 존재한다.
- 신이 존재한다고 증명한 적이 없다. 따라서 신이 존재하지 않는다.
- 눈에 보이지 않는 요정이 내 코에 살지 않는다는 것을 증명할 수 없다. 따라서 요정은 내 코에 산다.

- 아직 외계인이 존재하지 않는다는 것을 입증한 사람은 아무도 없습니다. 따라서 외계인은 존재합니다.
- 미래에는 시간 여행이 불가능하다는 것을 증명할 수 없다. 따라서 미래에는 시간 여행이 가능할 것이다.
- 화성 표면 아래에 동굴에 사는 화성인이 없다는 것을 증명할 수 없기 때문에 내가 화성인이 있다는 것을 믿는 것이 합리적입니다.
- 의사들은 그가 어떻게 혼수상태에서 깨어났는지 설명할 수 없었다. 따라서 기적의 힘으로 깨어났을 것이다.
- A와 B 간의 대화이다.
  A: 어떤 사람들은 정신력이 있다고 생각한다.
  B: 당신의 증거는 무엇인가?
  A: 정신력이 없다는 것을 증명할 수 없기 때문에 정신력이 있다.

3) 성급한 일반화 호소

대체로 모든 관련 자료를 검토하지 않고 일반적인 결론을 도출하는 경향이 있다. 성급한 일반화(hasty generalization)는 일부 제한된 사례가 모든 경우에 다 동일한 특성을 갖고 있다고 주장하는 경우이다. 즉, 제한된 증거로 귀납적 일반화에서 발생하는 오류이다. 귀납적 일반화(inductive generalization)는 전체 집단 중에 일부 구성원만을 조사한 결과로 전체 집단을 추론하는 것이다. 즉, 표본의 구성원들이 일정한 특성을 가지고 있기 때문에 집단 전체의 구성원들도 동일한 특성을 갖고 있다고 주장하는 것이다. 귀납적 일반화는 "모든 A는 B이다"라는 형식으로 하나의 표본을 중심으로 표본이 속하는 전체에 대하여 결론을 내리는 논증이다.

☑ 성급한 일반화 호소의 구조

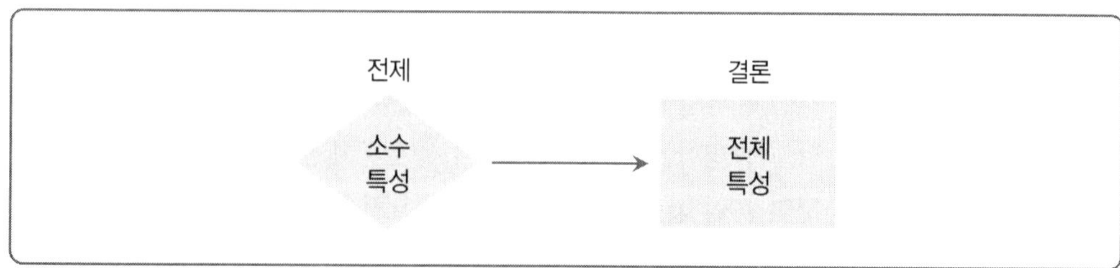

오류는 충분히 크지 않은 표본을 기반으로 모집단에 대한 결론을 도출할 때 발생한다. 작은 표본은 대표성이 없는 경향이 있다. 한 사람에게 정부의 소득주도 성장정책에 대해 어떻게 생각하는지 묻는 것이 전 국민들이 이 문제에 대해 어떻게 생각하는지 결정하기 위한 적절한 크기의 표본을 제공하지 못한다. 여론조사가 실제 여론과 다른 경우가 발생하는데 이는 표본의 크기와 응답률이 적기 때문이다. 표본이 너무 적을 때 성급한 일반화가 야기되므로 일반화를 수행할 때 충분히 큰 표본을 보유하는 것이 중요하다.

모집단이 매우 다양한 경우 상당히 큰 표본이 필요하다. 표본의 크기는 모집단의 크기에 따라 다르다. 사람들은 종종 편견, 나태나 구식 때문에 성급한 일반화를 저지른다. 적절한 표본을 수집하고 타당한 결론을 도출하기가 어렵다. 오류를 피하려면 편견의 영향을 최소화하고 충분히 큰 표본을 선택한다. 논증의 형식은 다음과 같다.

논증의 형식

- A는 X다.
- B도 X다.
- 따라서 어떠한 경우라도 X다.

성급한 일반화 호소의 예

- 한 동창생이 복권을 사서 1등에 당첨되어 매우 기뻤다. 따라서 동창생 모두가 복권을 사면 1등에 당첨될 수 있다.
- 나는 여러 어촌을 여행했고, 그 어촌에서 10명의 주민을 만났는데 모두 여성이었다. 어촌에는 아마도 여성만 거주한다.
- 조사한 3개 대학교에서 1학기에 논리학 수업을 개설하였다. 따라서 한국의 모든 대학교에서 1학기에 논리학 수업을 개설한다.
- A는 미국의 미시건 대학원에 진학하기로 결정했다. 그는 전에 미국에 가본 적이 없다. 그가 도착한 다음 날 오리엔테이션을 끝내고 나와 나무 주위에서 서로 쫓는 두 마리의 흰 다람쥐를 보았다. 그는 고향의 가족들과 통화 중에 미국 다람쥐가 희다고 말했다.
- B는 고향에서 자전거를 타면서 논리를 생각하고 있었다. 그런데 뒤에서 한 차가 따라 오고 경적을 울리기 시작하고 옆으로 비키라고 소리친다. B는 경적을 울리며 소리치는 차가 일본차임을 알고 모든 일본차 운전자는 이처럼 행동한다고 결론을 지었다.

4) 거짓 원인 호소

거짓 원인(false cause)은 전제와 결론 간의 연결이 존재하지 않는 상상된 인과관계에 의존할 때 발생하는 오류이다. X가 Y보다 먼저 발생했다면 X가 Y의 원인이라고 할 수 있으나 아마 X는 Y의 원인이 아닐 수 있다. 이러한 오류에는 어떤 결과를 실제로 일으킨 원인을 잘못 간주하는 경우와 단지 먼저 발생하였다고 원인으로 간주하는 경우가 있다. 두 가지가 관련되어 있기 때문에 하나가 다른 것, 즉 결과를 유발한다. 예를 들어, 살인자 100%가 물을 마신다. 그러므로 식수는 사람들을 죽인다.

위약효과(placebo effect)는 의사가 효과 없는 가짜 약을 환자에게 제안했는데 환자의 긍정적인 믿음으로 인해 병세가 호전되는 현상인데 이는 거짓 원인의 예이다. 가뭄이 극심하여 임금님이 기우제를 드리고 그 후 비가 온 것을 기우제가 원인이라고 보는 것이다. 그러나 시간적으로 연속해서 두 개의 사건이 발생하거나 어떤 사건이 결과보다 먼저 발생했다고 해서 인과관계라고 말하기 어렵다.

☑ 거짓 원인의 구조

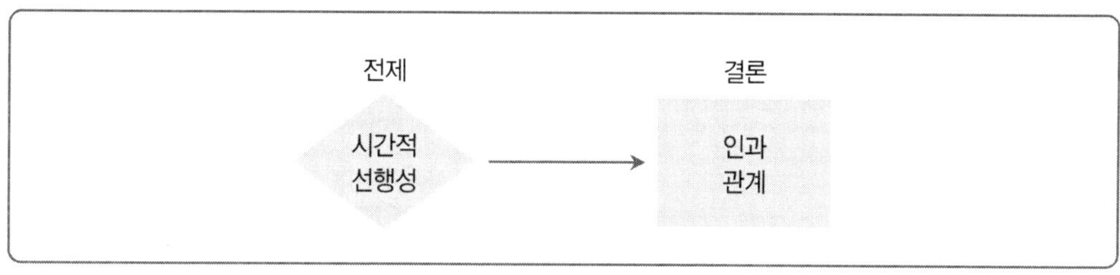

어떤 결과에 대한 원인이 아닌 것을 원인으로 잘못 간주해서 생기는 오류이다. 이 오류는 두 가지 일반적인 형태로 나타난다. 첫 번째는 A가 B 이전에 발생했기 때문에 B의 원인이라고 단언할 때 발생한다. 두 번째 형태는 미끄러운 비탈길이다. 이 오류는 A가 불가피하게 어떤 종류의 연쇄 반응을 통해 B를 유발한다고 주장할 때 발생하며, 그러나 각 연결이 필연적으로 다음 연결로 이어질 것이라는 증거는 부족하다. 따라서 어떤 것이 다른 것을 유발한다고 잘못 말한 경우이다. 예를 들면, 비가 오기 전에 무릎이 아파서 무릎 통증이 비의 원인이다. 이러한 인과적 오류는 과학적 무지 때문에 발생한다. 이 오류는 두 가지가 긍정적 관계(비가 많이 올수록 무릎 통증이 많음) 또는 부정적 관계(텔레비전을 많이 볼수록 운동량이 적음)가 있다고 가정할 때 발생한다. 논증의 형식은 다음과 같다.

● 논증의 형식

- X와 Y는 규칙적으로 함께 발생한다.
- 따라서 X는 Y를 유발한다. 즉, X는 Y의 원인이다.

인과추론을 매우 어렵게 만드는 한 가지 요인은 원인과 결과가 무엇인지 항상 분명하지 않다는 것이다. 예를 들어, 문제가 있는 자녀는 부모를 화나게 하는 원인이 될 수 있고, 부모의 성격이 자녀가 문제를 일으키는 원인이 될 수 있다. 또는 부모의 성격으로 인해 자녀가 문제를 일으켜 자녀의 행동이 부모의 성격을 악화시킬 수 있다. 이러한 경우 처음에 발생한 원인을 파악하기 어렵다. 따라서 오류를 판단하기 위해서는 인과적인 결론이 적절하게 지지되지 않고, 오류를 저지른 사람이 실제 원인과 결과를 혼동했음을 보여 주어야 한다. 오류를 저지른 것을 보여주는 것은 일반적으로 실제 원인과 실제 영향을 판단하는 것이다.

● 거짓 원인의 예

- 까마귀 날자 배 떨어진다.
- 아침에 일어나면 태양이 뜹니다. 태양이 뜨는 것은 아침에 일어나기 때문이다.
- 봄에 꽃이 피면 새도 노래하기 시작한다. 새들이 노래하는 것은 꽃이 피기 때문이다.
- A가 깨진 창문 근처에서 목격되었으므로 그가 창문을 깼을 것이라고 생각했다.
- 해원은 옷에 커피를 쏟았다. 같은 날 길을 걷다가 넘어져 다리를 다쳤다. 해원은 자신이 쏟은 커피 때문에 넘어져 다리를 다친 것으로 생각한다.
- 악명 높은 연쇄 살인범 A는 음란물을 보았다. 또 다른 악명 높은 연쇄 살인범 B도 마찬가지였다. 이것은 음란물을 보는 모든 사람이 연쇄 살인범이 된다는 것을 보여준다.
- 이 차트는 지난 몇 세기 동안 온도가 어떻게 상승했는지와 동시에 해적의 수가 감소하고 있음을 보여줍니다. 해적이 세계를 식혔습니다. 따라서 지구 온난화는 사기입니다.

5) 미끄러운 비탈길 호소

미끄러운 비탈길(slippery slope)은 일단 시작하면 중단하기 어렵고 파국으로 치달을 수 있는 문제나 상황을 뜻한다. 미끄럼틀을 한번 타면 끝까지 미끄러져 내려가는 연쇄반응이 나타난다.

이처럼 미끄러운 비탈길은 사소한 것을 허용하기 시작하면 연쇄적으로 아주 심각한 것까지 허용하게 되는 오류이다. 그러나 연쇄반응이 실제로 발생하는 이유가 충분히 존재하지 않는다. 미끄러운 비탈길은 원인과 결과 사이의 거리가 너무 먼 경우에 발생된다. 따라서 주장을 받아들이면 연쇄논법에 의해 부적당한 결론에 이르게 되어 주장은 옳지 않다.

☑ **미끄러운 비탈길의 구조**

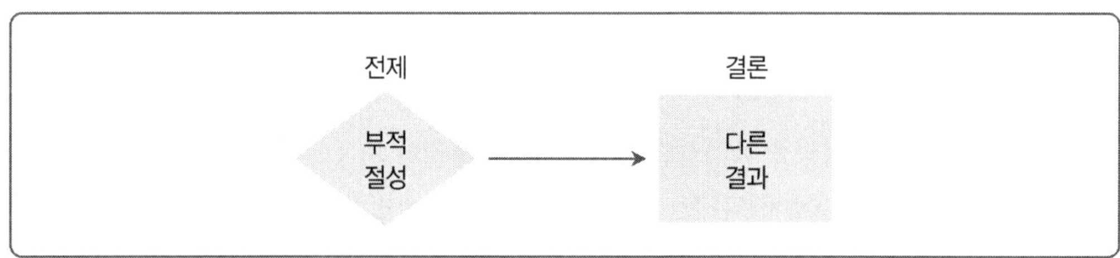

어떤 사건이 일어날 수 있다면 다른 부정적인 결과가 반드시 따를 것이라고 주장한다. 그러나 다른 사건이 발생한다는 논리적 증거는 없다. 이것은 사회 안녕이 미끄러운 비탈길에 놓여있다는 것을 설득하는 시도이다. 잘못된 방향으로 한 걸음을 내딛으면 피할 수 없는 미끄러짐이 맨 아래까지 계속된다는 주장이다. 그러나 주장한 연쇄반응이 발생하는지 여부가 불확실하다. 미끄러운 비탈길은 조치가 이루어지거나 정책이 수행될 때 발생하는 대단히 심각한 결과를 인용함으로써 자신의 입장에 대한 지지를 얻으려는 정서적 확신이다. 논증의 형식은 다음과 같다.

논증의 형식

- A이면 B이다. B이면 C이다.

※ 그러나 B는 부적절한 인용이고, 따라서 C는 옳지 않다. 오류에 빠지지 않으려면 A와 B의 유사성, 인과관계 등을 살펴야한다.

미끄러운 비탈길의 예

- 고객님을 위해 예외를 만들면 다른 모든 고객님을 위해서도 또 예외를 만들어야 합니다.
- 나는 강의 중에는 질문을 허용하지 않습니다. 한 학생이 질문을 하면 모든 학생들이 질문합니다. 그래서 강의할 시간이 없습니다.

- 교장 선생님이 태풍으로 등교 시간을 연기한다면 다음은 무슨 일이 일어날까요? 학생들은 휴교를 원할 것입니다.
- 만약 올해 대학 등록금 인상을 허용하면 매년 대학은 수백만 원씩 인상할 것이며 교수들은 연봉이 인상될 것이다.
- 음란물을 완전히 금지하려면 즉각적인 금지조치를 취해야 한다. 음란물의 계속적인 생산과 판매는 강간이나 근친상간 같은 성범죄가 증가할 것이다. 이것은 사회의 도덕적 구조를 약화시켜 결과적으로 모든 종류의 범죄를 증가시킨다. 법과 질서를 완전히 무너트려 궁극적으로 문명의 붕괴에 이를 것이다. 음란물 금지의 실패는 끔찍한 결과를 초래한다는 충분한 이유가 없기 때문에 이 논증은 오류이다.[17)]

6) 거짓 유추 호소

유추(類推)는 두 개의 사물이 여러 면에서 비슷하다는 것을 근거로 다른 속성도 유사할 것이라고 추론하는 것을 뜻한다. 유추 논증은 두 사물 간이나 상황 간의 유사성에 의존하는 논증이다. 그러나 두 사물이나 상황 간에는 동일한 특성을 공유하지 않을 수 있다. 거짓 유추(false analogy)는 어떤 사실이 비슷하다고 해서 다른 부분도 유사하다고 주장할 때 생기는 오류이다. 비유 대상 사이에 유사성이 많지 않음에도 불구하고 일부 유사한 관계로 두 대상의 속성이 동일하다고 하는 오류이다. 유추는 "A는 B와 같다"이고, 은유는 "A는 B다"이다.

- 유추: 그는 호랑이와 같다
- 은유: 그는 호랑이다.

☑ 유추의 구조

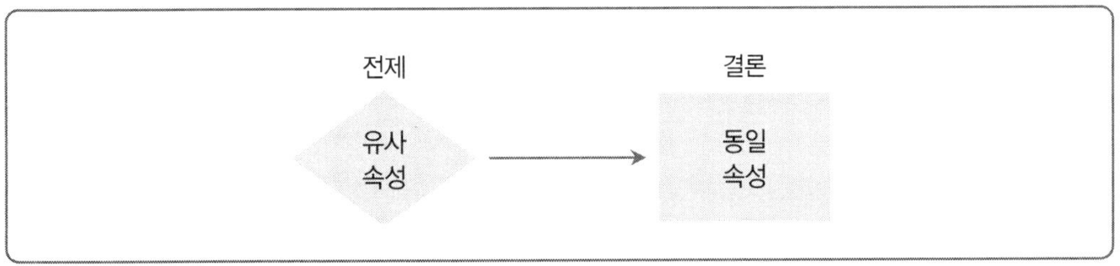

17) Hurley, Patrick J.(2002), *A Concise Introduction to Logic 7th ed.*, Wadsworth Thomson Learning, Belmont, CA.

유추는 유사한 두 개념(A와 B)이 어떤 속성과 공통적 관계를 가지고 있다고 제안한다. A에는 속성 X가 있으므로 B에는 속성 X도 있어야 한다. 대상에 약간의 유사점이 있을 수 있지만 둘 다 속성 X가 없다. 예를 들면, 바나나와 태양이 노랗게 보일지라도 같은 크기라는 결론을 내릴 수 없다. 이렇게 하면 두 대상의 색상이 같을 수 있지만 크기가 같다고 할 수 없다. 논증의 형식은 다음과 같다.

논증의 형식

- A는 B와 비슷하다.
- B는 C의 특성을 갖고 있다.
- 따라서 A도 C의 특성을 갖고 있다.

※ 그러나 A와 B 사이의 유사성은 빈약하다.

거짓 유추의 예

- 사람들은 개와 같다. 그들은 분명히 훈련에 가장 잘 반응한다.
- 아침은 마약과 같다. 그것은 듣는 사람의 기분을 끌어올린다.
- 우주는 복잡한 시계와 같다. 시계는 기능공이 만들었다. 따라서 우주도 기능공이 만들었다.
- 학교는 사업과 크게 다르지 않다. 수익성 있는 성장으로 이어질 명확한 경쟁전략이 필요하다.
- 직업을 위해 누군가를 교육하기 위해 대학을 활용하는 것은 자전거를 타는 방법을 칠판에 설명하는 것과 같다.
- 도시의 사립학교는 우수한 선생님을 보유하고 있고 그들이 대학원에 진학하여 어린이들은 우수한 교육을 받는다.

제8장

추정의 오류

석세스
시크릿

1. 추정의 오류

추정의 오류(fallacies of presumption)는 추론할 때 부적절한 가정에서 오는 오류이다. 추론에서의 어떤 논증은 논증을 표현할 때 정당화되지 않은 가정의 결론이다. 이러한 가정은 의도적이거나 실수일 수 있다. 독자, 청자나 심지어 논증자는 어떤 증명되지 않고 부적절한 명제의 진실을 결과적으로 가정하게 된다. 논증에 묻혀있는 모호한 명제가 결론을 지지하는 근거로 사용될 때, 논증은 나쁘고 오도하게 된다. 그러한 부적절한 비약에 의존하는 논증을 추정의 오류라고 한다.

☑ 추정의 오류의 구조

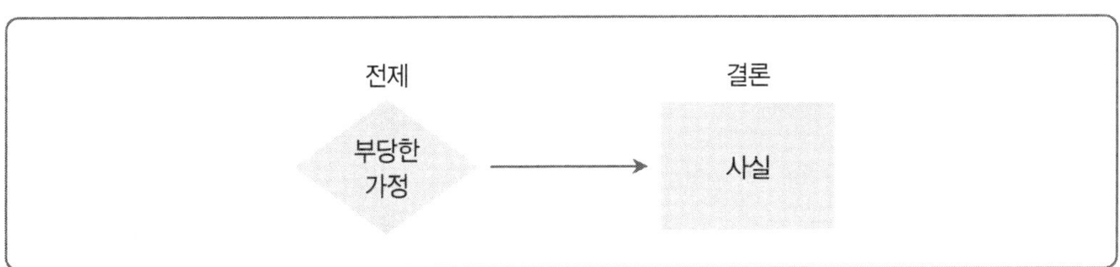

2. 추정의 오류의 유형

추정의 오류는 결론에 대한 사실을 믿는 충분한 이유를 제시하지 못한다. 그러나 이러한 경우에 잘못된 추론은 사실이 불확실하거나 불가능한 일부 다른 명제에 대한 암시적 가정에서 비롯된다. 논증에서 전제는 실제로 결론을 지지하는 경우에 관련이 있지만, 이러한 관련성은 암묵적 가정에서 나온다. 추정은 가정이기 때문에 종종 눈에 띄지 않는다. 이러한 추정의 오류를 드러내려면 숨긴 가정이나 추리, 의심 또는 거짓에 주의를 기울여야 한다.

☑ 추정의 오류 구조

- 선결문제 요구 호소

- 복합 질문 호소
- 발생학적 오류
- 잘못된 딜레마
- 숨긴 증거
- 도박사의 오류
- 연좌제 호소
- 절충안 호소
- 생동감 현혹
- 원천 봉쇄 호소
- 인과 오류 호소
- 귀류법

1) 선결문제 요구 호소

선결문제 요구(begging the question)는 결론에서 주장하는 바를 전제로 제시하는 호소이다. 예를 들면, 훌륭한 사람은 고급 승용차를 타고 다닌다. 따라서 고급 승용차를 타고 다니는 사람은 훌륭한 사람이다. 이러한 오류는 결론에서 증명하려는 주장이 이미 참임을 전제하기 때문에 일어나는 오류이다. 즉, 증명을 필요로 하는 결론을 전제로 사용하는 오류이다. 부적절한 전제가 핵심 전제를 벗어나거나 전제로써 결론을 고쳐 말하거나 순환논증으로 추론함으로써 결론을 충분히 지지한다는 착각을 느낄 때 나타나는 오류이다.

☑ 선결문제 요구의 구조

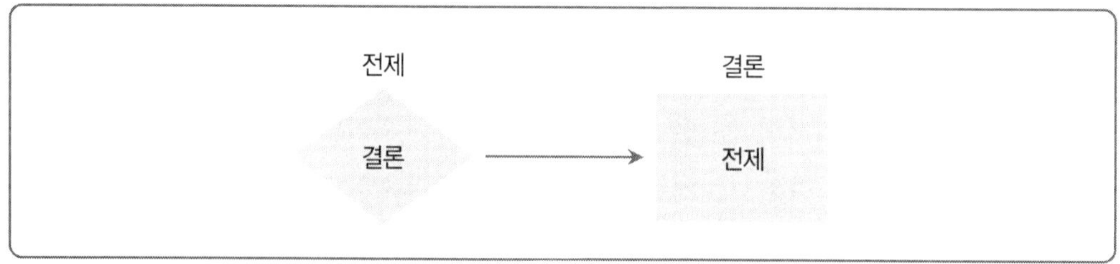

증명되어야 할 어떤 결론이 오히려 증명을 위한 전제로 삼는 형태이다. 이러한 형태는 세 가지가 있다. 즉, 핵심 전제 생략, 이음동의어 사용과 순환논증이다. 핵심 전제 생략은 참이라고 생각되는 핵심 전제를 생략하는 오류이다. 이음동의어 사용은 결론의 내용을 전제에서 단어들을 바꾸어 미리 보여주는 오류이다. 순환논증은 전제가 결론을 지지하고 결론이 다시 전제를 지지하는 오류이다. 즉, A가 B 때문에 참이고, B는 C 때문에 참이고, C는 A 때문에 참일 때 오류가 발생한다. 여기서 A를 전제로 하지 않으면 증명될 수 없다. 결국 A, B, C 모두 참이라고 증명되지 않는다. 따라서 오류 간파 방법은 전제와 결론이 무엇이고, 양자가 정말로 다른지를 아는 것이다. 논증의 형식은 다음과 같다.

● 단순형 논증의 형식

- 주장 X가 참이라고 가정한다.
- 따라서 주장 X는 참이다.

● 연쇄형 논증의 형식

- B가 참이기 때문에 A가 참이고,
- C가 참이기 때문에 B가 참이고,
- A가 참이기 때문에 C가 참이다.

● 선결문제 요구의 예

- 사람을 죽이는 것이 잘못이므로 사형도 잘못이다.
- 담배가 치명적이므로 담배를 피우면 사망할 수 있다.
- 범죄자의 권리는 피해자의 권리만큼이나 중요하다. 모든 사람의 권리는 평등하다.
- 과일과 채소는 건강 식단의 일부이다. 결국 건강한 식생활 계획에는 과일과 채소가 포함된다.
- 이 스마트폰은 시장에서 가장 인기 있는 새로운 기기이기 때문에 누구나 새로운 스마트폰을 원한다.
- 성경이 그렇게 말하고 성경은 하나님으로부터 온 것이기 때문에 하나님은 실재하신다.
- 신의 말은 진리이다. 성서에 기록된 것은 신의 말이다. 성서가 신의 말이라고 하는 것은 성서에 기록되어 있다. 따라서 성서가 신의 말이라는 것은 진리이다(M. W. Drobisch).

2) 복합 질문 호소

복합 질문(complex question)은 두 개 질문이 요청되고, 하나의 답이 두 질문에 적용될 때 발생하는 오류이다. 복합 질문에는 긍정 또는 부정 답변이 필요하다. 상대방이 무슨 대답을 하더라도 반박할 수 있는 형식이다. 질문은 종종 수사적이다. 진정한 대답은 없다. 이 논증은 응답자가 인정하지 않으려고 하는 것을 인정하도록 속이기 위해 사용된다. 예를 들면, "너는 예전처럼 아직도 오만한가?"라는 질문에 대해서는 어떻게 대답하든 응답자는 예전에 오만했다는 사실을 인정해야 한다. 상대방은 암시된 가정 질문에 대한 답에 빠져들게 되어 있다.

☑ 복합 질문의 구조

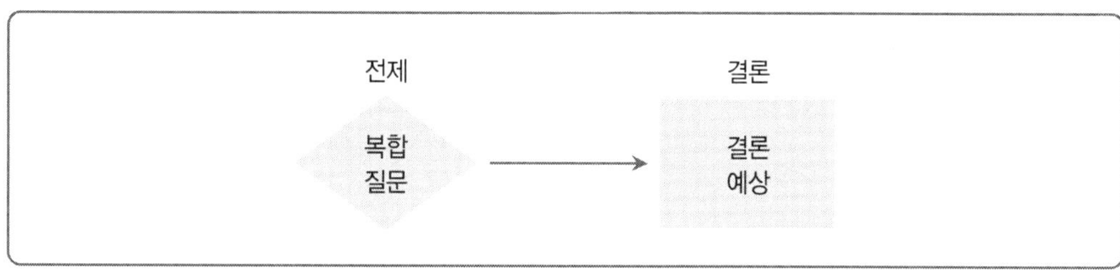

복합 질문은 한 질문에 사실상 두 개의 질문이 포함되어 있고 그 중 하나를 답변하더라도 사실이다. 두 질문은 서로 관련이 없는 질문이다. 예를 들면, "아내를 때리는 것을 그만 두었습니까?"와 같이 묻는다면 어떤 답변을 하든 구타하는 것이 사실이다. 복합 질문은 질문에 대답하는 방식에 상관없이 질문자가 언제나 장점을 갖고 있다. 논증의 형식은 다음과 같다.

● 논증의 형식

- X이거나 Y이다(X와 Y는 서로 관련이 없다).
- X나 Y는 참이다.

● 복합 질문 요구의 예

- 너는 매일 노름만 하는가?
- 불법영업을 중단했습니까?

- 담배를 끊었습니까?
- 아직도 게임을 합니까?
- 상대방을 비난합니까?
- 당신은 자유와 국방을 지원하겠습니까?
- 나를 도와주시겠습니까?

3) 발생학적 오류

발생학적 오류(genetic fallacy)는 어떤 대상이나 사물의 기원이나 원인을 그 사물의 속성으로 잘못 추리하는 오류이다. 즉, 어떤 사람, 사상, 관행, 제도 등의 원천이 어떤 속성을 가지고 있다고 추론하는 오류이다. 미국의 성격심리학자인 고든 올포트(Gordon Allport, 1937)는 발생학적 오류의 본질을 은유적으로 표현하였다. 나무의 생명은 씨앗에서 시작되지만, 씨앗은 성숙한 나무에 영양분을 제공하지 않는다. 이와 같이 초기의 목적은 이후의 목적으로 인도되나 이를 위해 폐기된다. 발생학적 연속성은 기능의 변화와 일치하지 않는다. 잘못된 전제나 잘못된 추론이 논증을 나쁘게 만든다.

☑ 발생학적 오류의 구조

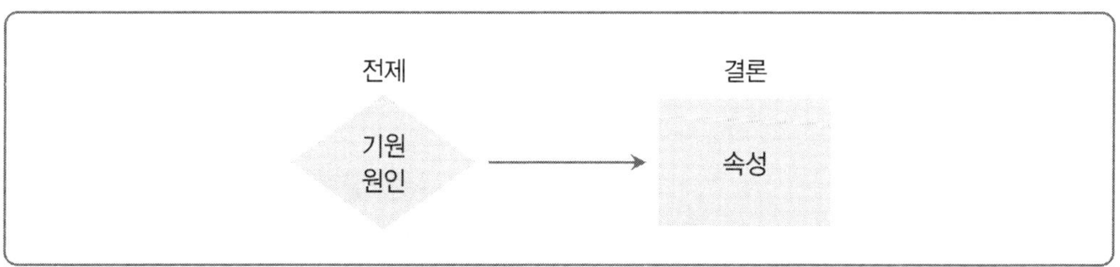

때때로 사람들은 어떤 대상의 기원이 갖는 속성을 그 대상도 가지고 있다고 추리한다. 발생학적 오류는 주장의 출처에 따라 주장이 참 또는 거짓으로 받아들여질 때 발생한다. 따라서 주장의 실제 장점을 보지 않고 역사, 기원이나 출처에 근거하여 판단한다. 예를 들면, 아버지가 국가대표 선수여서 그 아들도 운동을 잘할 것이다.

발생학적 오류는 주장 또는 사물의 기원에서 인식된 결함이 주장 또는 사물 자체를 불신하는 증거로 간주되는 추론이다. 이것은 기원이나 역사로 인해 주장이나 논증을 기각할 때 발생한다.

또한 주장이나 사물의 기원이 주장이나 사물의 증거로 간주되는 추론이다. 그러나 주장의 근원이 주장의 참 또는 거짓과 관련이 있는 경우가 있다. 신뢰할 수 있는 전문가의 주장은 사실일 가능성이 높다. 논증의 형식은 다음과 같다.

논증의 형식

- 주장 또는 사물의 기원이 제시된다.
- 따라서 주장은 참(또는 거짓)이다.

발생학적 오류의 예

- A의 아이디어는 그의 꿈에서 온 것이기 때문에 믿을 수 없다.
- 형은 그들을 믿을 수 없다고 말했고 나는 형의 말을 믿는다.
- 부모님은 신이 존재한다고 말씀하셨다. 따라서 신이 존재한다.
- 공상과학 영화에서 아이디어를 얻었기 때문에 불가능하다.
- 폭스바겐은 나치가 만들었기 때문에 가난한 사람들의 차다.
- 내 주치의는 과체중이다. 따라서 나는 내 건강을 개선시키라는 그의 조언을 믿지 않는다.
- 그는 부자들의 자녀가 외고에 다닌다고 주장한다. 따라서 외고를 일반고로 전환해야 한다.
- 아리스토텔레스의 의견에 대한 대화이다.
  A: 아리스토텔레스는 사회주의 원리가 이상적인 사회를 실현한다고 생각하지 않았다.
  B: 아리스토텔레스의 수많은 주장들이 모두 옳았으며 그는 철학적 사고에서 정말로 중요한 사상가이다.
  C: 따라서 아리스토텔레스가 이렇게 주장한 것은 옳다.

4) 잘못된 딜레마

잘못된 딜레마(false dilemma)는 논증이 두 개의 선택을 제시하고 하나를 선택하도록 하는 양자택일 유형이다. 즉, 어떤 주장에 대해 선택 가능성이 두 가지밖에 없다. 예를 들면, 나를 지지하거나 반대하라는 주장은 거짓 이분법이다. 이분법은 설득하거나 협박하기 위해 사용되고 중립적인 의견이 있다는 사실을 무시한다. 즉, A 아니면 B 중에서 하나를 선택하라는 논증이다. 실제로는 A와 B 외에도 다른 선택이 많이 존재하는데도 고의나 실수로 A와 B만을 제시한다. 잘못된 이분법은 A와 B가 모두 관련 대안을 포함하지 않는다.

☑ 잘못된 딜레마의 구조

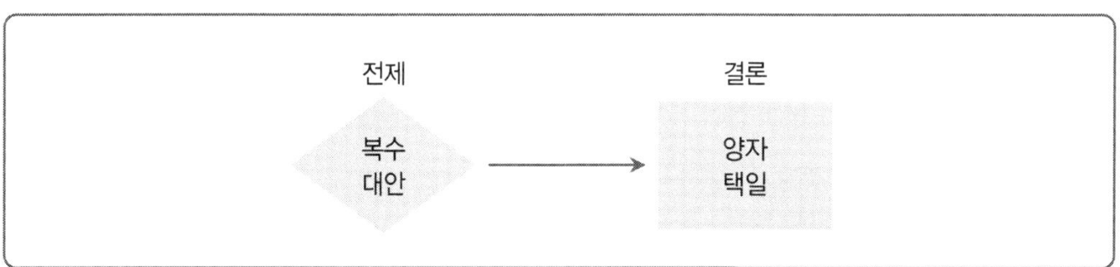

양자 선택만 제시될 때 극단 사이에 다양한 선택이 존재한다. 거짓 딜레마는 "이것 또는 저것"으로 제시되지만, 선택의 생략이 특징이다. 양자 선택만이 제시되고, 하나는 거짓이고 하나는 참이거나, 다른 하나는 받아들여지고 다른 하나는 그렇지 않다는 주장이 제기된다. 다른 대안이 있거나 양자 선택이 모두 거짓이거나 참일 수 있다. 잘못된 딜레마는 의도적인 속임수보다는 실수로 추가 선택을 생략함으로써 발생할 수 있다. 논증의 형식은 다음과 같다.

● 논증의 형식

- A 또는 B가 참이다.
- 따라서 A가 참이면 B는 거짓이다.
- C는 선택이 아니다.

● 잘못된 딜레마의 예

- 경제가 좋아지거나 나빠질 것이다.
- 여러분은 민주당에 반대하거나 찬성할 것이다.
- 당신은 아이들을 좋아하거나 좋아하지 않습니다.
- 외고를 지원할 것인지, 일반고를 지원할 것인지 결정해야 한다.

- 나는 당신이 다른 사람들을 걱정한다고 생각했지만 불우이웃 모금 행사에서 당신을 보지 못했다.
- 동물 보호소는 동물의 권리를 소중히 여기며 동물을 보호하는 장소이거나 무고한 동물을 죽이는 장소이다.

5) 숨긴 증거

사람들은 종종 유리하거나 좋은 것만 보여주고 불리한 것은 숨긴다. 숨긴 증거(suppressed evidence)는 의도적으로 중요한 사건을 숨길 때 발생한다. 예를 들면, 대부분의 개는 친절하고, 그래서 애완동물을 키우는 사람들에게는 아무런 위협이 되지 않는다. 따라서 지금 우리에게 다가오는 작은 개를 태우는 것은 안전할 것이다. 작은 개가 흥분하고 입안에서 거품이 난다는 사실을 무시하면 논증은 숨긴 증거이다. 아마도 가장 흔한 숨긴 증거는 광고를 기반으로 한 추론에서 나타난다. 거의 모든 광고는 광고된 제품의 특정 부정적인 특징을 언급하지 않는다.

☑ 숨긴 증거의 구조

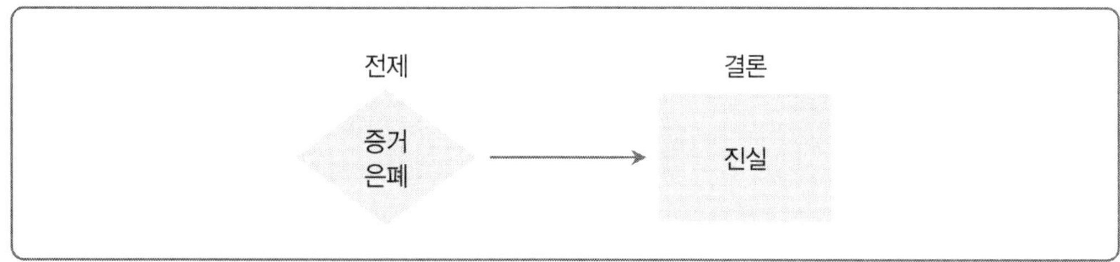

논리적 주장에는 모든 관련되고 중요한 증거가 포함되어야 한다. 관련성이 높고 중요한 증거를 숨기는 것은 비논리적이다. 청중이 입장을 받아들이도록 설득하기 위해 선택된 증거만 제시될 때 그 입장에 반대하는 증거는 숨겨져 있다. 숨긴 증거가 강할수록 논란의 여지가 많다. 불리한 사례나 자료를 숨기고 유리한 자료를 제시하며 자신의 견해 또는 입장을 지켜내려는 편향적 태도이다. 이를 체리 피킹(cherry picking)이라 하는 데 과수업자들이 질 좋은 과일만 보이고 질 나쁜 과일은 숨기는 행동에서 유래했다. 논증의 형식은 다음과 같다.

논증의 형식

- A를 주장한다.
- 유리한 증거 X를 제시한다.
- 불리한 증거 Y를 생략한다.
- 따라서 A는 참이다.

숨긴 증거의 예

- 최근에 회사는 제품이 인체에 해롭다는 것을 알리지 않았다.
- 이 자동차는 가치가 매우 크다. 깨끗하고 주행거리가 짧다(판매원이 차의 심각한 충돌 사고를 말하지 않을 수도 있다.).
- 애국자 미사일은 훌륭한 무기입니다. 테스트 결과, 발사의 98%에서 미사일이 발사대를 성공적으로 떠났다(기술적으로 사실이다. 그러나 이것은 발사대를 성공적으로 떠난 후, 대부분의 미사일이 공중에서 폭발하거나 목표물에 부딪치지 않았다는 정보가 생략되었다.).
- 자동차 운전자는 차량사고에 대해 더 많은 보상을 요구할 때 불리한 몇 가지 사건에 대해서는 언급하지 않았다.

6) 도박사의 오류

도박사의 오류(gambler's fallacy)는 도박에서 줄곧 잃기만 하던 사람이 이번엔 꼭 딸 거라고 생각하는 오류를 말한다. 즉, 주어진 기간 동안 어떤 일이 정상보다 더 자주 발생하면 미래에 더 자주 발생하지 않을 것이라는 것은 잘못된 생각이다. 도박사의 오류는 무작위 과정이 반복될수록 무작위 과정이 덜 무작위화되고 예측 가능하다는 잘못된 믿음이다. 이것은 도박에서 가장 일반적으로 볼 수 있으므로 오류이다.

☑ 도박사의 오류의 구조

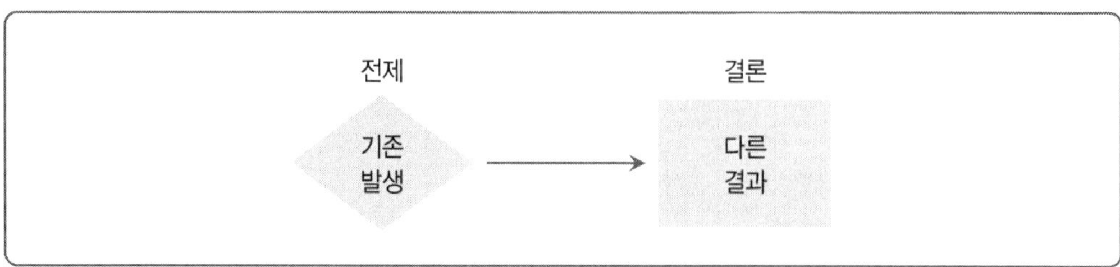

도박사의 오류는 과거에 발생한 빈도로 인해 발생할 가능성에 영향을 준다는 추론이다. 예를 들면, 동전 던지기에서 처음에 더 앞면이 많이 나오면 다음에는 뒷면이 더 많이 나올 거라는 그릇된 믿음이다. 이것은 사람들이 심리적으로 잘못 생각하는 추론의 오류이다. 도박사의 오류는 사람이 평균적으로 또는 장기적으로 발생하는 것에서 벗어나는 것이 단기적으로 수정될 것이라고 가정할 때 발생된다. 논증의 형식은 다음과 같다.

논증의 형식

- X가 발생했다.
- X는 평균적으로 발생할 것으로 예상되는 범위를 벗어났다.
- 따라서 X는 곧 끝날 것이다.

도박사의 오류의 예

- 복권을 사서 매번 당첨되지 못한 경우 다음에는 당첨될 것이다.
- 배구 팀은 지난 2경기 연승했다. 그래서 이번에는 패배할 것이다.
- 그 가족은 연속으로 3명의 딸을 낳았다. 다음은 아들일 것이다.
- 동전을 던져서 앞면이 6회 연속으로 나오면 다음은 뒷면이 나올 것이다.
- 윷을 던져서 도·개·걸·윷만 계속 나오면 다음은 모가 나올 것으로 착각한다.
- 저기 저 말 봤어? 그 말은 최근 네 경기에서 연속으로 졌습니다. 따라서 나는 그 말에 내기를 걸 것입니다.

7) 연좌제 호소

연좌제(緣坐制)는 법률적으로 범죄인과 특정한 관계에 있는 사람에게 연대책임을 지게하고 처벌하는 제도이다. 연좌제(guilt by association)는 이미 부정적으로 본 특정한 사람이나 집단과의 연관성으로 인해 관련이 있는 사람도 부정적으로 보는 추론이다. 이것은 개인적으로 잘못한 것이 아니라 자신과 관련된 다른 사람들이 잘못했다는 것을 의미한다.

☑ 연좌제 호소의 구조

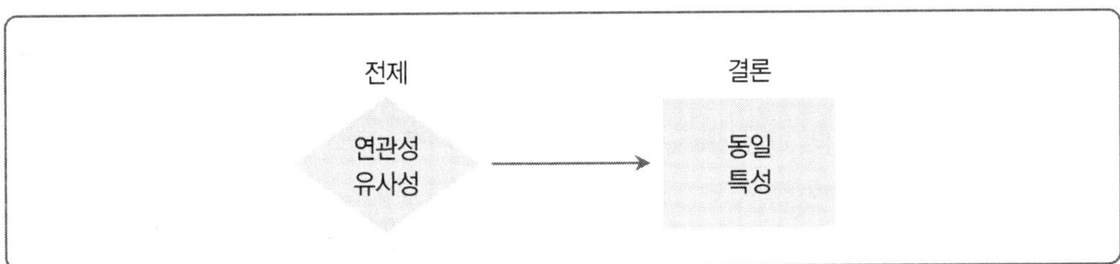

특정한 사람과의 유사성 때문에 공격을 받는 경우 연좌제 오류이다. 이것은 어떤 사람이 나쁜 사람이나 집단과 연결시킬 때 발생한다. 나쁜 집단과 유사하여 그와 유사한 속성을 가지고 있다는 것은 오류이다. 대부분은 관련이 없는 전제를 논증하고 잘못된 결론을 도출하는 추론이다. 공통된 속성으로 인해 두 가지 개념 또는 사물이 동일하거나 동일한 속성을 갖는 경우이나 비교는 사실이 아니다. 논증의 형식은 다음과 같다.

● 논증의 형식

- A는 B이다.
- A는 C이다.
- 따라서 모든 B는 C이다.

● 연좌제의 오류의 예

- A의 차는 빠르고 흰색이다. 따라서 내 흰색 차도 빠르다.
- A는 영리하다. A는 기독교인이다. 따라서 모든 영리한 사람들은 기독교인이다.

- A는 사기꾼이다. A는 검은 머리털을 가지고 있다. 따라서 검은 머리털을 가진 모든 사람들은 사기꾼이다.
- A는 엉성한 판매원이다. A는 특정 반도체 검사 장비를 제안한다. 따라서 특정 반도체 검사 장비는 엉성하다.
- A는 논리학을 싫어한다. A는 난필증이다. 따라서 모든 난필증 환자는 논리학을 싫어한다.
- A, B, C는 모두 D의 친구이며 모두 경범죄자이다. E는 D의 친구이다. 따라서 E는 경범죄자이다.

8) 절충안 호소

절충안 호소 또는 중간 호소(argument to moderation)는 두 극단 사이의 중간 위치이기 때문에 정확하다고 가정할 때 발생하는 오류이다. 즉, 두 가지 서로 상반되는 주장의 중간에 위치하는 입장은 중립적이기 때문에 옳을 것이라고 가정하는 오류이다. 중용이 최선의 해결안으로 가정한다. 제시되는 주장이 의견의 극단을 나타내고 그러한 극단은 틀리며 중간이 항상 정확하다는 것을 주장한다.

☑ 절충안 호소의 구조

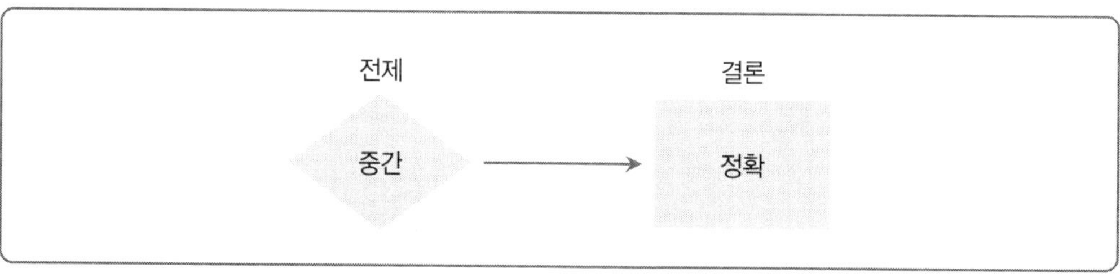

진실은 두 개의 반대 위치 사이의 타협이라고 말하는 결함 있는 추론이다. 절충이 올바르다는 기본 개념은 극단은 너무 많고 중간은 충분하다는 것이다. 두 극단의 중간에 있기 때문에 위치가 정확하다고 가정하는 오류이다. 그러나 중간 또는 중간 위치가 정확하다는 주장은 정당한 추론에 의해 뒷받침되지 않는다면 오류이다. 논증의 형식은 다음과 같다.

논증의 형식

- A라고 말한다.
- B라고 말한다.
- 따라서 중간의 어딘가가 정확하다.

절충안 호소의 예

- A는 컴퓨터를 사야 한다고 말한다. B는 사지 말아야 한다고 말한다. 따라서 최상의 해답은 컴퓨터를 타협하고 반만 구매하는 것이다.
- 당신은 하늘이 파란 색이라 말하고, 나는 하늘이 붉은 색이라고 말한다. 따라서 가장 좋은 해답은 하늘이 자주색이라고 타협하고 동의하는 것이다.
- 국민의 절반은 유럽 연합을 떠나는 것을 선호하고 나머지 절반은 남는 편을 선호합니다. 따라서 유럽 연합을 떠나 관세 동맹을 유지하면서 타협하자.
- 철수가 빵을 갖고 있다. 재인은 빵을 먹고 싶어 한다. 철수는 빵을 갖고 싶어 한다. 따라서 빵의 1/2은 재인에게 주어져야 한다.
- A 의원은 복지예산을 50% 삭감할 것을 제안했으며, B 의원은 인플레이션과 생활비 증가에 맞추기 위해 10%의 복지예산 인상을 제안했다. 나는 복지예산이 30% 감소하는 것이 좋은 중간 근거라고 생각한다. 그래서 복지예산 30% 감소안을 생각합니다.

9) 생동감 현혹

생동감 현혹(misleading vividness)은 소수의 극적이고 생생한 사건이 통계적 증거보다 훨씬 더 중요하다고 주장할 때 발생한다. 자신이나 타인의 경험은 생생하고, 자신이 직접 경험한 것에 관해서는 그 발생 확률을 과장하거나 일반화하는 경우가 있다. 자신이나 타인의 생생한 경험으로 알게 될 때 오류가 발생한다. 생동감은 매우 적은 수의 극적인 사건이 상당한 양의 통계적 증거보다 중요하다는 오류이다. 이것은 사건이 생생하거나 극적이라는 사실만으로도 사건이 발생할 가능성이 높지 않기 때문에 오류가 있다. 그러나 생생하거나 극적인 경우는 인간의 마음에 매우 강한 인상을 주기 때문에 사람들은 종종 이러한 추론을 받아들인다.

☑ 생동감 호소의 구조

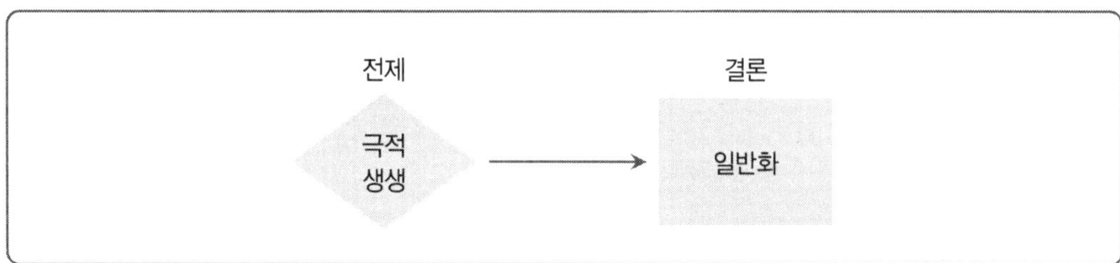

소수의 극적 사건은 실제로 통계에 근거한 것보다 더 많은 일이 있다고 주장한다. 생생하거나 극적인 경우는 인간의 마음에 매우 강한 인상을 준다. 예를 들어, 사람이 특히 끔찍한 비행기 추락에서 살아남는 경우 비행기 여행이 다른 형태의 어떤 여행보다 위험하다고 생각하는 경향이 있다. 극적이거나 생생한 일이 발생할 가능성을 고려하는 것이 항상 잘못된 것은 아니다. 예를 들어, 사고가 매우 극적이기 때문에 스카이다이빙을 하지 않기로 결정할 수 있다. 통계적으로 사고가 발생할 가능성이 매우 낮다는 사실을 알고 있지만 작은 위험조차도 용납할 수 없다고 생각하면 추론에 실수하지 않을 것이다. 논증의 형식은 다음과 같다.

● 논증의 형식

- 극적이거나 생생한 사건 X가 발생했다.
- 따라서 X 유형의 사건이 발생할 것 같다.

● 생동감 현혹의 예

- A와 B는 컴퓨터 구입에 대해 이야기하고 있었다.

  B: 컴퓨터를 구입하려고 한다. 서류 작성을 해야 하는 데 컴퓨터가 고장 나서 정말 짜증이다.

  A: 어떤 컴퓨터를 원하는가?

  B: 사용하기 쉽고 가격이 저렴하며 적절한 처리 능력이 있어야 한다. Y사 컴퓨터를 사는 것을 생각하고 있었다. 그 컴퓨터는 소비자 잡지 평가에서 매우 신뢰할 수 있는 것으로 밝혀졌다.

A: Y사 컴퓨터를 사지 못했다. 내 친구가 한 달 전에 서류를 작성하기 위해 그 컴퓨터를 구입했다. 컴퓨터가 자주 다운되어 작성 중이던 서류가 날라 갔다. 그는 제 시간에 서류를 완성하지 못했고 마감 시한 내에 제출하지 못했다. 결국 지금 그는 실직한 상태이다.

B: 그래서 Y사 컴퓨터를 사고 싶지 않아.

• A와 B는 비행에 대해 이야기하고 있었다.

A: 조종사가 기내방송으로 비행기의 엔진 고장이 발생했다고 말했다. 나는 창문 밖을 내다보면서 엔진에서 연기가 튀는 것을 보았다. 결국 비행기는 비상 착륙을 했고 소방차가 도착해 있었다. 나는 공항에 앉아 다음 6시간을 기다렸다. 하여튼 죽지 않아서 다행이다. 나는 다시는 비행기를 타지 않을 거야.

B: 그래서 집에 어떻게 갈 건가?

A: 운전할 예정이다. 비행기보다 훨씬 안전할 거야.

B: 나도 그렇게 생각해.

10) 원천 봉쇄 호소

원천 봉쇄(poisoning the well)는 사람들이 논증이 제시되기도 전에 그 논증을 미리부터 비난하기 위해 감정적인 말을 사용하는 경우이다. 이것을 우물에 독 넣는 오류라고도 한다. 관련이 없는 부정적인 정보가 사전에 제시되어 논쟁을 불신할 때 발생한다. 이러한 오류는 중세 유럽의 유대인 박해로부터 유래하였다. 어떤 마을에 전염병이 돌면 사람들은 유대인들이 우물에 독을 뿌렸다고 소문을 내 유대인들을 학살하곤 했다. 이 수법은 반론 가능성을 사전에 봉쇄하려고 할 때 사용된다.

☑ 원천 봉쇄 호소의 구조

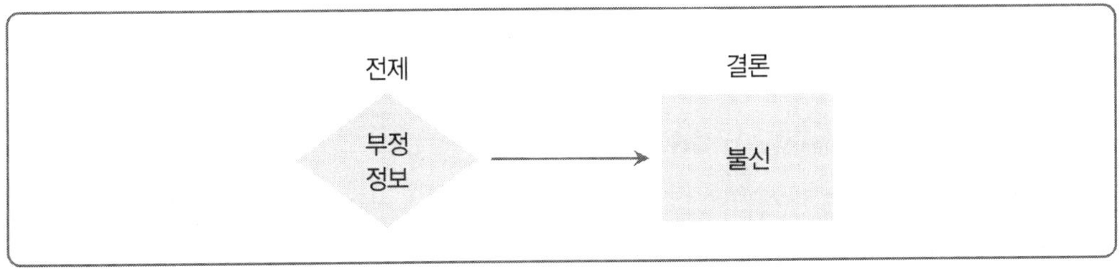

지지할 수 있는 주제나 주장을 불신하는 방법에는 여러 가지가 있다. 예를 들면, 그들의 거짓말에 대해 이야기하거나 그들이 무지하고, 미쳤거나, 바람직하지 않고, 열등하고, 가치가 없다고 말한다. 또 주제나 주장이 불합리하거나 허위로 판명되었고, 바보만이 지지할 것이라는 점을 지적한다. 원천 봉쇄 추론은 분명히 오류이다. 이러한 추론은 나중에 그 사람에 대해 바람직하지 않은 정보를 제시함으로써 어떤 사람이 주장할 수 있는 것을 불신하려고 시도한다. 다음은 논증의 형식이다.

● 논증의 형식

- A에 대한 불리한 정보(참 또는 거짓)가 제시된다.
- 따라서 A의 주장은 거짓이다.

● 원천 봉쇄의 예

- 민주당은 A의원의 자녀가 특혜로 입사했다고 주장했다.
- 사람들은 모구가 그 사람을 패륜아라고 생각한다.
- A가 장관에 지명되었으나 야당에서는 그가 병역미필자로 장관직을 제대로 수행하지 못할 것이라고 말한다.
- 교장 선생님, 나는 나의 이야기를 합니다. A가 와서 내가 존경하지 않는다는 거짓말을 했다고 확신합니다.
- 그는 악당이다. 그의 말을 듣지 마라.
- A를 만나기 전에 그의 친구는 A가 낭비벽이 있는 사람이라고 말하였다. 당신이 그를 만난다면 모든 것이 더럽혀질 것이다.

11) 인과 오류 호소

인과 오류(post hoc fallacy)는 선후관계와 인과관계를 혼동하는 오류이다. 이 오류는 원인이 결론 전에 발생했기 때문에 한 사건이 다른 사건을 유발한다고 결론을 내릴 때 발생된다. 오류는 A가 B보다 먼저 발생하기 때문에 A가 B를 야기한 것으로 결론을 내릴 수 있으며 실제로 그러한 주장을 보증할 충분한 증거가 없다. 많은 경우에 A가 B보다 먼저 발생한다는 사실은 결코 인과 관계를 나타내지 않는다. 예를 들어, 서울에 있는 A가 일본에서 지진이 시작된 동일한 시간에 기침을 했다고 가정한다. 두 사건 사이에 인과관계가 의심될 어떠한 이유가 없기 때문에 지진이 일어났다고 해서 A를 체포하는 것은 분명 비합리적이다.

☑ 인과 오류의 구조

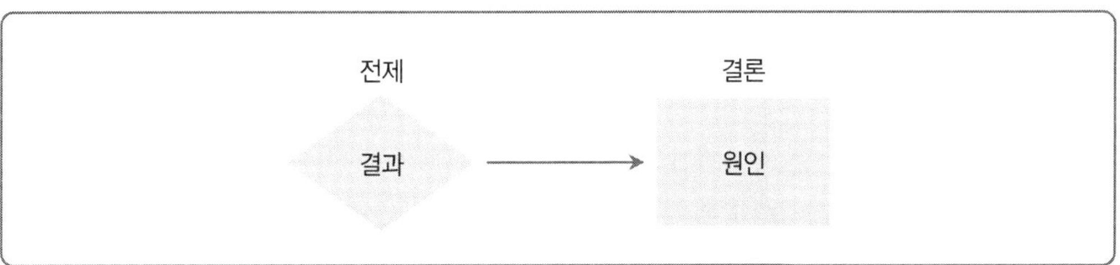

어느 사건이 발생하고 그 후 다른 사건이 일어났다. 먼저 일어난 사건이 원인이 되어 뒤의 사건이 일어났다고 판단할 때 오류가 발생한다. 즉, 현상의 원인이 인과관계에 대한 충분한 증거를 제공하지 않고 이전 현상에 기인한 경우이다. 무언가가 다른 것을 뒤따른다고 해서 이것이 진정한 원인과 결과를 증명할 충분한 증거는 아니다. 이러한 시간적 관계는 단순히 우연의 일치일 수 있다. 우연의 일치는 종종 미신과 관련이 있다. 인과 오류의 핵심은 A와 B 사이에 인과관계가 없다는 것이다. A가 B를 유발한다는 주장에 대한 충분한 증거가 제공되지 않는다. 다음은 논증의 형식이다.

논증의 형식

- A는 B보다 먼저 발생한다.
- 따라서 A는 B의 원인이다.

인과 오류의 예

- 새 축구화를 사지 않을 때까지 축구팀은 지고 있었다. 그러나 새 축구화를 산 후 축구팀이 이겼다.
- 개는 다리를 긁었고 나는 그날 밤 열이 있었다. 그래서 나는 개가 나에게 무언가에 감염되었을 것이라고 결론지었다.

- A는 여자 친구와 함께 "눈이 내리네"라는 노래를 불렀다. 그런데 그날 밤 눈이 내렸다. 그들은 노래로 눈이 내렸다고 주장했다.
- A는 파란색 양말을 신고 농구경기에 나가 우승하였다. 그래서 A는 모든 농구경기에 파란색 양말을 착용하기로 결정했다.
- 오늘 아침 기온이 떨어지고 두통도 생겼다. 추운 날씨가 틀림없이 두통을 유발했다.
- A의 오래된 TV에서 화면이 흔들리고 칙칙 소리가 났다. A는 옆을 치고 흔드니까 화면이 흔들리지도 칙칙 소리도 나지 않았다. 그래서 A는 친구에게 TV를 치면 문제가 해결된다고 말했다.
- A는 손가락에 약간 큰 사마귀가 생겼다. 그녀의 아버지가 한 이야기를 바탕으로 그녀는 무를 반으로 자르고 사마귀에 문지른 다음 전기 빛에 쏘였다. 한 달 후에 사마귀가 줄어들고 결국 사라졌다. A는 아버지에게 치료법이 옳다고 말했다.

12) 귀류법 호소

직접적으로 증명하기 어려운 명제는 간접 증명법을 이용하여 증명하는 방법이 귀류법이다. 귀류법(歸謬法)이란 용어는 오류로 귀착시키는 의미이다. 따라서 귀류법(reduction to the absurd)은 어떤 명제가 참임을 직접 증명하는 하는 것이 아니라 명제가 참이라고 가정하여 그것의 불합리성을 증명함으로써 원래의 명제가 참인 것을 보여 주는 증명하는 방법이다. 예를 들면, 바위는 무겁다. 만일 그렇지 않다면 바위는 공중에 떠다닐 것이다. 논리적인 한계를 가진 결론을 도출하거나 우스운 결과를 보여줌으로써 불합리에 대한 논쟁을 줄이는 것을 의미한다. 몇 가지 사실이 있다고 가정하여 시작한 다음 원하는 명제가 참이면 다른 명제는 거짓임을 보여준다. 예를 들면, X가 거짓이라면 그 상황은 불합리하다. 따라서 X는 사실이다.

☑ 귀류법 오류의 구조

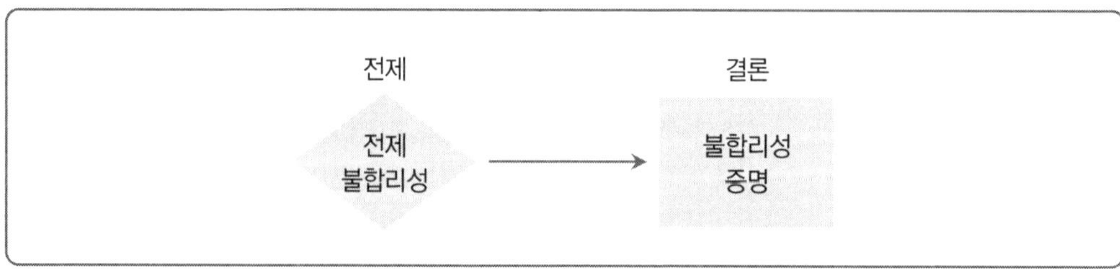

불합리가 자연스럽게 존재하기보다는 불합리한 상황을 만드는 방법을 반영한다. 이 논증 방법은 상대방의 동의 또는 어리석음을 제공하는 기본 원칙에 따라 작동한다. 사실상 "동의하지 않으면 어리석은 일이 일어나서 어리석다"고 말한다. 좀 더 온건하고 현실적인 대안을 고려하기보다는 합의에 대한 극단적인 대안이 사용된다. 논증이 극단에 이르면 대부분의 말이 불합리하게 보일 것이다. 언제나, 결코, 모든, 아무도와 같은 보편적인 언어를 사용하는 논증은 불합리한 결론을 감소하는 경향이 있다. 논증의 형식은 다음과 같다.

논증의 형식

- P가 참이라고 가정한다.
- 이 가정에서 Q가 참이라고 추론한다.
- Q가 거짓이라고 추론한다.
- P는 Q를 포함하고 Q를 포함하지 않는다(반드시 거짓인 모순)
- 따라서 P 자체는 거짓이다.

명제가 불합리한 결론을 도출하거나 그것이 참이 아닌 경우 결과가 불합리한 것을 보여줌으로써 명제가 틀렸음을 입증하는 형태이다. 예를 들면, 지구는 평평할 수 없다. 그렇지 않으면, 우리는 사람들이 끝에서 떨어지는 것을 발견할 것이다. 예는 전제를 부인하면 증거에 대해 불합리한 결론을 초래할 것이라고 주장한다.

귀류법의 예

- 당신이 물에 뜰 수 없다면 가라앉고 바다 밑을 걸을 것이다.
- 사람들이 서로 이야기하지 않으면 사회가 존재하지 않을 것이다.
- 당신이 세상에서 가장 행복한 사람이라면 아마도 슬픔으로 죽을 것입니다. 당신은 여전히 여기서 불행하지 않을 수 있습니다.
- 나는 내일 수술에 들어갈 예정이다. 나를 위해 기도해주세요. 많은 사람들이 나를 위해 기도하면, 하나님은 나를 질병으로부터 보호해 주시고 성공적인 수술과 빠른 회복을 보게 될 것입니다.
- 모든 사람이 예수님과 같은 삶을 살았다면 세상은 아름다운 곳이 될 것입니다.

- 정치인 A가 "국가의 정책이 국민들을 도울 수 있다고 생각합니다"라고 말하자 정치학자 B는 "그렇다면 스탈린주의를 실천하고 싶습니까?"라고 말한다.

제9장

모호성 호소

석세스
시크릿

1. 모호성 호소

모호성 오류(fallacies of ambiguity)는 단어, 구나 문장의 의미가 모호하여 발생하는 오류이다. 단어나 구의 의미는 부주의로 인해 바뀔 수도 있고, 논증에서 의도적으로 조작될 수도 있다. 용어는 전제에서 하나의 의미를 가질 수 있지만 결론에서는 상당히 다른 의미를 가질 수 있다. 이끌어낸 추론이 그러한 변화에 의존할 때 당연히 오류이다. 이러한 종류의 실수를 모호성 오류라고 한다. 모호성 오류가 있는 부정확한 추론은 단어나 구의 애매한 사용에서 발생한다. 어떤 논증에서 사용된 단어나 구는 다른 논증에서는 의미가 다를 수 있다. 하나 이상의 결론을 내릴 수 있을 정도로 불분명한 전제가 제시되고, 이 전제에서 단일 결론이 도출될 때 모호성이 발생한다.

☑ 모호성의 구조

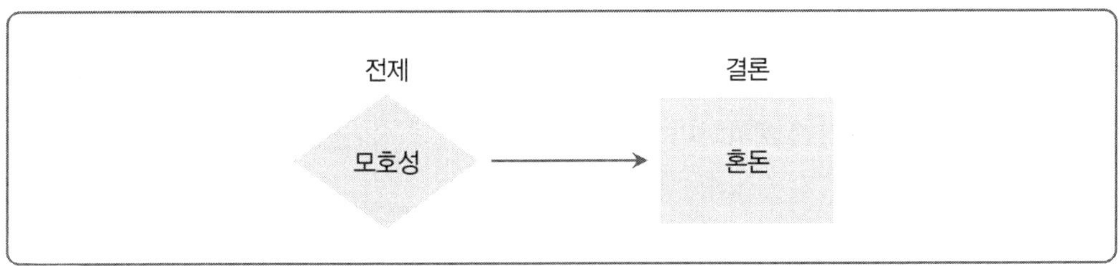

2. 모호성 호소의 유형

언어의 부정확한 사용으로 인해 잘못된 추론의 패턴이 몇 가지 있다. 모호한 단어, 구 또는 문장은 둘 이상의 별개의 의미를 갖는다. 하나의 주장에 포함된 제안들 사이의 유추적 관계는 각각에 정확히 동일한 의미를 사용하도록 주의를 기울인 경우에만 유지된다. 모호성의 오류는 모두 두 가지 이상의 서로 다른 감각의 혼란을 수반한다. 모호성의 오류는 확실하지 않은 전제에서 결론을 도출할 때 발생한다. 불분명한 전제가 사용되면 결론을 뒷받침하지 못할 수 있다.

☑ 모호성의 유형

- 다의성 호소
- 모호한 문장 호소
- 결합 호소
- 분해 호소
- 강조 호소
- 이중 잣대
- 논리적 불일치
- 생태학적 오류

1) 다의성 호소

다의성 오류(fallacy of equivocation)는 한 단어가 두 가지 이상의 의미로 쓰이는 오류이다. 단어나 구절이 논증에서 두 개의 다른 의미로 사용되는 경우가 있다. 동일한 단어라도 여러 가지 의미를 가지고 있어 문맥에 따라 혼동이 생긴다. 이러한 논증은 타당하지 않거나 거짓 전제이다. 예를 들면, 회사에서 부장이 계약하러 갔으나 아직까지 무소식이었다. 그래서 계약 건은 희소식이다. 왜냐하면 무소식은 희소식이기 때문이다.

☑ 다의성의 구조

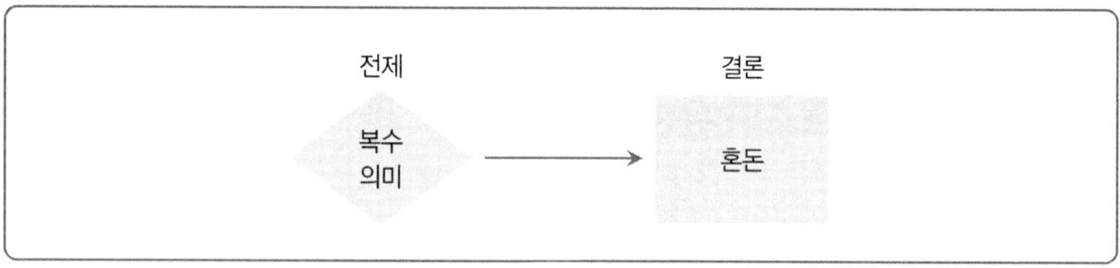

논증의 핵심 단어가 여러 의미가 있을 때 어떤 부분에서 하나의 의미가 있고 다른 부분에서 다른 의미로 사용되는 된다. 즉, 의도적으로 하나 이상의 의미를 갖는 모호한 용어를 사용하여 오해를 일으킨다. 다의성은 논증에서 특정 단어나 구가 하나 이상의 의미로 사용되는 오류이다. 이는 하나 이상의 의미를 가짐으로써 의미가 모호하다. 다의성은 의미의 변화가 일어났다는 것을 알아차리기가 어렵기 때문에 흔한 오류이다. 논증의 형식은 다음과 같다.

논증의 형식

- X는 Y이다.
- Y는 Z이다.
- 따라서 X는 Z이다.

다의성의 예

- 눈에 눈이 묻었다. 눈에 눈물이 흘렀다.
- 신부님은 내가 믿음이 있어야 한다고 말한다. 나는 나의 아이가 학교생활을 잘 할 거라는 믿음을 갖고 있다.
- 법은 입법자를 의미한다. 자연에는 법이 있다. 따라서 우주의 입법자가 있어야 한다.
- 시끄러운 아이들은 진짜 두통이다. 아스피린은 두통을 떠나게 한다. 따라서 아스피린은 시끄러운 아이들을 떠나게 할 것이다.
- 나는 당신이 얼마나 윤리적인 사람인지를 모른다. 당신을 열심히 일하게 하는 것은 너무 어렵다. 따라서 당신의 직업윤리는 나쁘다.
- 철학자는 중립적 입장을 유지한다. 그러나 대부분의 철학자들은 매우 명확한 결론을 주장한다. 이것은 거의 중립적 입장이 아니다.

2) 모호한 문장 호소

모호한 문장 오류(fallacy of amphibology)는 한 문장이 두 가지 다른 해석을 할 때 발생한다. 모호한 문장은 문법이나 구두점으로부터 오류가 발생된다. 즉, 의도하지 않은 해석을 선택하게 되고, 그것에 따라 결론을 도출하게 된다. 따라서 모호한 문장 표현은 어떤 해석에서는 참일 수 있고 다른 해석에서는 거짓일 수 있다. 따라서 다의성은 단어나 구의 의미에서 모호성을 포함하는 반면, 모호한 문장은 구조론적 모호성을 포함한다.

☑ 모호한 문장의 구조

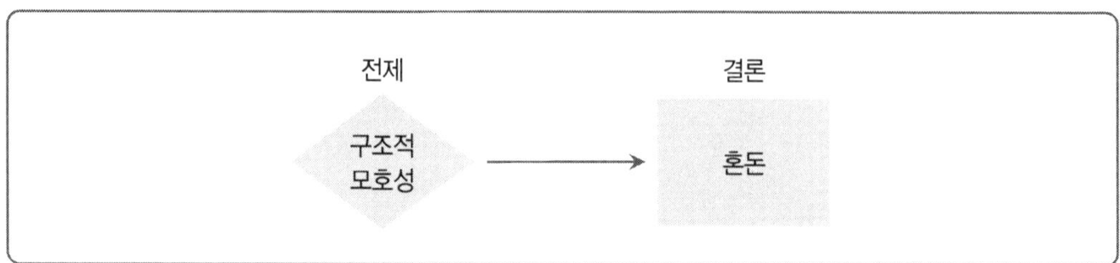

문법의 모호함은 이중 의미를 갖는 주장이다. 모호한 문장은 문장의 문법, 문장 부호로 인해 문장이 여러 가지 방식으로 해석될 수 있다. 나쁜 주장이 문법적 모호성으로 표현되어 설득의 환상을 야기한다. 이것은 청중을 혼동시키거나 오도하기 위해 의도적으로 모호한 단어나 문법 구조에 의존하는 오류이다. 논증의 형식은 다음과 같다.

● 논증의 형식

- X는 Y이다.
- Y는 Z이다.
- 따라서 X는 Z이다.

● 모호한 문장의 예

- 사람들이 많은 도시를 다녀보면 견문이 넓어진다. 이것은 도시가 많은 것인지 사람이 많은 도시인지 모호하다.
- 표지판에는 "여기에 주차하기에 적합하다"고 해서 여기에 주차했습니다.
- 그 옷을 어디에서 구입했나요? 구입한 판매점을 물을 것인지 구입한 판매점의 위치를 물을 것인지 명확하지 않다.

3) 결합 호소

논증의 결론이 부분에서 전체로 속성이 잘못 전달되는 것을 의존할 때 결합의 오류(fallacy of

composition)가 나타난다. 즉, 오류는 부분이 어떤 속성이 있기 때문에 전체가 그러한 속성을 갖고 있고, 문제의 속성을 부분에서 전체로 논리적으로 이전할 수 없는 상황일 때 오류가 발생한다. 부분의 의미를 부분이 결합된 전체의 의미로 사용함으로써 범하는 오류이다.

☑ **결합 오류의 구조**

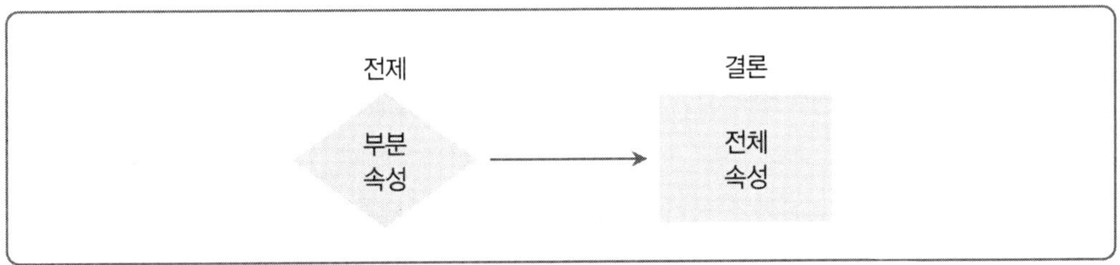

부분의 속성이 전체의 속성과 동일한 경우도 있지만 결합하면 다른 속성을 지닌 경우도 많다. 오류는 부분이 어떤 속성이 있기 때문에 전체가 그러한 속성을 갖고 있고, 문제의 속성을 부분에서 전체로 논리적으로 이전할 수 없는 상황일 때 오류가 발생한다. 예를 들면, 1과 5는 각각 홀수이므로 1과 5의 결합인 6도 홀수라고 하면 오류가 된다. 논증의 형식은 다음과 같다.

● 논증의 형식

- A는 B의 일부이다.
- A는 X의 속성이 있다.
- 따라서 B는 X의 속성이 있다.

개인이 특정 속성을 가지고 있다는 단순한 사실 자체만으로 전체가 그러한 속성을 가지고 있음을 보장하지는 않기 때문에 이러한 추론은 오류이다. 그러나 부분의 특성에서 전체의 특성을 추론하는 것이 항상 오류는 아니다. 어떤 경우에는 결론을 보증하기에 충분한 근거가 제공될 수 있다. 그러나 부분에서 전체까지의 추론에 대한 타당성이 있다면 추론은 틀리지 않다. 예를 들어, 가옥 구조의 부분이 벽돌로 만들어진 경우 전체 구조가 벽돌로 만들어졌다고 결론을 내릴 때 오류가 발생하지 않는다.

결합의 오류 예

- 모든 사람들은 죽는다. 그러므로 언젠가는 사람들이 지구에서 사라질 것이다.
- 수소는 젖지 않는다. 산소도 젖지 않는다. 따라서 물(H2O)은 젖지 않는다.
- 민지는 멸치를 좋아한다. 또한 민지는 오렌지 주스를 좋아한다. 따라서 민지는 멸치를 섞은 오렌지 주스를 좋아한다.
- 원자는 무색이다. 고양이는 원자로 만들어져 있다. 따라서 고양이는 무색이다.
- 나트륨과 염소는 모두 인간에게 위험하다. 따라서 나트륨과 염소의 결합인 소금도 인간에게 위험하다.
- 분필의 각 원자는 보이지 않는다. 따라서 분필은 보이지 않는다.
- 이 도구는 무디다. 도구 상자 전체도 무디다.

4) 분해 호소

분해의 오류(fallacy of division)는 전체가 어떤 속성이 있기 때문에 부분도 동일한 속성이 있다고 추론하는 오류이다. 즉, 전체로부터 부분으로 속성이 잘못 이전될 때 오류가 발생한다. 예를 들면, 소금(Nacl)은 비독성 화합물이다. 소금은 나트륨, 염소, 황산이온과 미네랄 등으로 구성되어있다. 따라서 나트륨은 독성이 없다. 전체에서 부분을 추론하는 분해의 오류는 결합의 오류와 반대이다.

☑ 분해의 오류의 구조

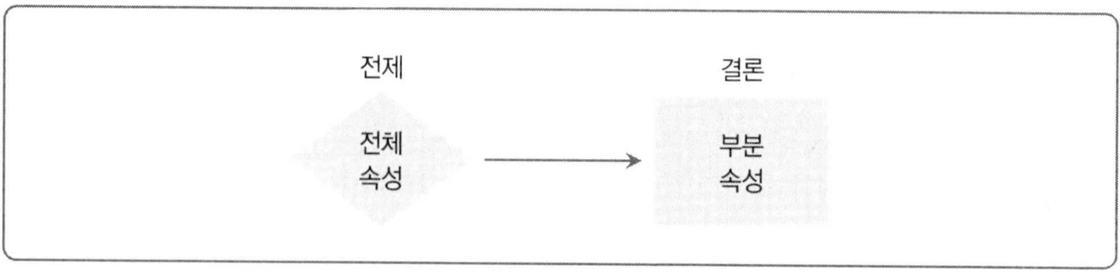

분해의 오류는 전체가 사실이면 그 구성 요소도 또한 사실이어야 한다고 추론한다. 그러나 자신이 속한 집단의 속성에 근거하여 개인에 대한 결론을 내리는 것이 항상 잘못된 것은 아니다. 추론이 증거에 의해 뒷받침된다면 추론은 괜찮을 수 있다. 예를 들어, 모든 개가 포유류라는 사실에서 진도개를 포유류라고 추측하는 것은 잘못이 아니다. 이 경우 집단에서 사실은 각 개별 구성원에게도 해당된다. 논증의 형식은 다음과 같다.

논증의 형식

- A는 B의 일부이다.
- B는 X의 속성이 있다.
- 따라서 A는 X의 속성이 있다.

분해의 오류의 예

- 물은 불을 끄는 속성이 있다. 물은 산소와 수소로 구성되어 있다. 따라서 산소는 불을 끄는 속성이 있다.
- 공은 파란색이므로 공을 구성하는 원자도 또한 파란색이다.
- 살아있는 세포는 유기물질이다. 따라서 세포를 구성하는 화학물질도 또한 유기물질이어야 한다.
- 염화나트륨(식염)은 안전하게 섭취할 수 있다. 따라서 나트륨과 염소 성분을 안전하게 섭취할 수 있다.
- 미국의 소수 민족은 대체로 백인보다 임금이 적다. 따라서 수십억 달러 규모의 회사의 흑인 CEO는 사무실을 청소하는 백인 관리인보다 임금이 적다.

5) 강조 호소

강조의 오류(fallacy of accent)는 특정한 단어, 구, 아이디어나 문장의 의미를 강조함으로써 본래의 의미가 변할 때 생기는 오류이다. 즉, 어떤 주장을 하거나 의견을 제시할 때 특정 부분을 강조함으로써 본래의 뜻을 왜곡하는 오류를 뜻한다. 예를 들면, "너희는 이웃을 사랑하라"는 말에서 '너희'를 강조하면 다른 사람은 몰라도 너희들만은 이웃을 사랑하라는 말인 반면 '이웃'을 강조하면 이웃 이외의 다른 사람들을 사랑하지 않아도 좋다는 말이 될 수 있다. 이러한 오류는 매우 심각할 수 있고 논증에서 매우 해를 끼칠 수 있다. 특히 강조의 오류는 글보다는 말에서 훨씬 쉽게 일어난다.

☑ 강조의 오류의 구조

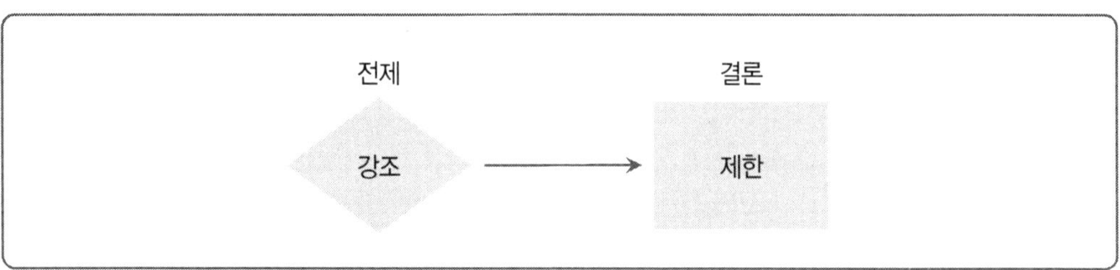

특정한 단어, 구, 아이디어나 문장의 의미를 강조할 때 문장의 의미가 다를 수 있다. 단어나 구에 대한 강조는 문장이 실제로 표현하는 것과 다른 의미를 암시한다. 문장에서 단어를 강조하는 것은 종종 근본적으로 그 의미를 변화시킨다. 이 오류는 진술의 일부 또는 전체 진술에 대한 부적절한 강조로 인해 실제 진술의 의미 또는 중요성이 왜곡되거나 변경될 때 발생한다. 가장 간단한 형태로 오류는 의미가 실제 의도와 다르게 변경되는 방식으로 문장에서 강조가 특정 단어에 놓일 때 발생한다. 논증의 형식은 다음과 같다.

논증의 형식

- A는 X를 하였다.
- 따라서 A는 X만은 확실히 하였다.

강조 오류의 예

- 올림픽 출정식에서 단장님이 "한일전 축구경기는 반드시 우승해야 한다"고 하면서 한일전을 강조하였다. 그렇다면 한일전만 반드시 우승해야 하는가?
- 나는 어제 시험을 보지 않았다. 누군가가 시험을 보았다.
- 나는 어제 시험을 보지 않았다. 나는 시험을 보지 않았다.
- 나는 어제 시험을 보지 않았다. 나는 다른 것을 했다.
- 나는 어제 시험을 보지 않았다. 나는 다른 날 시험을 보았다.

6) 이중 잣대

어떤 사람들은 자기에게 유리한 주장만 하는 경우가 있다. 이중 잣대(special pleading)는 어떤 현상이나 문제를 판단하는 기준이 두 가지이거나 분명하지 않음을 의미한다. 이중 기준의 적용이라고도 한다. 이중 잣대는 적절한 정당성 없이 자신과 다르게 다른 사람이나 환경에 기준, 원칙이나 규칙을 적용할 때 발생하는 오류이다. 이것은 종종 이성을 방해하는 강한 감정적 신념의 결과이다. 내로남불은 동일한 상황에 처했을 때 자신과 타인을 다른 시선으로 바라보는 이중 잣대를 가진 사람을 나타내는 말이다.

『대학』에서 인간 사회의 최대 비극의 하나는 위정자들의 이중 잣대에 있다고 한다. 어떤 현상이나 문제를 판단하는 기준이 두 가지이거나 분명하지 않다. 따라서 이상적인 사회는 모든 상황에서 동일한 기준이 적용되는 것을 전제로 한다. 예외적인 취급을 받으려면, 예외적인 취급을 받을 이유나 근거가 있어야 한다. 그러나 예외적인 취급을 받을 정당한 이유가 없는데도 그러한 이유를 제시하는 것은 이중 잣대이다. 또한 자신이 기준이나 규칙에서 면제되어야 하는 이유를 논리적으로 제시하지 못한다.

☑ 이중 잣대의 구조

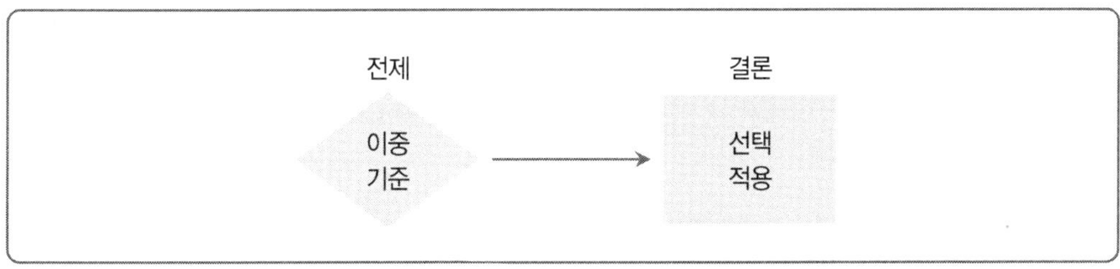

이중 잣대는 해당 사례에 면제가 필요한 이유에 대한 적절한 근거 없이 특정 사례에 적용할 규칙에 대한 압도적인 예외를 요구하는 논리적 오류이다. 그러므로 지지자들은 규칙에 특별한 경우 또는 예외를 도입한다. 이것이 진짜 특수한 경우에는 수용 가능하지만, 그 이유가 특별한 이유를 충분히 정당화하지 않기 때문에 잘못 될 수 있다. 논증의 형식은 다음과 같다.

● 논증의 형식

- X는 기준 G로 상대방을 비난한다.

- X는 같은 기준으로 비난받을 수 있다.
- 그러나 X는 기준 G가 면제된다.

이중 잣대의 예

- 내가 당신보다 나이가 많아 그 규칙은 나에게 적용되지 않습니다.
- 규칙을 어기는 학생들은 학교에서 정학을 받는다. 나는 규칙을 어겼지만 많은 어려움을 겪고 있어 정학을 받아서는 안 됩니다.
- 네, 선생님, 위조 표창장은 잘못이라고 생각하지만, 그 얘는 내 딸이며 정말 우수하고, 좋은 아이입니다.
- 물론 작업에서 생산적이지 않은 사람들은 급여를 인상해서는 안 됩니다. 하지만 사장님, 저는 부양할 가족이 있습니다.
- 모든 사람이 지저분한 자신의 방을 정리해야 하지만 내 지저분한 방은 나를 귀찮게 하지 않습니다. 그것이 당신을 귀찮게 한다면, 당신은 청소해야 합니다.
- 모든 사람은 인내심을 갖고 자신의 차례가 올 때까지 기다려야 합니다. 그러나 나는 바쁜 일이 있기 때문에 먼저 가야합니다.

양정숙 제명, 윤미향 엄호…민주당의 이중잣대

더불어민주당이 앞서 부동산 투기 의혹을 받은 양정숙 당선인을 제명하고 검찰에 고발한 것과 달리 정의기억연대(정의연)와 관련한 각종 비리 의혹을 받는 윤미향 당선인을 두고는 침묵을 지키면서 '이중잣대' 논란에 휩싸였다.

논란의 중심에 선 윤 당선인은 '사퇴 불가'를 표명한 가운데 위안부 피해자 이용수 할머니는 18일 "사퇴는 왜 안 되는가"라며 윤 당선인에게 의원직 사퇴를 거듭 촉구했다.

출처: 매일신문 2020-05-19

7) 논리적 불일치

불일치의 주제는 논리의 핵심이다. 논증에 때때로 서로 모순되는 여러 진술문들이 제공될 수 있다. 논리적 불일치(logical inconsistency)란 서로 모순되는 진술문이다. 즉, 논리적 불일치는 일관되지 않은 생각, 주장 또는 추론이다. 예를 들면, "모든 학생들이 강의실을 나갔다"라고 말하고 "A는 여전히 강의실에 있다"라고 말하면, 첫 번째 문장과 두 번째 문장이 일치하지 않는다. 상충되는 주장 중 하나 또는 둘 다 참이 아닐 수 있다. 모순되는 주장을 할 때 논리적 불일치의 오류가 발생한다. 따라서 논리적 불일치는 내부적으로 일관성이 없는 논증을 사용하는 것이다.

☑ 논리적 불일치의 구조

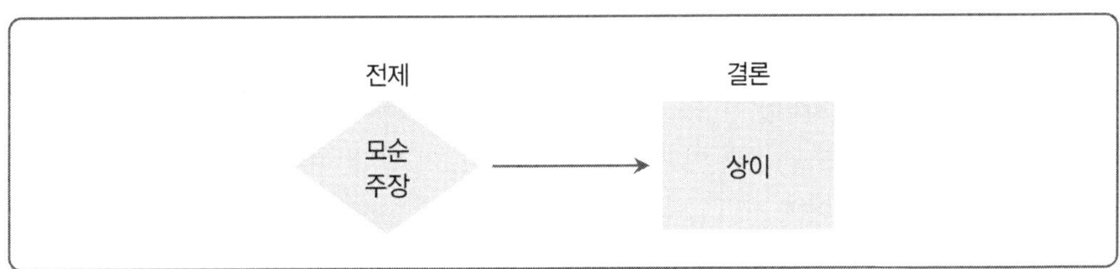

거짓은 사실과 일치하지 않는 것을 말한다. 따라서 어떠한 거짓 진술도 사실과 논리적으로 일치하지 않는다. 논리적 불일치는 둘 다 사실일 수 없는 두 개 이상의 명제이다. 즉, 둘 다 모두 사실일 수 없는 견해나 믿음을 갖는 것이다. 이것은 무시, 무지 또는 게으른 사고에 의해 발생할 수 있다. 따라서 논리적 불일치는 논리 감각을 잃고 부주의하게 무언가를 증명하려는 사람의 감정적 반응일 수 있다.

진술문이 모두 동시에 사실일 수 있으면 모든 진술문이 논리적으로 일관성이 있다. 그러나 진술문이 동시에 사실일 수 없다면 모든 진술문은 논리적으로 일치하지 않는다. 예를 들면, 모든 남성은 금발 머리이다. 나는 남자다. 난 갈색 머리이다. 이 세 문장은 논리적으로 일치하지 않는다. 처음 두 진술이 참이면 세 번째 진술이 거짓이다. 세 번째 진술이 참이면 첫 번째나 두 번째가 거짓이다. 모두 동시에 참일 수 없다. 논증의 형식은 다음과 같다.

논증의 형식

- A는 X이다.
- B는 Y이다.
- C는 Z이다.
- X, Y와 Z는 모두 동일하지 않다.

논리적 불일치의 예

- A는 B보다 영리하다. B는 C보다 영리하다. C는 A보다 영리하다(A〉B〉C, A〈C).
- 이 세상에는 악마가 없다. 세상의 어떤 지역에는 악마가 존재하지만 조만간 악마가 없어질 것이다.
- 기본적인 인간의 자유는 신성불가침한 권리이다. 그러나 표창장을 위조하여 이익을 추구한 이기적 범죄를 저지른 인간은 권리를 제한해야 한다. 따라서 그러한 인간의 자유를 박탈할 필요가 있다.
- 우리나라는 자유 국가이다. 모든 국민들은 원하는 대로 할 수 있다. 그러나 법률을 위반한다면 투옥해야 한다.
- 나는 모든 인간은 자신의 결정을 내릴 수 있다고 생각하지만, 술을 마시는 것은 청소년기에 너무 중요한 사건이다. 따라서 성인이 될 때까지 음주를 기다려야 한다.
- 이처럼 더 확실한 철학적 진리는 거의 없다. 도덕 영역에서 진리에 대한 모든 주장은 주관적이고 자의적이다.

8) 생태학적 오류

생태학이란 생물 상호 간의 관계 및 생물과 환경과의 관계를 연구하여 밝혀내는 학문이다. 집단의 모든 구성원이 집단의 특성을 크게 나타낸다고 가정한다. 생태학적 오류(ecological fallacy)는 집단의 특성 자료에서 개인의 특성을 추론할 때 발생하는 오류이다. 집단 수준의 연구를 개인 수준에 일반화할 때 발생하는 오류이다. 예를 들면, 올해 A고등학교에서 대부분 학생들이 서울대에 합격하였다(집단 수준). 나도 A고등학교에 입학하면 서울대를 합격할 수 있다(개인 수준: 오류).

이러한 오류는 개인에 대한 결론을 도출하기 위해 집단의 자료가 사용되는 경우 발생한다. 집단의 통계치가 개인의 특성과 동일하거나 유사하다고 믿는 데에서 발생하는 오류이다. 개인에 대한 추론이 집단의 특성을 따른다고 추론한다면 이것은 잘못이다. 통계에서 평균은 전체 집단의 점수 합계를 집단을 구성하는 사람의 수로 나눈 값이다. 이와 달리 개인주의적 오류는 개인 수준의 연구를 집단 수준에 일반화할 때 발생하는 오류이다.

☑ 생태학적 오류의 구조

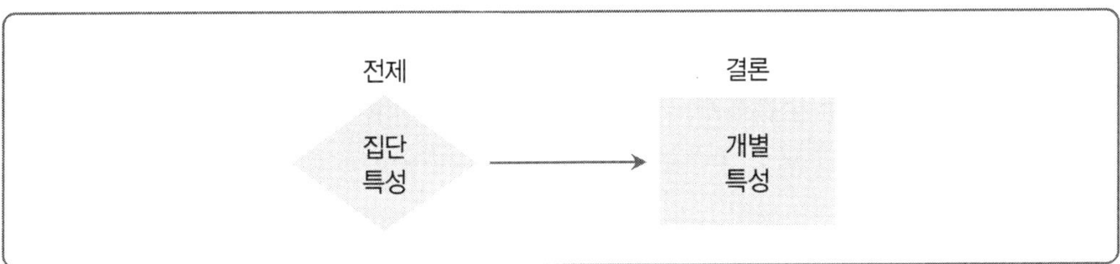

특정 개인의 특성에 대한 추론은 해당 개인이 속한 집단에 대해 수집된 통계에만 근거한다. 이 오류는 집단의 개별 구성원이 집단의 평균 특성을 크게 가지고 있다고 가정한다. 고정 관념은 생태학적 오류의 한 형태이며 집단이 균질하다고 가정한다. 예를 들어, 특정 집단이 일반인보다 평균 IQ가 낮은 것으로 측정되면 해당 집단의 대부분의 구성원이 일반인보다 낮은 IQ를 갖는 것으로 가정하는 것은 오류이다. 따라서 생태학적 오류가 있거나 없는 경우에 대한 명확한 지침이 필요하다. 이런 의미에서 생태학적 오류를 식별하기 위한 세 가지 기준을 제안한다(Idrovo, Alvaro, 2011). 이 세 가지가 모두 존재해야 생태학적 오류이다.

- 결과는 생태학적(인구) 자료이다.
- 개인에게 자료를 유추해야 한다.
- 개별 자료로 얻은 결과는 모순된다.

● 논증의 형식

- 집단 X는 Y의 특성을 갖고 있다.
- 개인은 집단 X에 속한다.
- 따라서 개인은 Y의 특성을 갖고 있다.

생태학적 오류의 예

- 평균적으로 여성은 남성과 비교할 때 언어에서 더 높은 점수를 얻는 경향이 있다. 설희는 여자이고 설민은 남자이다. 따라서 설희는 설민보다 언어 점수가 더 좋다.
- 연구에 따르면 안경을 착용한 사람들은 평균 이상의 지능을 가지고 있다. 안경을 착용한 사람들은 영리하다.
- 범죄 다발 지역에 사는 사람들은 범죄자자가 많다.
- A 도시의 사람들이 B도시의 사람들보다 평균적으로 수능에서 더 높은 점수를 보인 연구가 수행되었다. A 도시에서 무작위로 선택된 개인이 B 도시에서 무작위로 선택된 개인보다 수능에서 더 높은 점수를 받았다. 본 연구에서 제공되는 수능 점수는 평균이었으며 중앙값이 아니기 때문에 두 도시의 점수 분포에 대해서는 아무것도 모른다.
- 특정 스포츠 팀의 실적이 저조하다고 해서 모든 선수의 실적이 저조하다는 결론을 내릴 수 없다. 팀과 개별 선수의 성적은 다르기 때문에 1명의 우수 선수와 2 명의 저조한 선수가 다른 선수에게 평균을 줄 수 있다.

참고 문헌

김기홍(2017), **전략적 협상**, 법문사.

김병국(2005), **경영자는 이렇게 협상하라**, 한국능률협회.

류종목(2000), **논어의 문법적 이해**, 문학과지성사.

쉬원송(2019), **스토리텔링으로 설득의 고수가 되라**, 나무와열매.

안희탁(2013), **행동 심리술**, 지식여행.

유나영 역(2015), **코끼리는 생각하지 마**, 와이즈베리.

유순근(2016), **비즈니스 커뮤니케이션**, 무역경영사.

유순근(2019), **논리와 오류: 비판적 사고와 논증**(개정판), 박영사.

유순근(2020), **거짓말하지 않는다**, 박문사.

유재주 역(2007), **손자병법**, 돋을새김.

윤홍근(2010), **협상게임 이론과 실행전략**, 인간사랑.

이재호 역(2016), **거래의 기술**, 살림출판사.

임상훈 역(2019), **카네기 인간관계론**, 서울: 현대지성.

행정학용어표준화연구회(2010), **이해하기 쉽게 쓴 행정학용어사전**, 새정보미디어.

https://www.psychologytoday.com/us/blog/cutting-edge-leadership/201504/the-4-styles-humor

Albarracin D. & Kumkale, G.T.(2003), "Affect as Information in Persuasion: A Model of Affect Identification and Discounting," *Journal of Personality and Social Psychology,* 84(3) 453-469.

Barry, B., Fulmer, I. S., & Van Kleef, G. A.(2004), *I laughed, I cried, I settled: The Role of Emotion in Negotiation,* The handbook of negotiation and culture, 71-94.

Baumeister, R. F., Campbell, J. D., Krueger, J. I., & Vohs, K. D. (2003), "Does High Selfesteem Cause Better Performance, Interpersonal Success, Happiness, or Healthier Lifestyles?" *Psychological Science in the Public Interest,* 4, 1-44.

Burgoon, J., Birk, T. & Pfau, M. (1990). Nonverbal behaviors, persuasion, and credibility. *Human Communication Research,* 17, 140–69.

Cialdini, Robert B. Influence: The Psychology of Persuasion. New York: William Morrow, 1993.

Daly, J. A. (2002). Personality and interpersonal communication. In Knapp, M. L., & Daly, J. A. (Eds.), Handbook of Interpersonal Communication.

Donohue, W. A., Diez, M. E., & Hamilton, M. (1984). Coding naturalistic negotiation interaction, *Human Communication Research,* 10, 403–425.

Idrovo, Alvaro J. "Three criteria for ecological fallacy." *Environmental health perspectives* 119.8 (2011): a332-a332.

Infante, D.A., & Rancer, A.S.(1982), "A Conceptualization and Measure of Argumentativeness," *Journal of Personality Assessment,* 46, 72-80.

Infante, D. A, Trebing, J. D, Shepherd, P. A, & Seeds, D. E. (1984). The relationship of argumentativeness to verbal aggression. *The Southern Speech Communication Journal,* 50, 67-77.

Infante, D.A., & Wigley, C.J. (1986). "Verbal Aggressiveness: An Interpersonal Model and Measure". *Communication Monographs,* 53(1), p. 61-69.

McCroskey, J. C. & Teven, J. (1999). Goodwill: A re-examination of the construct and its measurement. *Communication Monographs,* 66, 90–03.

Muraven, M., Tice, D. M., & Baumeister, R. F. (1998). Self-control as a limited resource: Regulatory depletion patterns. *Journal of personality and social psychology,* 74(3), 774.

O'Keefe, D. J. (2002). *Persuasion: Theory and research,* 2nd edn. Thousand Oaks, CA: Sage.

Schmeichel, B. J., Vohs, K. D., & Baumeister, R. F. (2003). Intellectual performance and ego depletion: role of the self in logical reasoning and other information processing. *Journal of personality and social psychology,* 85(1), 33.

Schullery, N. M., & Schullery, S. E. (2003). Relationship of argumentativeness to age and higher education. *Western Journal of Communication,* 67(2), 207-223.

Shell, R.G. (2006), Bargaining for advantage. New York, NY: Penguin Books.

Thomas, K. W. (1974). Thomas-Kilmann Conflict Mode Instrument. Tuxedo, NY: Xicom.

Wegener, D. T., Petty, R. E., Smoak, N. D., & Fabrigar, L. R. (2004). Multiple routes to resisting attitude change. In E. S. Knowles & J. A. Linn (Eds.), Resistance and persuasion (pp. 13-38). Mahwah, NJ: Erlbaum.

Wiseman, R.L. & Schenck-Hamlin, W.(1981). A multi-dimensional scaling validation of an inductively-derived set of compliancegaining strategies. *Communication Monographs,* 48, 251–270.

찾아보기

(ㄹ)

(ㅁ)

(ㅂ)

(ㅅ)

(ㅇ)

(ㅈ)

(ㅊ)

(ㅋ)

(ㅌ)

(ㅍ)

석세스 시크릿

The Success Secrets of Persuasion and Negotiation

초판인쇄 2020년 08월 25일
초판발행 2020년 09월 01일

저 자 유순근
발 행 인 윤석현
발 행 처 박문사
책임편집 최인노
등록번호 제2009-11호

우편주소 서울시 도봉구 우이천로 353 성주빌딩 3층
대표전화 02) 992 / 3253
전 송 02) 991 / 1285
전자우편 bakmunsa@hanmail.net

ISBN 979-11-89292-67-6 13170 정가 19,000원